서울
교통공사

NCS 5회 집중 모의고사

e북혁명 취업연구소 저

서울교통공사 기출에 가까운
실전모의고사를 찾는 분

"2025년 NCS 문항 및 출제범위 확정 대비 최신판"

"공기업 NCS 전문 집필진의 최신기출 반영 문제 및 난이도 구현"

실전을 잘 준비하기 위해서는 기출과 비슷한 문제와 난이도로 연습을 해야 학습 효과가 극대화될 수 있습니다. 최신 기출을 정확히 분석하고, 서울교통공사 2025년 공고 내용을 반영하여 확정된 출제 문항 및 범위에 맞추어 NCS 전문 집필진이 문제를 집필하였습니다. NCS 총 10개 영역의 출제 범위 내에서 문제를 집필하였습니다. 상세한 풀이 내용을 통해서 문제뿐만 아니라 NCS 이론을 익힐 수 있도록 설계되었습니다. 또한 기출 문제를 그대로 활용하기보다는 기존 기출 문제를 분석하고, 매년 조금씩 변화하는 문제 스타일에 대비할 수 있도록 변형하여 교재를 구성하였습니다.

서울교통공사 NCS 문제에
더욱 집중하여 학습하고 싶은 분

"타 직렬 낭비 문제 없이 NCS에만 집중 학습"

"전공 문제는 한국산업인력공단 유사 시험 기출을 활용"

서울교통공사 필기시험은 40문제의 NCS 문제와 40문제의 전공 문제로 이루어집니다. 다만, 직렬별 모든 과목을 교재에 수록하는 것은 본인에게 해당되지 않는 타 직렬 문제도 함께 수록되는 것이기에 비효율적입니다. 따라서 이 교재는 NCS 문제에만 집중할 수 있도록 구성되었습니다. 전공 문제는 광범위하여 몇 회분의 모의고사로는 대비하기 어렵습니다. 예를 들면 전기 직렬의 경우 한국산업인력공단에서 출제하는 전기기사 자격시험 기출에서 문제를 변형하여 출제됩니다. 따라서 직렬별로 한국산업인력공단의 유사 시험을 찾아보고 그 시험의 기출문제로 대비하는 것을 추천합니다. 이 교재에 수록된 5회분의 실전모의고사로 NCS 영역을 더욱 집중학습할 수 있습니다.

서울교통공사 채용 분석

1. 일반공채
① 채용 시기(2025년 상반기 기준)

공고일	채용인원	접수기간	필기시험	필기발표	면접	최종발표
24. 12. 27.	합계 586명	25. 1. 10~1.16.	2.8. (토)	2월 중순	2.25.~3.4.	3.31.

② 전형절차

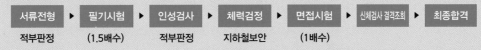

| 서류전형 | ▶ | 필기시험 | ▶ | 인성검사 | ▶ | 체력검정 | ▶ | 면접시험 | ▶ | 신체검사 결격조회 | ▶ | 최종합격 |

적부판정　　　(1.5배수)　　　적부판정　　　지하철보안　　　(1배수)

※ 단계별 합격자에 한하여 다음 단계 응시자격 부여

2. 서류전형
① 전형기준 : 자기소개서 불성실 작성(AI 평가) 및 블라인드 채용 미준수

구분		평가항목
불합격 처리	자기소개서 불성실 작성	– 공사명 오기재(오타 포함) – 질문과 상관없는 내용으로 지원서 작성 – 자기소개서 글자 수를 채우기 위해 의미 없는 문자·숫자·기호 등을 반복하여 기재 – 자기소개서 2개 문항 이상 동일 내용으로 작성 – 표절검사 결과 전체 표절률 30% 이상 또는 항목별 표절률 50% 이상인 경우
	블라인드 채용 위반	– 성명/출신학교/성별/가족 및 친인척 재직정보 등 블라인드 채용 위반 1건 이상 등

② 합격자 결정 : 자기소개서 불성실 작성자(AI 평가) 및 블라인드 채용 미준수자를 제외한 입사지원자 전원 필기시험 자격 부여

3. 인성검사
① 검사일자 : 2025. 2. 8.(토) 예정 – 필기시험 시 시행
② 검사대상 : 서류전형 합격자
③ 검사내용 : 직무수행 및 직장생활 적응에 요구되는 인성을 측정
④ 인성검사 적격 판정기준

문항수	검사시간	평가항목	적격 판정기준
210문	30분	① 성취성 ② 실행력 ③ 성장성 ④ 혁신성 ⑤ 사회성 ⑥ 협조성 ⑦ 정서안정성 ⑧ 준법성	• 응답신뢰도 적격자 • 인성검사 종합점수 C등급 이상

서울교통공사 필기시험

1. 필기시험(2025년 2월 8일)

구분	NCS	전공	합계
2025년 2월 8일	40문항	40문항	총 80문항 / 90분

*시험구성은 이전 시험과 동일함

2. 필기시험 영역(2025년 기준)

영역	영역 및 직종	출제범위
NCS 직업기초 능력평가 (전 직종 공통, 40문항)	의사소통능력	문서 이해 능력, 문서 작성 능력, 경청 능력, 의사 표현 능력
	수리능력	기초 연산 능력, 기초 통계 능력, 도표 분석 능력, 도표 작성 능력
	문제해결능력	사고력, 문제 처리 능력
	조직이해능력	경영 이해 능력, 체제 이해 능력, 업무 이해 능력, 국제 감각
	정보능력	컴퓨터 활용 능력, 정보 처리 능력
	자원관리능력	시간 관리 능력, 예산 관리 능력, 물적 자원관리 능력, 인적 자원관리 능력
	기술능력	기술 이해 능력, 기술 선택 능력, 기술 적용 능력
	자기개발능력	자아 인식 능력, 자기 관리 능력, 경력 개발 능력
	대인관계능력	팀워크 능력, 리더십 능력, 갈등 관리 능력, 협상 능력, 고객 서비스 능력
	직업윤리	근로 윤리, 공동체 윤리
직무수행 능력평가 (전공, 40문항)	사무	행정학, 경영학, 법학, 경제학 택1
	승무	기계일반, 전기일반, 전자일반 택1
	차량	기계일반, 전기일반, 전자일반 택1
	전기	전기일반
	정보통신	통신일반
	궤도	궤도일반
	신호	신호일반 ※기능인재 전기일반, 전자일반 택1
	기계	기계일반, 전기일반 택1
	전자	전자일반, 통신일반 택1
	토목	토목일반
	건축	건축일반
	승강장안내문	전기일반, 전자일반, 통신일반 택1
	지하철 보안	철도안전법
	자동차 운전	사회, 자동차구조원리 및 도로교통법규
	보건관리	산업안전보건법

※ 자동차운전직 NCS직업기초능력평가 미실시(사회 40문항, 자동차구조원리 및 도로교통법규 40문항 2개 과목 실시)

Contents

서울교통공사 NCS 실전모의고사 5회

정답과 해설

서교공 NCS

실전모의고사 5회

NCS 실전모의고사

■ 시험구성

영역		문항	시간
NCS 직업기초능력평가	의사소통능력	40문제	권장 시간 60분 (문제당 약 1.5분)
	수리능력		
	문제해결능력		
	조직이해능력		
	정보능력		
	자원관리능력		
	기술능력		
	자기개발능력		
	대인관계능력		
	직업윤리		

*서울교통공사 필기시험은 NCS 40문항, 전공 40문항으로 총 80문항이 출제되며, 90분 동안 풀어야 합니다. 일반적으로 NCS 문제의 풀이시간이 더 오래 걸리기 때문에 NCS 40문항을 60분 내에 전공 40문항을 30분 내에 푸는 전략을 추천합니다.

실전과 같은 마음으로 시각을 정확히 준수하여 학습하시기 바랍니다.

시험 시간 　　　　시작 _____시 _____분 　~ 　종료 _____시 _____분

다음 페이지부터 시작!

NCS 실전모의고사

1회 · 40문제 / 60분

[01~02] 다음에 주어진 보도자료를 보고 물음에 답하시오.

서울교통공사, 혼잡시간대 4·7·9호선 운행횟수 늘려···
혼잡도 완화 기대

㉠ 서울 지하철, 30일부터 출·퇴근시간대 4호선 4회, 7호선 2회 열차 증회 운행
㉡ 4호선 혼잡도 186%→162%, 7호선 161%→148%로 낮아져 쾌적성 향상 기대
㉢ 9호선 48칸 증차 추진 중··· 12월부터 단계적 조기 투입, 혼잡도 194%→163%로 뚝
㉣ 9호선 증차의 효과로 평일 출·퇴근시간대 평균 배차 간격 30초 단축
㉤ 서울교통공사 "운임인상 수익이 시민편익으로 이어지도록 실질적 서비스 개선 이뤄나갈 것"

 서울교통공사는 이달 30일부터 출·퇴근시간대 혼잡도가 높은 지하철 4, 7호선의 열차 운행횟수를 늘려 열차와 승강장의 혼잡도 개선에 나선다고 밝혔다. 오는 7일 서울 지하철 기본요금이 150원 인상됨에 따라, 요금 인상 수익이 시민의 지하철 이용 편의 향상으로 이어질 수 있도록 하기 위한 서비스 개선 중 하나다.
 4호선은 장기수선으로 임시 운휴했던 차량의 운행을 재개하는 방법 등으로 출근시간대를 포함해 운행횟수를 총 4회 늘린다. 4호선은 지난해 3월 진접선이 개통하면서 혼잡도가 162%에서 186%로 늘어나 1~8호선 중 가장 높은 혼잡도를 보이고 있다. 공사는 이번 증회로 4호선의 혼잡도가 186%에서 167%로 감소할 것으로 내다봤다. 2022년 정기교통량조사 결과에 따르면 4호선에서 혼잡도가 가장 높은 구간은 성신여대입구역→한성대입구역(08:00~08:30) 구간으로 186%다.
 7호선은 출근시간대와 퇴근시간대 각 1회씩 총 2회 증회 운행한다. 증회가 이뤄지면 혼잡도가 161%에서 148%로 낮아질 것으로 전망된다. 열차 운행횟수가 늘어나게 되면 체감 혼잡도가 낮아지면서 열차 내 쾌적성도 크게 향상될 것으로 기대된다. 2022년 정기교통량조사 결과에 따르면 7호선에서 혼잡도가 가장 높은 구간은 어린이대공원역→건대입구역(08:00~08:30) 구간으로 161%다.
 한편 4, 7호선과 함께 높은 혼잡도를 보이는 9호선에서는 내년 2월을 목표로 8개 편성 48칸의 증차가 추진 중이었으나, 공사는 시민의 편의를 위해 일정을 최대한 앞당겨 올해 12월 말부터 단계적으로 열차를 조기 투입할 예정이다. 최근 김포공항을 중심으로 5개 철도노선(5호선, 9호선, 공항철도, 김포골드라인, 서해선)이 환승하는 등 9호선의 혼잡도가 가중되는 상황에서 혼잡도를 근본적으로 낮추기 위한 조치다. 전동차는 영업 운행에 투입되기 전 예비주행과 본선 시운전을 거쳐야 한다. 초도 1편성은 5,000km, 2~8편성은 1,000km까지 영업 운행 운전조건과 유사하게 주행과 정지를 반복하며 고장 유무를 확인한다. 예비주행 및 본선 시운전 후에는 철도차량 완성검사필증 발급에 통상 4주가 걸리고, 철도안전관리체계 변경승인 기간도 50일 정도 소요된다.
 9호선의 증차가 완료되면 열차 운행횟수가 평일 출·퇴근시간대 총 24회(급행열차 12회, 일반열차 12회) 늘어나 급행열차 기준 최고 혼잡도가 194%에서 163%로 대폭 낮아질 것으로 예상된다. 증차의 효과로 평일 출·퇴근시간대 평균 배차 간격은 3.6분에서 3.1분으로 단축된다. 일반열차의 최고 혼잡도는 131%에서 110%로 감소할 것으로 분석된다. 지난 4월에는 지하철 혼잡도 특별관리대책에 따라 2, 3, 5호선에서 출·퇴근시간대 호선별로 각 4회의 열차 증회 운행이 기시행된 바 있다.
 서울교통공사는 "증차나 증회 운행 외에도 주요 역에 혼잡도 안전도우미를 배치하는 등 혼잡도를 낮추기 위한 다각적인 노력을 기울이고 있다."라며 "이번 운임인상을 통해 얻은 수익이 시민의 편익으로 돌아갈 수 있도록 시민이 공감하고 체감할 수 있는 실질적 서비스개선을 지속적으로 이뤄나가겠다."라고 말했다.

01

다음 중 보도자료의 내용을 바르게 이해했을 때 ㉠~㉤ 중 머리말로 잘못된 것을 고르면?

① ㉠   ② ㉡   ③ ㉢

④ ㉣   ⑤ ㉤

02

주어진 보도자료를 보고 알 수 있는 사실이 아닌 것을 고르면?

① 4호선 구간 중 혼잡도가 가장 높은 구간에는 대학 주변 역이 속할 것이다.

② 김포공항 주변에는 최소 5개 이상의 철도노선이 지날 것이다.

③ 조만간 서울에서 지하철을 탈 때 현재보다 더 많은 요금을 내야 할 것이다.

④ 7호선의 혼잡도가 가장 높은 시간대는 퇴근 시간대일 것이다.

⑤ 전동차는 예비주행과 시운전을 통과한 이후 한 달 안에는 바로 영업 운행을 할 수는 없을 것이다.

[03~04] 다음에 주어진 보도자료를 보고 물음에 답하시오.

"서울 지하철 개통 50년, 시민의 기억을 찾습니다"
서울교통공사, 대시민 옛 물건 기증 공모 진행

• 지하철 관련 옛 물품 폭넓게 공모 가능, 최종 선정 기증품은 다양한 방식으로 시민과 공유 예정
• 7일(금)부터 26일(수)까지 20일간 이메일 및 우편 통해 접수… 결과는 심의 거쳐 7월 중 공개
• 공모접수인원 중 추첨 통해 상품권 증정하고 최종선정 기증자에게는 기증증서, 기념품 등 제공

 서울교통공사가 서울 지하철 개통 50주년을 맞아 시민의 기억이 담긴 옛 물건, 사진 등을 기증 공모받는 기회를 마련한다. 이번 공모를 통해 모인 서울 지하철과 관련된 소중한 기억들은 전시 등 다양한 경로를 통해 시민들과 공유된다. 공모 기간은 7일부터 26일까지 20일간이다.
 이번 공모는 서울 지하철 옛 물건, 사진뿐만 아니라 서울 지하철에 대한 개인적인 추억을 담은 물품까지 폭넓게 접수할 수 있다. 다만 과거 승차권 및 최근 10년 이내 물품은 접수 대상에서 제외된다. 출처·취득경로·소유관계가 불분명하거나 장물 등 불법 취득한 물품도 접수신청 불가하며, 법적 문제가 없어야 한다. 물품 기증 이후의 물품 소유 및 처분 권한은 공사에 귀속된다.

※ 접수대상 세부내역
  - 문서류(지도, 도면, 노선도, 책자, 편지, 리플렛, 간행물, 포스터 등)
  - 박물류(훈장, 뱃지, 근무복, 모형, 기념품, 상패, 기념패 등)
  - 서울 지하철의 옛 사진 및 기타 직간접적으로 관련있는 물품 일체
  (예) 서울 지하철에 대한 기억의 매개체가 되는, 아주 개인적인 물품도 접수 가능
    *과거 승차권 및 최근 10년 이내 물품은 접수 대상에서 제외

 공모 기간은 6.7.(금)부터 6.26.(수)까지 20일간이다. 참가 희망자는 공사 누리집(홈페이지)에 게시된 서식을 작성하여 이메일 또는 우편으로 접수하면 된다.
- 이메일: ○○○○○○@seoulmetro.co.kr
- 주소: 서울 성동구 천호대로 ○○길 15-○○ 서울교통공사 홍보실
- 방문 접수는 불가하며, 6. 26.(수)까지의 우체국 소인 날인분은 인정된다.

 이번 공모에서는 공모에 접수한 인원 중 추첨을 통해 총 30명에게 서울사랑상품권 1만 원을 증정한다. 또한 공사는 기증증서 발급, 웹페이지 기증 명단 공개, 소정의 기념품 증정 등 최종 선정된 기증자에게는 다양한 혜택을 제공할 예정이다.

03

주어진 보도자료를 본 사람들의 반응으로 내용을 잘못 이해한 사람을 모두 고르면?

A: 8년 전 출간된 서울지하철 관련 잡지를 가지고 있는데, 응모해 봐야 겠어.
B: 어떤 공모작들이 당선될지 궁금해. 시민들에게도 공개된다고 하니 7월에 찾아봐야 겠어.
C: 나는 6월 5일에 인터넷으로 이 공모전에 물품을 접수할 생각이야.
D: 6월 26일에 우편으로 보내면 마감일이 지나서 도착할 것 같아. 접수를 포기해야 겠어.
E: 아버지와 함께 삼각지역 앞에서 12년 전에 찍은 사진이 있어서 공모에 참가해야 겠어.

① A

② A, B

③ B, C

④ C, D

⑤ A, C, D

04

주어진 보도자료를 보고 알 수 있는 사실이 아닌 것을 고르면?

① 참가하면 입상하지 않아도 상품권을 받을 수 있는 기회가 주어진다.
② 별도의 특정 참가 양식을 작성하지 않아도 자유롭게 참여가 가능하다.
③ 이번 공모를 통해 총 30만 원 상당의 상품권이 지급된다.
④ 아주 오래전 지하철 노선도도 공모에 접수할 수 있다.
⑤ 기증에 선정되면 명단이 공개될 것이다.

[05~06] 다음에 주어진 글을 보고 물음에 답하시오.

㉠ [   ]

19세기 중반 런던은 인구 폭발과 산업화로 인해 심각한 교통 혼잡에 시달렸습니다. 좁고 꼬불꼬불한 도로를 달리는 말이 끄는 마차는 더 이상 급증하는 인구의 이동 수요를 감당할 수 없는 문제를 일으켰습니다. 도로 확장, 지상 궤도 시스템 도입 등이 고려되었지만, 효과적인 해결책이 되지 못했습니다. 그런데 당시에 런던-브리스톨 간 철도 건설을 통해 터널 공사 기술이 크게 발전했습니다. 이를 통해 지상 교통 체증 해소를 위한 다양한 대안들이 모색되기 시작했습니다. 런던시 당국은 세계 최초로 지하로 철도를 운행하는 지하철 건설을 결정했습니다. 결국, 터널 공사 기술의 발전과 증기 기관의 발명으로 지하철 건설이 가능해지면서 이 문제를 해결할 수 있었습니다.

㉡ [   ]

세계 최초 지하철은 '메트로폴리탄 철도'라는 이름으로 불렸습니다. 패딩턴 역과 패링턴 역을 연결하는 약 6km 길이의 노선으로, 당시에는 상당히 긴 거리였습니다. 메트로폴리탄 철도는 증기 기관차를 사용하여 운행되었습니다. 기관차는 객차 앞쪽에 연결되어 객차를 끌고 나갔습니다. 하지만 증기 기관차는 연기와 소음을 많이 발생시켰고, 이는 승객들에게 큰 불편을 초래했습니다. 또한, 터널 내 연기로 인해 시야 확보가 어려워 안전에도 위협이 되었습니다. 하지만, 메트로폴리탄 철도는 개통 첫해에 약 950만 명의 승객을 운송하며 엄청난 인기를 얻었습니다. 지하철은 도시 교통의 새로운 시대를 열었고, 런던 시민들의 삶에 큰 변화를 가져왔습니다. 그러나 동시에 연기와 소음으로 인한 환경 오염 문제도 발생했습니다. 결론적으로 런던의 증기 기관차 지하철은 도시 교통 역사에 획기적인 발전을 가져온 혁신이었지만, 동시에 해결해야 할 과제도 남겼습니다.

㉢ [   ]

당시 증기 기관차 지하철은 이미 운행되고 있었지만, 연기와 소음으로 인한 환경 오염 문제가 심각했습니다. 이에 더 효율적이고 안전한 지하철 시스템을 만들기 위한 노력이 시작되었고, 전기 기술의 발전과 더불어 런던 시티&사우스 런던 철도가 탄생하게 됩니다. 1890년 개통된 런던 시티&사우스 런던 철도는 세계 최초의 전기 지하철입니다. 증기 기관차 대신 전기 기관차를 사용하여 운행되었으며, 이는 지하철 역사에 새로운 시대를 열었습니다. 전기 기관차는 연기와 소음을 줄여 환경 오염을 개선했을 뿐만 아니라, 더 높은 속도와 효율성을 제공했습니다. 또한, 백열등 조명 사용은 어두운 터널 안에서도 승객들에게 안전하고 편리한 환경을 조성했습니다. 또 런던 시티&사우스 런던 철도는 당시 세계에서 가장 긴 지하철 노선이었습니다. 개통 당시 운행 속도는 시속 약 40km였지만, 이는 당시에 매우 빠른 속도였습니다. 터널 내부에는 승객들을 위한 화장실도 마련되어 있었습니다.

㉣ [   ]

런던 시티&사우스 런던 철도의 등장은 단순히 새로운 교통수단의 도입이 아닌, 도시의 모습을 바꿀 혁신이었습니다. 지하철은 런던 시민들에게 빠르고 편리한 이동 수단을 제공하여 심각했던 교통 혼잡을 완화하는 데 큰 역할을 했습니다. 지하철은 새로운 상권을 형성하고 도시 곳곳을 연결함으로써 런던의 경제 활성화에도 기여했습니다. 전기 기관차 사용으로 인해 연기와 소음이 줄어들어 도시 환경 오염 개선에도 일정 부분 기여했습니다. 런던 시티&사우스 런던 철도의 성공은 전 세계 지하철 전기화를 촉진하고 지하철 기술 발전에도 영향을 미쳤습니다.

05

주어진 글의 소제목으로 가장 알맞게 연결된 것을 고르면?

① ㉠ 세계 최초 런던 지하철의 탄생의 이유

　㉡ 초기 증기 기관차의 장점

　㉢ 혁신의 상징, 전기로 움직이는 지하철

　㉣ 런던의 도시 계획과 실행

② ㉠ 세계 최초 런던 지하철의 탄생의 이유

　㉡ 세계 최초 지하철, 메트로폴리탄 철도

　㉢ 혁신의 상징, 전기로 움직이는 지하철

　㉣ 도시를 바꾼 지하철, 그 영향력

③ ㉠ 런던 산업혁명의 부작용

　㉡ 세계 최초 지하철, 메트로폴리탄 철도

　㉢ 전기 기관차의 한계

　㉣ 도시를 바꾼 지하철, 그 영향력

④ ㉠ 세계 최초 런던 지하철의 탄생의 이유

　㉡ 초기 증기 기관차의 장점

　㉢ 혁신의 상징, 전기로 움직이는 지하철

　㉣ 도시를 바꾼 지하철, 그 영향력

⑤ ㉠ 런던 산업혁명의 부작용

　㉡ 세계 최초 지하철, 메트로폴리탄 철도

　㉢ 전기 기관차의 한계

　㉣ 런던의 도시 계획과 실행

06

주어진 글을 읽고 이해한 내용으로 적절하지 않은 것을 고르면?

① 증기 기관 지하철의 단점을 극복하기 위해 전기 지하철이 개발되었다.

② 세계 최초 지하철은 가장 첫 칸에 객차가 있었다.

③ 지하철의 개발은 경제 발전에도 영향을 주었다.

④ 지하철이 개발되기 이전에도 터널을 통과는 기차가 있었다.

⑤ 최초의 전기 지하철은 당시 세계에서 가장 긴 노선이었다.

[07~08] 다음에 주어진 글을 보고 물음에 답하시오.

2024년 상반기 기준, 한국인 일본 관광객 수는 약 70만 명으로 집계되었습니다. 이는 2019년 대비 24.6% 증가한 수치이며, 일본 방문 외국인 관광객 중 14.1%를 차지하는 비중입니다. 2023년 10월부터 입국 방역 조치가 완화되면서 한국인 해외 여행객 수가 급증했습니다. 이는 일본 관광 수요에도 영향을 미쳐 한국인 방문객 수가 크게 증가했을 것으로 보고 있습니다. 하지만, 일본 관광이 증가한 가장 큰 이유는 원화 대비 엔화의 가치가 저렴해졌기 때문입니다. 엔화 약세로 인해 일본 여행 경비가 상대적으로 저렴해졌습니다. 이는 한국인의 일본 여행 의욕을 높이는 요인이 되었습니다.

2024년 현재 엔화(JPY) 대비 달러(USD) 환율은 역대 최저치를 경신하며 '슈퍼 엔저'라고 불리는 심각한 수준의 엔화 약세 현상이 나타나고 있습니다. 이는 전 세계 경제에 큰 영향을 미치고 있으며, 특히 일본 경제에 심각한 타격을 주고 있습니다. 엔저 현상의 원인은 단순하지 않고, 다양한 요인들이 복합적으로 작용하고 있습니다. 주요 원인으로는 다음과 같은 것들이 있습니다.

첫 번째, 미국과 일본의 금리 차이로 인한 원인입니다. 미국은 인플레이션 억제를 위해 적극적인 금리 인상 정책을 시행하고 있습니다. 반면, 일본은 경제 침체 우려로 금리를 낮게 유지하고 있습니다. 이러한 금리 정책 차이는 달러 금리와 엔화 금리의 차이를 확대시키고 있습니다. 높은 금리를 가진 달러는 투자 매력도가 높아져 가치가 상승하고, 낮은 금리를 가진 엔화는 투자 매력도가 떨어져 가치가 하락하게 됩니다.

두 번째, 현재 일본 경제의 어려움으로 인한 원인입니다. 일본은 1990년대 후반부터 장기적인 경제 침체에 시달리고 있습니다. 이는 엔화 약세의 근본적인 원인 중 하나입니다. 1990년대 일본의 거품 경제 붕괴는 금융 시스템 불안정과 경제 침체를 초래했으며, 이는 엔화 약세에 영향을 미쳤습니다. 또한 일본은 심각한 인구 감소 문제에 직면해 있습니다. 이는 생산력 감소와 경제 성장 둔화로 이어져 엔화 약세에 악영향을 미칩니다. 일본은 높은 재정적자를 지속하고 있습니다. 이는 정부 재정에 대한 우려를 증폭시키고 엔화 약세에 영향을 미칩니다.

세 번째, 국제 정세의 변화로 인한 원인입니다. 미중 무역 분쟁은 세계 경제에 불확실성을 심화시키고 있습니다. 이는 투자 심리를 위축시키고 안전 자산으로 여겨지는 달러에 대한 수요를 증가시켜 엔화 약세에 영향을 미칩니다. 또한 우크라이나 사태 등 지정학적 긴장은 국제 시장에 불안감을 조성하고 안전 자산으로 여겨지는 달러에 대한 수요를 증가시켜 엔화 약세에 영향을 미칩니다.

네 번째, 일본의 에너지 수입에 따른 원인입니다. 일본은 에너지 자원 부족 국가입니다. 이는 에너지 수입에 대한 의존도를 높이고, 에너지 가격 상승 시 엔화 약세에 영향을 미칩니다. 최근 원유 가격 상승은 일본의 에너지 수입 비용을 증가시키고 엔화 약세에 영향을 미칩니다.

다섯 번째, 투자 심리에 따른 원인입니다. 투자자들은 엔화 약세가 지속될 것으로 예상하고 엔화 매도, 달러 매수를 통해 수익을 추구하는 경향이 있습니다. 이는 엔화 약세를 더욱 심화시키는 악순환을 조성합니다. 글로벌 경제 불확실성이 높아짐에 따라 투자자들은 위험 회피 심리를 강화하고 안전 자산으로 여겨지는 달러에 대한 투자를 늘리고 있습니다. 이는 엔화 약세에 영향을 미치고 있습니다.

07

주어진 글을 본 사람들의 반응으로 내용을 잘못 이해한 사람을 모두 고르면?

A: 자국의 금리가 오르면 상대적으로 상대국들의 화폐 가치가 오르는구나.
B: 엔화 약세가 한국인들이 일본 관광을 많이 하게 만든 계기가 되었어.
C: 엔화는 안전 자산이기 때문에 국가간 분쟁이 지속되면 언젠가는 오를 거야.
D: 엔화 약세가 지속되면 가격 경쟁력이 생겨서 일본 경제에 유리해.
E: 일본은 많은 원전을 보유하고 있어서 에너지 자원이 충분한 국가야.

① A, B
② B, C
③ A, C, D
④ A, B, D, E
⑤ A, C, D, E

08

주어진 글을 읽고, 이해한 내용으로 적절한 것을 고르면?

① 미국은 금리 인상으로 인해 인플레이션이 발생했다.
② 엔저 현상의 원인은 단순히 달러 가치 상승에 있다.
③ 일본 경제는 장기적인 침체와 성장 둔화를 겪고 있다.
④ 2024년에는 5년 전보다 한국인 일본 관광객 수가 줄었다.
⑤ 최근 미중 무역 갈등으로 달러 기피 현상이 있다.

[09~10] 다음에 주어진 우리나라 출산율에 관한 자료를 보고, 물음에 답하시오.

[표] 우리나라 연령별 출산율

(단위: 명/해당 연령 여성 1,000명)

구분		2015	2016	2017	2018	2019	2020	2021	2022
연령별출산율	15~19세	1.4	1.3	1.0	0.9	0.8	0.7	0.4	0.4
	20~24세	12.5	11.5	9.6	8.2	7.1	6.1	5.0	4.1
	25~29세	63.1	56.4	47.9	41.0	35.7	30.6	27.5	24.0
	30~34세	116.7	110.1	97.7	91.4	86.2	79.0	76.1	73.5
	35~39세	48.3	48.7	47.2	46.1	45.0	42.3	43.5	44.1
	40~44세	5.6	5.9	6.0	6.4	7.0	7.1	7.6	8.0
	45~49세	0.2	0.2	0.2	0.2	0.2	0.2	0.2	0.2

[그래프] 우리나라 합계출산율

(단위: 명/가임 여성 1명)

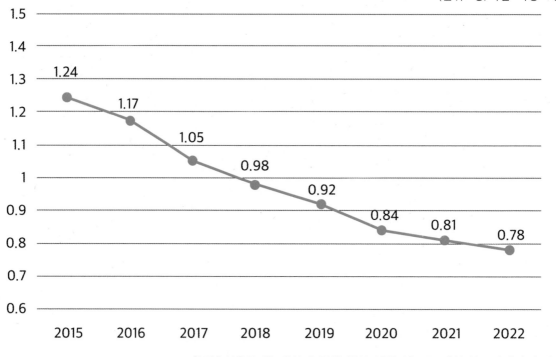

*합계출산율은 한 여성이 평생 동안 낳을 것으로 예상되는 아이의 수이다.

09

주어진 자료를 보고, 옳지 않은 것을 고르면?

① 20세부터 34세까지 매해 연령별 출산율은 하락하였다.

② 2018년 처음으로 합계출산율이 1명 이하로 떨어졌다.

③ 매년 30~34세의 출산율이 가장 높고, 그 다음은 25~29세이다.

④ 합계출산율이 전년 대비 가장 많이 하락한 해는 2017년이다.

⑤ 40~44세 출산율은 매해 증가하였다.

10

2020년 출산율 보고서의 일부이다. 자료를 이용하여 ©, ②을 계산하여 고르면?

> 5년 사이 20대 여성의 출산율은 크게 감소하였다. 2015년 20대 여성 10만 명 즉, 20~24세 및 25~29세의 여성 각각 5만 명이 낳은 아이의 수의 합계(⊙)와 2020년 20대 여성 10만 명 즉, 20~24세 및 25~29세의 여성 각각 5만 명이 낳은 아이의 수의 합계(ⓒ)를 비교해 보면 5년 사이 20대 여성 10만 명의 출산 수는 ©(⊙-ⓒ)명 줄었다. 따라서 비율로 보면 대략 ②% 감소하였다.

	©	②		©	②		©	②
①	1,945	50	②	1,880	50	③	1,880	40
④	3,780	40	⑤	1,945	40			

[11~12] 다음에 주어진 우리나라 교통공사 손익에 관한 자료를 보고, 물음에 답하시오.

[표1] 2022 전국 교통공사 운영기관별 손익

(단위: 억 원)

구분	영업수입			영업비용		
	소계	운수사업	기타사업	소계	인건비	경비
서울교통공사	17,684	14,256	3,428	27,029	13,149	13,880
부산교통공사	2,529	2,172	357	7,512	3,998	3,514
대구교통공사	1,697	1,550	147	4,807	2,159	2,648
인천교통공사	2,283	1,311	972	5,100	1,964	3,136
광주철도공사	255	201	54	1,151	555	596
대전교통공사	411	367	44	1,242	624	618

*영업손익=영업수입-영업비용

[표2] 2021 전국 교통공사 운영기관별 손익

(단위: 억 원)

구분	영업수입			영업비용		
	소계	운수사업	기타사업	소계	인건비	경비
서울교통공사	16,291	12,542	3,749	25,676	12,267	13,409
부산교통공사	2,298	1,948	350	7,232	3,824	3,408
대구교통공사	1,596	1,457	139	4,826	2,257	2,569
인천교통공사	1,698	1,125	573	4,255	1,725	2,530
광주철도공사	245	204	41	1,116	553	563
대전교통공사	458	413	45	1,191	605	586

11

주어진 우리나라 교통공사 손익에 대한 자료를 보고, 옳지 않은 것을 고르면?

① 2021년 운수사업 수입은 인천교통공사가 대구교통공사보다 적다.

② 2022년 전국 6개 교통공사 중 영업손익이 흑자인 교통공사는 없다.

③ 2022년 영업적자가 영업수입보다 적은 교통공사는 서울교통공사 밖에는 없다.

④ 2021년 전국 교통공사 중 경비 지출이 가장 적은 곳은 광주철도공사이다.

⑤ 2022년 인건비 지출이 전년보다 줄어든 곳은 없다.

12

아래 주어진 [표]는 2022년 전국 교통공사의 손익계산서이다. 경상손익 적자가 세 번째로 큰 곳을 고르면?

[표] 2022 전국 교통공사 운영기관별 손익계산서

(단위: 억 원)

구분	영업손익	영업외수익	영업외비용
서울교통공사	-9,345	3,927	1,002
부산교통공사	-4,983	2,608	336
대구교통공사	-3,110	1,265	23
인천교통공사	-2,817	1,185	105
광주철도공사	-896	566	50
대전교통공사	-831	499	-

*경상손익=영업손익+영업외손익
*영업외손익=영업외수익-영업외비용

① 서울교통공사 ② 부산교통공사 ③ 대구교통공사

④ 인천교통공사 ⑤ 광주교통공사

[13~14] 다음에 주어진 우리나라 발전설비에 관한 자료를 보고, 물음에 답하시오.

[표1] 연료원별 발전설비 전력 생산량

(단위: 천kW)

구분		2018	2019	2020	2021	2022
합계		119,092	125,338	129,191	134,020	138,193
원자력		21,850	23,250	23,250	23,250	24,650
화력	소계	79,052	80,418	80,270	80,699	80,249
	석탄	36,899	36,992	36,853	37,338	38,128
	유류	4,319	3,771	2,247	2,160	920
	LNG	37,834	39,655	41,170	41,201	41,201
양수		4,700	4,700	4,700	4,700	4,700
신재생		13,413	15,791	20,545	24,856	28,137
기타		77	1,178	426	515	457

*기타: 가스압, 폐열활용, 부생가스, 폐기물소각 등

[표2] 설비형식별 발전설비 발전기 대수

(단위: 대)

구분		2018	2019	2020	2021	2022
합계		39,828	61,603	77,278	100,215	117,745
원자력		23	24	24	24	25
기력	소계	72	68	67	64	62
	유연탄	3	58	58	55	56
	무연탄	58	3	2	2	2
	중유	11	7	3	3	-
	LNG	-	-	4	4	4
복합화력		187	194	197	197	197
내연력		214	217	214	214	213
집단에너지		92	92	85	82	80
양수		16	16	16	16	16
신재생		39,222	60,920	76,608	99,550	117,085
기타		2	72	67	68	67

13

주어진 2018년~2022년 우리나라 발전설비에 관한 자료를 보고, 옳지 않은 것을 고르면?

① 석탄 에너지량은 5년간 계속 증가하였다.

② 2022년 원자력발전기 1대당 평균 전력 생산량은 1,000,000kW가 되지 않는다.

③ 5년간 신재생 발전설비 발전기 수와 전력 생산량은 모두 계속 증가하였다.

④ 어떤 종류의 발전기는 5년간 발전기 수와 전력 생산량이 변하지 않았다.

⑤ 화력 발전 총생산량은 매년 증가와 감소를 반복하였다.

14

주어진 [표]와 아래 계산 과정을 고려하여 C로 알맞은 수를 고르면?

> 김 대리는 2018년과 2022년의 발전기 1대당 평균 전력 생산량의 차이를 구하기 위해서 다음과 같이 계산을 하였다. 먼저 2022년의 총발전기 수를 백의 자리에서 반올림하였고, 총전력 생산량은 십만kW에서 반올림하여 총전력·생산량에서 총발전기 수를 나누어 x(천kW/대)를 구했다. x의 값을 소수점 셋째 자리에서 반올림하여 2022년 발전기 1대당 평균 전력 생산량 A(천kW/대)를 간단히 나타내었다. 같은 방법으로 2018년 발전기 1대당 평균 전력 생산량 B(천kW/대)를 구한 뒤 두 수의 차이인 C(천kW/대)를 계산하여 결과를 얻었다.

① 1.72   ② 1.81   ③ 1.95

④ 2.04   ⑤ 2.18

[15~16] 다음에 주어진 2022년 우리나라 제조업에 관한 자료를 보고, 물음에 답하시오.

[표] 2022년 우리나라 제조업 재해 현황

(단위: 개소, 명)

구분	사업장수	근로자수	요양재해자수	사망자수	요양재해율	사망만인율
소계	410,117	3,988,609	31,554	506	0.79	1.27
식료품	32,060	338,515	3,344	24	( )	( )
섬유 및 섬유제품	27,922	165,924	1,167	28	( )	( )
목재 및 종이	18,275	116,483	1,556	19	1.34	1.63
출판·인쇄·제본	18,882	103,020	420	5	0.41	0.49
화학 및 고무	40,953	437,322	3,363	57	( )	( )
의약품·화장품·연탄·석유	3,691	109,109	379	9	0.35	0.82
기계기구·금속·비금속	180,509	1,495,569	14,616	253	( )	( )
금속제련	282	42,318	302	9	0.71	2.13
전기기계기구·정밀기구·전자제품	55,337	920,677	1,941	29	( )	( )
선박건조 및 수리	7,609	127,758	3,336	47	2.61	3.68
수제품 및 기타	24,597	131,914	1,130	26	0.86	1.97

*사망자수: 재해당시의 사망자수에 요양 중 사망자수 및 업무상 질병에 의한 사망자수를 포함한 것임

*요양재해율=(요양재해자수/근로자수)*100

*사망만인율=(사망자수/근로자수)*10,000

15

주어진 2022년 우리나라 제조업에 관한 자료를 보고, 옳지 않은 것을 고르면?

① 우리나라 제조업 사망자는 100명 중 1명 이상 발생했다.

② 사업장당 평균 근로자수는 식료품업이 출판·인쇄·제본업보다 많다.

③ 우리나라 제조업 사업장수는 40만 개소가 넘는다.

④ 선박건조 및 수리업은 평균보다 3배 이상 요양재해율이 높다.

⑤ 요양재해자 및 사망자수는 모두 기계기구·금속·비금속업이 가장 많다.

16

주어진 [표]를 바탕으로 '식료품(A)', '섬유 및 섬유제품(B)', '화학 및 고무(C)', '기계기구·금속·비금속
(D)', '전기기계기구·정밀기구·전자제품(E)' 총 5가지 품목에 대한 요양재해율 및 사망만인율에 대한
[그래프]를 작성하였다. 이때 잘못된 [그래프]를 고르면?

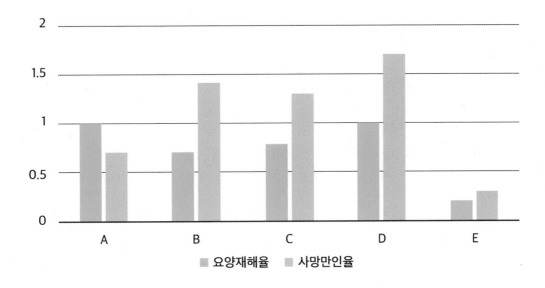

① 식료품(A) ② 섬유 및 섬유제품(B)

③ 화학 및 고무(C) ④ 기계기구·금속·비금속(D)

⑤ 전기기계기구·정밀기구·전자제품(E)

[17~18] 서울교통공사 총무팀 신 대리는 다음 주에 진행되는 연간 직책자 교육에 필요한 점심 도시락을 주문하기 위해 여러 업체의 정보를 수집하였다. 5개의 도시락 서비스 업체 정보를 보고 물음에 답하시오.

[표1] 도시락 업체별 단가 및 정보

구분	A	B	C	D	E
도시락	12,000원	10,000원	12,000원	11,000원	14,000원
음료	1,000원	2,000원	1,500원	2,000원	무료
최대 주문	100개	120개	150개	200개	140개
배달 시간	30분	40분	20분	10분	15분

[표2] 연간 직책자 교육 상황

구분	정보
일시	2024년 8월 12일(월) 11:00~15:00, 점심식사(12:00~13:00)
참석자	과장 직급 이상 96명 교육자 및 교육진행 인력 총무팀 9명
교육 내용	MZ세대의 이해를 위한 리더십 교육(김 ○○ 강사)
장소	본사 4층 대강당

17

총무팀 신 대리는 김 팀장의 피드백에 따라 도시락 서비스 업체를 선정하려고 한다. 이때 신 대리가 선정할 업체에 지불해야 하는 비용을 계산하여 알맞게 고르면?(단, 도시락과 음료수는 같은 업체에서 함께 주문해야 한다.)

[김 팀장 피드백]

> 신 대리, 이번 연간 직책자 교육에 참석하는 진행 인력을 포함하여 교육자의 도시락을 주문해 주세요. 지난해 선정했던 도시락 업체는 거리가 너무 멀어서 배달 중에 음식이 모두 식었습니다. 교육 참석자들의 불만이 있었어요. 회사에서 가까운 곳으로 최소 배달 시간이 30분 이내인 곳으로 정하면 좋겠습니다. 여러 업체들을 잘 알아보고 예산을 아낄 수 있는 업체로 선정 부탁합니다.

① 1,350,000원　　② 1,365,000원　　③ 1,400,000원

④ 1,417,500원　　⑤ 1,470,000원

18

신 대리는 좀 더 예산을 아끼기 위해 각 업체와 통화를 하면서 추가 할인 정보 및 추가 서비스에 대해 문의해 보았다. 이에 대한 내용을 [표]로 정리하여 이를 반영해서 다시 업체를 선정하기로 하였다. 이 때 신 대리가 최종적으로 선택하게 될 도시락 서비스 업체를 고르면?

[표] 업체당 할인 내용

구분	할인 및 추가 정보
A	100개 주문 시 5개 추가 제공
B	빠른 퀵 배송 제공(20분 이내 도착), 음료수 개당 500원 할인
C	100개 이상 주문 시 총 주문액의 10% 할인
D	120개 이상 주문 시 도시락 5% 할인
E	100개 이상 주문 시 도시락 개당 2,000원 할인

① A   ② B   ③ C

④ D   ⑤ E

[19~20] **영업팀 오 대리는 이번 출장에서 집을 출발하여 가~마의 모든 도시를 거쳐 집으로 돌아오려고 한다. 주어진 도시 간 연결망 지도, 각 도시간 거리, 도로 별 연비를 나타낸 자료를 보고 물음에 답하시오.(단, 한 번 방문한 도시를 다시 지날 수 있다.)**

[그림] 도시 간 연결망 지도

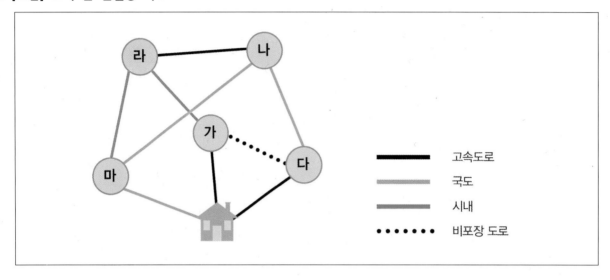

[표] 각 도시 간 거리

(단위: km)

구분	가	나	다	라	마
집	25		50		40
가			15	20	
나			40	50	40
다					
라					20
마					

19

오 대리는 이번 출장을 최단거리로 다녀오려고 한다. 이때 이번 출장에서 최단거리로 이동할 경우의 이동거리를 고르면?

① 180km 　　　　② 185km 　　　　③ 190km

④ 195km 　　　　⑤ 200km

20

교통정보에 따르면 이번 출장 중 지나려고 했던 비포장 도로에서 공사가 있어서 통행이 불가능하다고 한다. 이때 비포장 도로를 이용하지 않을 때의 최단거리를 고르면?

① 180km 　　　　② 185km 　　　　③ 190km

④ 195km 　　　　⑤ 200km

[21~22] 다음은 컴퓨터 제조업체 홈페이지에 게시되어 있는 파워서플라이 제품에 대한 A/S 규정과 상세 비용을 나타낸 자료이다. 다음에 주어진 상황을 읽고 물음에 답하시오.

[무상 보증기간]
모든 제품은 무상 보증 기간을 제공합니다.
· A 시리즈: 구입일로부터 5년
· B 시리즈: 구입일로부터 3년
· C 시리즈: 구입일로부터 2년

[무상 서비스]
· 구입일로부터 7일 이내인 제품으로 정상적인 상태에서 사용 중 발생한 제품 하자인 경우 새 제품으로 교체하여 드립니다.
· 구입일로부터 7일 이후 발생한 제품 하자인 경우 수리는 무상 서비스 처리하여 드립니다.

[유상 서비스]
아래와 같은 경우 유상 서비스 처리하여 드립니다.
· 구입일로부터 무상 보증기간이 초과한 제품
· 사용자의 취급 부주의로 발생한 손상 및 파손
· 제품의 시리얼넘버를 훼손한 경우나 스티커를 제거한 경우
· 임의 분해, 개조, 수리한 경우
· 제품 용도가 아닌 다른 용도로 사용했을 경우
· 천재지변이나 화재 등으로 인한 손상 또는 파손된 경우

[접수 및 직접 방문]
간단한 테스트 후 즉시 수리 및 처리하여 드립니다. 당일 내방 고객이 많을 경우 다소 늦어질 수 있습니다. 당일 처리가 불가할 경우 택배로 발송 서비스 처리하여 드립니다.

[택배 처리]
· 택배 처리 기간: 택배 입고일로부터 3일 이내에 고객님께 발송이 되며 테스트가 길어질 경우나 제품 재고상의 문제로 인하여 더 늦어질 경우 별도로 연락을 드립니다.
· 기재 사항: 택배를 이용하실 경우 성함, 연락 가능한 전화번호, 주소와 함께 불량 증상을 기재하여 주십시오. 정확한 발송과 수리를 위해서 꼭 필요합니다.

[배송비 규정]
· 제품 초기 불량으로 교체를 받으실 경우 당사에서 왕복 택배비를 부담합니다.
· 제품 초기 불량(7일 이후) 이후 택배를 이용하여 서비스를 받을 경우 배송료는 당사와 고객님이 함께 부담합니다.(발송자 부담)

21

주어진 컴퓨터 제조업체 홈페이지에 게시된 A/S 규정을 잘못 이해한 것을 고르면?

① 한 달 전 구입한 제품 하자로 수리를 위한 배송은 고객이 모두 부담해야 한다.

② 제품 용도 외 사용으로 인한 고장은 무상 서비스를 받을 수 없다.

③ 제품의 무상 보증 기간은 시리즈에 따라 최소 2년에서 최대 5년까지 보장한다.

④ 수리 기간이 3일 이상될 경우에는 회사에서 연락을 줄 것이다.

⑤ 무상 수리를 받기 위해서는 시리얼넘버가 훼손되어서는 안 된다.

22

다음 중 무상 서비스를 받을 수 있는 제품을 고르면?(오늘은 2024년 8월 14일이다.)

① 제품 번호: A103-11028
  구입일: 2019.7.15.
  고장 사유/증상: 자주 멈춤

② 제품 번호: B311-00124
  구입일: 2022.09.09.
  고장 이유/증상: 원인 모름. 전원이 안됨

③ 제품 번호: C220-12342
  구입일: 2022.1.15.
  고장 사유/증상: 작동 안됨

④ 제품 번호: A201-22100
  구입일: 2022.11.16.
  고장 사유/증상: 책상에서 떨어짐

⑤ 제품 번호: B112-23343
  구입일: 2022.2.12.
  고장 사유/증상: 자체 수리 이후 미작동

[23~24] 다음 결재 규정을 보고 주어진 상황에 알맞게 작성된 양식을 고르시오.

[결재 규정]

- 결재를 받으려는 업무에 대해서는 최고 결재권자(대표이사)를 포함한 이하 직책자의 결재를 받아야 한다.
- '전결'이라 함은 회사의 경영활동이나 관리활동을 수행함에 있어 의사 결정이나 판단을 요하는 일에 대하여 최고 결재권자의 결재를 생략하고, 자신의 책임 하에 최종적으로 의사 결정이나 판단을 하는 행위를 말한다.
- 전결 사항에 대해서도 위임 받은 자를 포함한 이하 직책자의 결재를 받아야 한다.
- 표시 내용: 결재를 올리는 자는 최고 결재권자(대표이사)로부터 전결 사항을 위임 받은 자가 있는 경우 결재란에 전결이라고 표시하고 최종 결재권자란에 위임 받은 자를 표시한다. 다만, 결재가 불필요한 직책자의 결재란은 상향대각선으로 표시한다.
- 최고 결재권자의 결재 사항 및 최고 결재권자로부터 위임된 전결 사항은 아래의 [표]에 따른다.

구분	내용	금액 기준	사전 품의 서류	팀장	본부장	대표이사
접대비	거래처 식대 경조사비 등	20만 원 이하	접대비 지출품의서	●■		
		30만 원 이하			●■	
		30만 원 초과				●■
출장비	국내 출장비	30만 원 이하	출장비 신청서	●■		
		50만 원 이하		●	■	
		50만 원 초과		●		■
	해외 출장비			●		■
소모품비	사무용품		없음	■		
	문서, 전산					■
	기타	20만 원 이하		■		
		30만 원 이하			■	
		30만 원 초과				■
교육훈련비	사내외 교육		기안서	●		■
법인카드	법인카드 사용	50만 원 이하	없음	■		
		100만 원 이하			■	
		100만 원 초과				■

●: 사전 지출 품의 서류의 최종 결재권자

■: 지출결의서의 최종 결재권자

*항목에 따라 사전 품의(●)를 결재받은 후 비용을 사용한다. 비용 사용 후에는 지출결의서(■)를 올려야 한다.

23

인사팀 오 사원은 다음달 기획팀 구 대리의 결혼 축하금 50만 원을 회사 명의로 지급할 예정이다. 이에 대한 비용으로 사전 승인을 위한 결재를 올리려고 한다. 이때 오 사원이 작성한 결재문서 결재란의 상태로 알맞은 것을 고르면?(단, 기울임체는 사인으로 생각한다.)

①

결재	지출결의서			
	담당	팀장	본부장	최종결재
	오 사원	김 팀장	나 이사	권 대표

②

결재	지출결의서			
	담당	팀장	본부장	최종결재
	오 사원	전결	/	김 팀장

③

결재	접대비 지출품의서			
	담당	팀장	본부장	최종결재
	오 사원	전결	/	김 팀장

④

결재	접대비 지출품의서			
	담당	팀장	본부장	최종결재
	오 사원	/		권 대표

⑤

결재	접대비 지출품의서			
	담당	팀장	본부장	최종결재
	오 사원	김 팀장	나 이사	권 대표

24

영업팀 박 사원은 이미 승인받은 예산 30만 원 내에서 국내 출장을 다녀왔다. 이에 대한 비용처리를 하고자 결재문서를 올렸다. 이때 박 사원이 작성한 결재문서의 결재란의 상태로 알맞은 것을 고르면?(단, 기울임체는 사인으로 생각한다.)

①

결재	출장비 신청서			
	담당	팀장	본부장	최종결재
	박 사원	오 팀장	임 본부장	권 대표

②

결재	출장비 신청서			
	담당	팀장	본부장	최종결재
	박 사원	전결	/	오 팀장

③

결재	지출결의서			
	담당	팀장	본부장	최종결재
	박 사원	전결	전결	오 팀장

④

결재	출장비 신청서			
	담당	팀장	본부장	최종결재
	박 사원	/		오 팀장

⑤

결재	지출결의서			
	담당	팀장	본부장	최종결재
	박 사원	전결	/	오 팀장

[25~26] 서울교통공사 시설팀의 하계 휴가 계획에 대한 내용이다. 이를 보고 물음에 답하시오.

[8월 하계 휴가 운영 계획]
- 하계 휴가 기간에는 반드시 사무실에 3명 이상 근무해야 한다.
- 휴가 희망 일자에 따라 휴가를 정하도록 하되, 휴가일이 몰린 경우 개인별 외근 계획 일자를 고려하여 휴가 일정을 조율한다.
- 하계 휴가는 반드시 5일을 붙여서 사용해야 한다.
  (휴가 사이에 주말이나 공휴일이 중간에 낄 수 있지만 휴가 일수에 포함하지 않는다.)
- 8월 토요일과 일요일, 공휴일은 근무하지 않는다.

[8월 달력]

일	월	화	수	목	금	토
	1	2	3	4	5	6
7	8	9	10	11	12	13
14	15 공휴일	16	17	18	19	20
21	22	23	24	25	26	27
28	29	30	31			

[휴가 신청서]

사원	휴가 희망 일자	외근 계획
곽 부장	8/8~8/12	직책자 교육 8/24
심 차장	8/3~8/9	
김 과장	8/25~8/31	협력사 미팅 8/11
최 과장	8/22~8/26	외부 시설 점검 8/4
이 대리	8/11~8/18	외부 시설 점검 8/22

25

최상급자인 곽 부장은 주어진 업무 일정과 하계 스케줄에 따라 휴가 희망 일자를 최대한 반영하여 가능한 적용했다. 다만, 불가능한 경우 하급자를 우선 배려하여 휴가 일정을 넣었다. 이때 휴가 희망 일자에서 휴가 일자를 조정해야 하는 사람을 모두 고르면?(단, 정해진 외근 일정은 수정할 수 없다.)

① 곽 부장 　　　　　② 심 차장 　　　　　③ 이 대리
④ 곽 부장, 이 대리 　② 김 과장, 최 과장

26

시설팀은 8월 외근 등의 복잡한 스케줄을 고려하여 인사팀에 시설팀 총 5명의 휴가 희망 일자를 모두 그대로 반영할 수 있도록 요청하여 승인을 받았다. 그런데 심 차장은 연말 부장 승진을 위해 8월 중 본사로 이동하여 리더십 교육을 1일간 이수해야 한다는 인사팀의 메시지를 받았고, 사무실에 3명 이상 근무가 가능하도록 하루를 선택하여 교육 일정을 보내달라고 요청이 왔다. 이때 심 차장이 외부 교육을 받을 수 있는 가능한 날짜를 고르면?

① 8/11 　　　　　② 8/12 　　　　　③ 8/22
④ 8/25 　　　　　⑤ 8/30

[27~28] 서울교통공사 신입사원 공채 평가 점수에 대한 자료이다. 이를 보고 물음에 답하시오.

[표1] 신입사원 평가 채점표

(단위 : 점)

지원자	창의성	대응성	책임감	진취성
A	90	70	85	70
B	80	85	90	80
C	95	90	70	90
D	50	90	80	90
E	70	90	95	80

[표2] 부서별 선호 역량 기준(환산 비율)

구분	창의성	대응성	책임감	진취성
총무	1배	3배	2배	2배
인사	1배	3배	3배	1배
시설	1배	2배	4배	1배
운영	1배	2배	2배	3배
홍보	3배	1배	1배	3배

*각자의 항목별 점수에서 부서별 환산 비율을 곱해서 합산한 점수로 평가한다.

27

인사팀은 최근 퇴사자로 인해서 다른 부서보다도 가장 충원 인력에 대한 니즈가 높다. 이에 따라 경영진에서는 가장 우선으로 인사팀 발령자를 뽑고자 한다. 이때 인사팀 발령이 예상되는 사람을 고르면?

① A   ② B   ③ C

④ D   ⑤ E

28

지원자 C는 신입사원 평가 점수가 가장 높아서 우선 발령자로 선정되었다. C의 점수를 부서별 환산 비율로 산정하여 가장 높은 점수를 기록한 부서에 발령하고자 할 때 C가 입사하게 될 부서를 고르면?

① 총무팀   ② 인사팀   ③ 시설팀
④ 운영팀   ⑤ 홍보팀

[29~30] 다음은 국제표준 도서번호(ISBN) 부여 및 표기에 대해 나타낸 자료이다. 이를 보고 물음에 답하시오.

국제표준 도서번호(ISBN) 13자리	부가 기호 5자리
ISBN 978-△△-○○○○○○-▲-●	(○●△△△)

[표1] ISBN 구성 정보

순서	ISBN		설명
1단계	978		국제상품코드 관리협회가 부여하는 3자리 숫자
2단계	89 or 11		우리나라 국별 번호
3단계	○○○○○○		한국문헌번호센터에서 발행자에게 부여한 번호
4단계	▲		발행자가 출판물 발행 시 순차적으로 부여
5단계	●		ISBN 마지막 한 자리 숫자로 ISBN 유효성 체크 기호
6단계	부가 기호	○	대상 독자 기호
		●	발행 형태 기호
		△△△	내용 분류 기호

[표2] 부가 기호표(대상 독자 및 발행 형태 기호)

대상 독자		발행 형태		
0	교양	0	문고본	세로 15cm 이하 자료
1	실용	1	사전	사전, 사전류
2	여성	2	신서판	세로 18cm 미만 자료
4	청소년	3	단행본	세로 18cm 이상 자료
5	중고등 학습서1	4	전집, 시리즈	전집, 총서, 다권본, 시리즈
6	초등 학습서2	5	전자출판물	E-book(PDF, EPUB, XML), CD, DVD
7	아동	6	도감	도감류
9	전문	7	그림, 만화	그림책, 만화
		8	혼합(점자, 마이크로)	혼합 자료(점자, 전자책, 마이크로)

[표3] 부가 기호표(내용 분류 기호)

기호		0	1	2	3	4	5	6	7	8	9
1	철학, 심리학 윤리학	일반	형이 상학		철학 체계	경학	동양 철학	서양 철학	논리학	심리학	윤리, 도덕
2	종교	일반	비교 종교	불교	기독교, 천주교, 유대교	도교	천도교, 단군교, 대종교		바라 문교, 인도교	이슬 람교	기타
3	사회과학	일반	통계	경제 경영	사회, 복지, 사회 문제	정치, 외교	행정	법	교육	풍속, 민속학, 예절	국방 군사
4	자연과학	일반	수학	물리	화학	천문	지학	광물	생명	식물	동물
6	예술	일반	건축	조각	공예 장식	서예	회화, 도화, 판화	사진	음악, 극악	연극, 영화, 무용	오락, 운동
7	어학	일반	한국	중국	일본	영어	독일	프랑스	스페인	이태리	기타
8	문학	일반	한국	중국	일본	영미	독일	프랑스	스페인	이태리	기타
9	역사, 지리, 관광	일반	아시아	유럽	아프 리카	북 아메리카	남 아메리카	오세 아니아	양극 지방	지리, 관광	전기, 족보

*철학일반 분야의 경우 10으로 시작 마지막 번호는 0으로 고정한다.(예: 철학일반 100)

29

다음에 주어진 도서의 ISBN 중에서 어학사전 관련 도서는 총 몇 권인지 고르면?

978-89-578129-9-0(41740)	978-11-213254-1-1(53410)
978-89-778822-8-0(01200)	978-11-123213-0-1(91700)
978-11-238999-0-8(15490)	978-89-742266-2-2(71360)
978-89-343466-1-2(21770)	978-11-678311-3-1(97920)
978-89-938465-7-2(62660)	978-89-112341-2-1(41200)

① 1권 ② 2권 ③ 3권
④ 4권 ⑤ 5권

30

다음 중 우리나라에서 만든 여성을 대상으로 한 한국문학 도서의 ISBN으로 올바른 것을 고르면?

① 978-89-123434-1-0(43810)   ② 978-90-886277-5-1(22810)

③ 978-11-986177-8-1(23810)   ④ 978-89-562237-7-7(23880)

⑤ 978-11-778421-4-1(23710)

31

다음 중 정보, 자료, 지식에 대한 설명을 보고, A~C에 들어갈 알맞은 것을 고르면?

A
B를 위해 필요한 것으로, 이는 '아직 특정의 목적에 대하여 평가되지 않는 상태의 숫자나 문자의 나열'을 뜻한다.

B
데이터를 일정한 프로그램에 따라 컴퓨터가 처리 및 가공함으로써 '특정한 목적을 달성하는 데 필요하거나 특정한 의미를 가진 것으로 다시 생산된 것'을 뜻한다.

C
'어떤 특정의 목적을 달성하기 위해 과학적 또는 이론적으로 추상화되거나 정립되어 있는 일반화된 B'를 뜻하는 것으로, 어떤 대상에 대하여 객관적 타당성을 요구할 수 있는 판단의 체계를 제시한다.

	A	B	C			A	B	C
①	정보	자료	지식		②	정보	지식	자료
③	자료	정보	지식		④	자료	지식	정보
⑤	지식	자료	정보					

32

다음 중 '정보의 가치'에 대한 설명으로 잘못된 것을 고르면?

① 정보의 가치는 우리의 요구, 사용 목적, 그것이 활용되는 시기와 장소에 따라 일정하다.

② 정보는 우리가 원하는 시간에 제공되어야 하며, 원하는 시간에 제공되지 못하는 정보는 정보로서의 가치가 없어진다.

③ 정보는 아무리 중요한 내용이라도 공개가 되고 나면 그 가치가 급격하게 떨어지게 된다.

④ 비공개 정보는 정보의 활용이라는 면에서 경제성이 떨어지고, 공개 정보는 경쟁성이 떨어지게 된다.

⑤ 정보는 공개 정보와 비공개 정보를 적절히 구성하여 경제성과 경쟁성을 동시에 추구해야 한다.

33

다음 중 자기개발을 자아 인식, 자기 관리, 경력 개발로 나누었을 때, 이에 대한 설명으로 옳지 않은 것을 고르면?

① '자아 인식'이란 직업 생활과 관련하여 자신의 가치, 신념, 흥미, 적성, 성격 등 자신이 누구인지 아는 것이다.

② '경력 개발' 측면에서 볼 때 직업인은 한 조직의 구성원으로서 자신의 조직과 함께 상호작용하며 자신의 경력을 개발해 나가는 특징을 가진다.

③ '경력 개발'이란 자신을 이해하고, 목표를 성취하기 위하여 자신의 행동 및 업무수행을 관리하고 조정하는 것이다.

④ '경력 개발'은 경력 계획과 경력 관리로 이루어진다.

⑤ '자아 인식'의 방법으로는 내가 아는 나를 확인하는 방법, 다른 사람과의 대화를 통해 알아가는 방법, 표준화된 검사 척도를 이용하는 방법 등이 있다.

34

다음 중 경력에 대한 설명으로 적절하지 않은 것을 고르면?

① 경력 개발이 필요한 이유는 환경적 요인보다는 조직과 개인의 요구에 따른다.

② 경력은 일과 관련된 모든 경험을 말한다.

③ 경력 개발은 개인이 경력 목표와 전략을 수립하고 실행하며 피드백하는 과정이다.

④ 경력 계획은 경력 목표를 설정하여 그 목표를 달성하기 위한 과정이다.

⑤ 경력 관리는 경력 계획을 준비하고 실행하며 피드백하는 과정이다.

35

이번 새로운 프로젝트에서 고성과를 내기 위해 팀을 새롭게 구성하려고 한다. '효과적인 팀'의 조건을 찾아보고 그에 따른 구성원을 활용하려고 할 때, '효과적인 팀'의 조건으로 옳지 않은 것을 고르면?

① 창조적으로 운영되고, 개방적으로 의사소통한다.

② 팀의 목표가 명확하고, 좋은 팀 문화를 가지고 있다.

③ 의견의 불일치가 일어나지 않고, 구성원 상호 간에 지원을 아끼지 않는다.

④ 개인의 강점을 잘 활용하고, 조직화가 잘되어 있다.

⑤ 객관적인 결정을 내리고, 결과에 초점을 맞춘다.

36

협상의 전략에는 여러 가지 종류가 있다. 그중 '협력 전략'에 대한 설명으로 옳은 것을 고르면?

① 수용 전략으로 상대방이 제시하는 것을 일방적으로 수용하여 협상의 가능성을 높이려는 전략이다.

② Lose-Lose 전략으로 협상의 가치가 낮거나, 협상을 중단하여 상대방을 심리적 압박감을 주어 필요한 양보를 얻어내고자 할 때, 또는 협상 이외의 방법으로 쟁점 해결을 위한 대안이 존재할 때 사용한다.

③ Win-Win 전략으로 협상 당사자들은 자신들의 목적이나 우선순위에 대한 정보를 서로 교환하여 이를 통합하여 문제를 해결하고자 노력한다.

④ 단기적으로는 상대방의 얻는 결과에 순응하더라도 자신은 잃을 것이 없고, 오히려 장기적 관점에서 볼 때 상대방과의 상호 의존성과 인간관계의 우호적인 면을 강화하여 상대방의 지원을 지속시킬 수 있다.

⑤ 협상을 더 이상 진행하는 것이 자신에게 불리하게 될 가능성이 있을 때 또는 협상 상황이 자신에게 불리하게 전개되고 있을 때, 협상 국면을 전환하기 위해서 사용할 수 있다.

37

다음 중 직업윤리에 대한 설명으로 옳지 않은 것을 고르면?

① 개인윤리를 바탕으로 각자가 직업에 종사하는 과정에서 요구되는 특수한 윤리 규범이다.

② 가족 관계, 개인적 선호에 의한 친분관계와는 다른 측면의 배려가 요구된다.

③ 개인적 덕목 차원의 일반적인 상식과 기준으로 규제할 수 있다.

④ 직업윤리는 개인윤리와 상황에 따라 서로 충돌하거나 배치되는 경우도 발생한다.

⑤ 직업인이라면 개인윤리보다는 직업윤리를 우선하여야 할 것이다.

38

사회생활을 하면서 많은 사람들을 만나고 서로 알아가며 인맥을 구축하게 된다. 이때마다 처음 인연을 맺으면서 서로 소개하고 소개받는 상황을 자주 접하게 된다. 다음 중 이러한 상황에서 소개 예절로 올바르지 않은 것을 고르면?

① 나이 어린 사람을 연장자에게 소개한다.

② 소개받는 사람의 별칭은 그 이름이 비즈니스에서 사용되는 것이 아니라면 사용하지 않는다.

③ 반드시 성과 이름을 함께 말한다.

④ 정부 고관의 직급명은 퇴직한 경우라도 항상 사용한다.

⑤ 타 회사의 관계자를 내가 속해 있는 회사의 관계자에게 소개한다.

39

다음 중 기술 능력이 뛰어난 사람의 특징으로 바르지 않은 것을 고르면?

① 실질적 해결을 필요로 하는 문제를 인식한다.

② 주어진 한계 속에서, 그리고 제한된 자원을 가지고 일하지 않는다.

③ 기술적 해결에 대한 효용성을 평가한다.

④ 여러 상황 속에서 기술의 체계와 도구를 사용하고 배울 수 있다.

⑤ 문제를 해결하기 위해 지식이나 기타 자원을 선택, 최적화시키며, 적용한다.

40

다음 중 산업 재해의 예방 대책 5단계의 순서로 알맞은 것을 고르면?

㉠ 원인 분석
㉡ 시정책의 선정
㉢ 시정책의 적용 및 뒤 처리
㉣ 안전 관리 조직
㉤ 사실의 발견

---

① ㉠ - ㉤ - ㉡ - ㉣ - ㉢

② ㉡ - ㉢ - ㉤ - ㉠ - ㉣

③ ㉢ - ㉠ - ㉤ - ㉣ - ㉡

④ ㉣ - ㉤ - ㉠ - ㉡ - ㉢

⑤ ㉤ - ㉠ - ㉡ - ㉣ - ㉢

2회   NCS 실전모의고사

■ 시험구성

영역		문항	시간
NCS 직업기초능력평가	의사소통능력	40문제	권장 시간 60분 (문제당 약 1.5분)
	수리능력		
	문제해결능력		
	조직이해능력		
	정보능력		
	자원관리능력		
	기술능력		
	자기개발능력		
	대인관계능력		
	직업윤리		

*서울교통공사 필기시험은 NCS 40문항, 전공 40문항으로 총 80문항이 출제되며, 90분 동안 풀어야 합니다. 일반적으로 NCS 문제의 풀이시간이 더 오래 걸리기 때문에 NCS 40문항을 60분 내에 전공 40문항을 30분 내에 푸는 전략을 추천합니다.

실전과 같은 마음으로 시각을 정확히 준수하여 학습하시기 바랍니다.

시험 시간   시작 _____시 _____분   ~   종료 _____시 _____분

다음 페이지부터 시작!

NCS 실전모의고사

2회   40문제 / 60분

[01~02] 다음에 주어진 보도자료를 보고 물음에 답하시오.

서울지하철, 전기요금 인상으로 부담 늘어 전전긍긍

서울교통공사는 한국전력공사(이하 '한전')의 전기요금 인상으로 서울지하철 1~8호선 및 9호선 2•3단계를 운영하는 공사의 부담이 가중되고 있다고 밝혔다. 공사는 일평균 700만 명 이상의 승객을 수송하며 서울시 전체 전기사용량의 2.92%를 차지할 정도로 많은 에너지를 소비하는 공공기관으로 전기요금 인상의 부담이 크다.

공사는 올해 한전에 납부할 전기요금이 2023년에는 2022년 대비 502억 원(26.7%), 2021년 대비 650억 원(37.5%)이 증가한 2,385억 원에 달할 것으로 전망하고 있다. 2022년 전기요금은 2021년 대비 148억 원(8.5%) 증가한 1,883억 원이었다. 2022년 4월 이후 한전에서는 kWh당 요금단가와 전기요금에 포함되는 기후환경요금, 연료비조정요금을 상향 조정하여 kWh당 총 44.9원의 전기요금을 인상하였다. 전기요금 인상으로 2023년에는 전년 대비 502억 원 증가가 예상된다. 또한 전기요금 10원 추가 인상 시 50억 원 부담이 더해질 전망이다. 2022년 서울교통공사가 운영하는 1~8호선 운수수입금 금액은 약 1조 3,000여억 원으로, 이중 전기요금(약 1,900여억 원)이 차지하는 비율은 14.6%이다.

공사는 전기요금 인상에 대비하여 고효율 전동차 도입, 냉방기 효율적 운용 등 전사적 에너지절약 운동을 펼쳐왔다. 그 결과, 올해 1월~8월 전기사용량을 전년 동월 대비 6,267MWh(0.72%, 11.2억 원)을 절감했다. 하지만 공사가 부담해야 할 전기요금은 오히려 증가했다.

구분	2022년 1~8월	2023년 1~8월	비고
전기사용량	872,776MWh	866,509MWh	6,267MWh(0.72%) 감소
전기요금 납부액	1,238억 원	1,552억 원	314억 원(25.36%) 증가
KWh당 평균요금	141.7원	179.1원	37.4원(26.39%) 증가

더 이상 에너지절약 활동을 강화하기도 어려운 상황이다. 코로나19 종식에 따라 2023년 1~8월 수송 인원이 전년 대비 12.8%(182백만 명) 증가했으며, 승강설비 등 각종 편의시설 증가로 인해 전기 사용량이 증가하고 있기 때문이다. 한편, 한전은 2012년 철도운영기관 요금제를 비교적 저렴한 산업용(갑)에서 산업용(을)로 변경하였다. 철도운영기관의 어려움을 고려해 2017년까지 전기요금 할인 혜택을 제공해주었지만, 현재는 만료된 상태로 철도운영기관인 공사는 비싸진 요금을 그대로 부담하고 있다. 전기요금은 요금대로 인상되고, 요금제마저 비싼 요금제로 전환되어 공사의 지하철 운임 인상만으로는 쌓인 부담을 해소하기는 어렵다. 지난 7일부터 수도권 지하철 기본요금이 150원 오른 1,400원으로 인상됐다. 지하철 요금이 오른 건 8년 만이다. 8년간 동결된 요금으로 인해 운송적 자부담이 쌓여 자체적인 노력만으로는 부담을 해소하는 데 한계가 있다.

실제로 한전에서는 초중고 및 유치원(6%), 도축장(20%), 천일염•미곡종합처리장(20%)과 같은 공공서비스 업종에 전기요금 할인을 제공하고 있다. 필수적인 공공서비스를 제공하는 철도운영기관에게도 요금할인을 적용해준다면 공사 역시 전기요금 부담을 덜 수 있다. 양질의 공공서비스를 제공하기 위해 공사는 한전의 철도운영기관 전용요금제도의 도입이나 할인 혜택 제공 등이 절실하다.

01

김 대리는 주어진 보도자료를 보고 이해하여, 내용을 간략하게 정리한 개요를 만들려고 한다. 이때 ㉠~㉣ 중 적절하지 않은 것을 모두 고르면?

㉠ 전기요금 인상으로 2023년 공사 전기요금 전년 대비 502억 원 증가(26.7%) 예상
㉡ 전년 동월 대비 8월까지 전기사용량 0.72% 감소했으나, 납부한 전기요금은 26.39% 증가
㉢ 필수 공공 서비스 제공하는 철도운영기관 전용요금제도입, 요금할인 혜택 등 지원 필요
㉣ 코로나19 종식에 따라 2023년 상반기(1~6월) 전년 대비 수송 인원 12.8% 증가

① ㉠, ㉡   ② ㉡, ㉢   ③ ㉡, ㉣

④ ㉢, ㉣   ⑤ ㉡, ㉢, ㉣

02

주어진 보도자료를 보고 알 수 있는 사실이 아닌 것을 고르면?

① 2022년 서울교통공사의 2022년 1~8호선 운수수입금은 1조 원 이상이다.
② 고등학교의 경우 전기요금을 할인 받을 수 있다.
③ 2022년 이후 서울교통공사는 kWh당 총 44.9원의 인상된 전기요금을 내왔다.
④ 2021년에 서울교통공사는 한전으로부터 전기요금 할인 혜택을 받을 수 있었다.
⑤ 서울교통공사에서 운영하는 서울지하철은 하루에 700만 명 이상이 이용한다.

[03~04] 다음에 주어진 보도자료를 보고 물음에 답하시오.

서울지하철 7호선, 16일부터 '의자 없는 열차' 시범운행…
승객 눈길 끄는 디자인도 더해

- 올해 1월부터 지하철 4호선 첫 시범운행에 이은 두 번째… 열차 내부 그래픽(랩핑) 조성
- 시민안전•편의성 확보 위해 손잡이, 지지대 등 안전설비 대폭 보강, 교통약자석은 유지
- 운행 초기 직원이 직접 탑승해 안전 살피고, 시범운행 효과성 검증 후 타 노선 확대 여부 검토
- "열차증회, 증차 이외 혼잡도 완화 위한 단기대책의 일환… 혼잡도 완화 위해 다각도로 노력할 것"

 서울교통공사가 출근 시간대 지하철 혼잡도 완화를 위해 올해 초부터 서울 지하철 4호선 1개 편성에 '객실 의자가 없는 열차'를 시범 운행 중인 가운데, 지하철 7호선도 16일(목) 출근길부터 열차 1개 편성 1칸을 의자 없이 시범 운행한다고 밝혔다. 공사에서는 지난 1월부터 혼잡도 150%를 초과하는 4호선의 혼잡도 완화를 위한 단기 대책으로 열차 1개 편성 1칸의 객실의자를 제거해 시범운행하고 있다. 특히, 이번 시범 운행 차량에서는 객실 내 의자가 없어진 공간이 다소 썰렁한 느낌을 준다는 4호선 이용 승객들의 의견을 반영해 '7호선을 타고 즐기는 서울 여행'을 주제로 열차 내부에 디자인(랩핑)을 적용했다. 의자 없는 열차 칸에 자연과 젊음, IT 등 특색있는 풍경의 디자인으로 가득 채워 이용 승객에게 볼거리를 제공하면서 시인성도 높여줄 것으로 기대된다.
 이번 시범 운행은 열차 증회 등 혼잡도 특별관리대책 추진 이후에도 여전히 150% 이상의 혼잡도를 보이는 지하철 4, 7호선의 혼잡도 완화를 위한 단기 대책의 하나로 마련됐다. 시범 운행에 나서는 7호선 열차에는 1편성 1칸(네 번째 또는 다섯 번째 칸)의 7인석 일반석 의자는 제거하지만, 노약자 등 교통약자 이용하는 교통약자용 12석은 현행대로 유지한다. 이와 함께 시민들의 안전과 편의를 위해 지지대, 손잡이, 등받이 등 안전설비를 보강했으며, 안내방송, 전동차 출입문 안내 스티커 부착 등을 통해 시민들의 열차 이용 불편을 최소화할 계획이다. 승객 안전 확보를 위해 지지대 30개, 등받이 12개, 손잡이 36개를 추가로 설치했다.
 아울러, 공사는 운행 초기 안전사고 예방을 위해 지하철 7호선에 직원이 직접 탑승해 안전을 꼼꼼히 살피고, 시범 열차 운행 모니터링과 혼잡도 개선에 대한 효과성 검증을 마친 후 다른 노선으로의 확대 여부를 검토할 예정이다. 지난 1월부터 시작된 4호선 객실의자 시범 운행 당시 방학 기간 등과 겹쳐 정확한 혼잡도 개선 효과를 검증하기 어려웠다. 7호선 시범 운행 실시와 함께 객실의자 제거 시범사업의 효과성을 검증할 계획이다.

03

다음 중 보도자료의 내용을 바르게 이해했을 때 객실 내 디자인을 채우게 된 원인은 무엇인가?

① 객실 의자 없는 열차의 시범 운행에서 비롯되었다.

② 예술의 대중화를 위해 적용되었다.

③ 지하철 혼잡으로 인한 승객들의 심리적 스트레스를 반감시키기 위해 적용되었다.

④ 노후화된 객실 내 컨디션을 보완하기 위해 디자인되었다.

⑤ 서울 관광을 홍보하기 위해 제작되었다.

04

주어진 보도자료를 보고 알 수 있는 사실이 아닌 것을 고르면?

① 서울지하철 1호선은 '객실 의자가 없는 열차'를 운행하지 않는다.

② 시범운행될 7호선의 해당 칸은 의자를 전부 제거할 것이다.

③ 시범운행을 통해 안정성과 혼잡도 완화 효과가 인정되면 다른 노선에도 확대될 것이다.

④ 시범운행되는 칸은 더욱 안전을 위한 시설물이 보강된다.

⑤ 시범운행될 7호선의 여섯 번째 칸은 의자를 그대로 유지할 것이다.

[05~06] 다음에 주어진 글을 보고 물음에 답하시오.

로마는 티베르 강 유역에 위치한 작은 도시에서 시작하여, 고대 세계를 지배하는 거대한 제국으로 성장했습니다. 이 놀라운 성장 과정은 수세기 동안 펼쳐진 정치적, 군사적, 사회적 발전의 결과였습니다. 로마의 기원은 기원전 8세기로 거슬러 올라가며, 로물루스와 레무스라는 형제가 도시를 건설했다는 전설이 전해집니다. 이후 로마는 왕정 시대를 거쳐 기원전 509년 공화정을 수립했습니다. 공화정 초기 로마는 주변 도시들과의 갈등과 전쟁을 통해 영토를 확장해나갔습니다. 이후 로마 공화정은 뛰어난 군사력을 바탕으로 이탈리아 반도를 통합했습니다.

로마 군단은 엄격한 훈련과 뛰어난 전술로 유명했으며, 이는 로마가 다른 도시 국가들을 정복하는 데 큰 도움이 되었습니다. 또한, 로마는 전략적인 동맹을 통해 영향력을 확대했습니다. 이탈리아 반도의 다른 도시 국가들과 동맹을 맺고, 이들을 로마의 지배 아래 두었습니다. 로마 제국은 고대 세계에서 가장 강력하고 영향력 있는 제국 중 하나였습니다. 넓은 영토를 지배했던 로마는 효율적인 통치와 군사력뿐만 아니라, 뛰어난 기술력과 혁신적인 사회 시스템으로도 유명했습니다. '모든 길은 로마로 통한다.'라는 말이 있습니다. 이러한 로마 제국의 번영과 발전에는 도로의 발달이 매우 중요한 역할을 했습니다.

기원전 8세기에 티베르 강 유역에 세워진 로마는 점차 주변 도시들을 정복하며 성장했습니다. 초기 로마 사회는 농업을 기반으로 했으며, 주변 도시들과의 교역이 활발하게 이루어졌습니다. 하지만, 당시 로마는 울퉁불퉁한 길과 좁은 통로들로 이루어져 있었고, 이는 교통의 원활한 진행을 방해했습니다. 기원전 4세기부터 로마는 도로 건설에 본격적으로 힘쓰기 시작했습니다. 최초의 로마 도로는 기원전 312년에 건설된 아피아 가도입니다. 아피아 가도는 로마와 남부 이탈리아 도시들을 연결하는 중요한 도로였으며, 이후 로마는 이와 같은 도로들을 지속적으로 건설했습니다. 로마 도로는 단순히 사람과 물품을 이동시키는 수단을 넘어, 로마 제국의 통치와 군사력을 상징하는 중요한 존재가 되었습니다. 잘 만들어진 도로는 로마 군단의 빠른 이동을 가능하게 했고, 이는 제국의 확장과 영토 유지에 큰 기여를 했습니다. 또한, 도로는 로마 제국의 문화와 법률을 제국 전역에 전파하는 데에도 중요한 역할을 했습니다.

로마 도로는 뛰어난 기술과 혁신적인 디자인으로 유명했습니다. 로마인들은 석회암, 자갈, 콘크리트 등 다양한 자재를 사용하여 도로를 건설했습니다. 또한, 도로에는 배수 시스템이 잘 갖춰져 있어 비가 와도 침수되지 않았습니다. 넓고 평평한 로마 도로는 말이 끄는 마차나 수레가 빠르게 달릴 수 있도록 설계되었으며, 도로 양쪽에는 보행자를 위한 보도가 마련되어 있었습니다.

로마 도로는 유지 관리되어 오늘날에도 일부는 여전히 사용되고 있습니다. 로마 도로는 현대 도로 건설에도 영향을 미쳤으며, 로마 제국의 기술과 혁신을 보여주는 중요한 유산으로 남아 있습니다. 로마 도로는 단순히 교통 시설을 넘어 로마 제국의 정치, 경제, 문화, 군사 등 다양한 측면에 영향을 미친 중요한 요소였습니다. 로마 도로의 발달은 로마 제국의 성장과 번영을 상징하며, 오늘날에도 여전히 로마 제국의 위대한 업적을 보여주는 중요한 유산으로 남아 있습니다.

05
주어진 글의 제목으로 가장 어울리는 것을 고르면?

① 로마 제국의 성장과 그 주변 국가
② 오늘날에도 로마 도로를 유지해야 하는 이유
③ 로마인들의 독창적인 기술과 지혜
④ 로마 도로 건설이 제국 발전에 미친 영향
⑤ 로마의 막강한 군사력과 그 영토

06
주어진 글을 읽고, 유추한 내용으로 적절하지 않은 것을 고르면?

① 로마의 도로는 우천시에도 비가 고이지 않게 설계되었다.
② 초기 로마는 왕이 지배했지만, 이후 왕이 지배하지 않는 정치 구조로 변화하였다.
③ 이탈리아 반도에는 여러 고대 국가가 있었다.
④ 로마의 성장 배경에는 막강한 군사력이 있었다.
⑤ 당시 로마 도로에 마차가 달리면 행인들은 보도 밖으로 나와서 비켜줘야 했다.

[07~08] **다음에 주어진 기후 보고서를 보고 물음에 답하시오.**

2024년 지구, 극심한 날씨 변화에 직면하다

2024년 지구는 극심한 날씨 변화로 인해 전례 없는 위기를 겪고 있습니다. 지난 몇 년 동안 지구 온난화가 가속화되면서 폭염, 홍수, 가뭄, 산불 등 극단적인 기후 현상이 빈번하게 발생하고 있습니다. 이러한 변화는 전 세계 인명과 재산에 피해를 입히고 있으며, 지구 환경에도 심각한 영향을 미치고 있습니다.

1. 주요 날씨 변화 현상
폭염: 2024년에는 전 세계적으로 폭염이 빈번하게 발생했습니다. 특히, 유럽과 북미 지역에서는 역대 최고 기록을 경신하는 폭염으로 인해 많은 사람들이 사망하거나 건강 문제를 겪었습니다.
홍수: 2024년에는 아시아, 유럽, 남미 등 여러 지역에서 집중호우로 인해 심각한 홍수가 발생했습니다. 홍수로 인해 주택과 기반 시설이 파괴되고, 많은 사람들이 피해를 입었습니다.
가뭄: 2024년에는 아프리카, 중동, 북미 등 여러 지역에서 심각한 가뭄이 발생했습니다. 가뭄으로 인해 농작물 피해가 발생하고, 식량 부족 문제가 심화되었습니다.
산불: 2024년에는 유럽, 북미, 호주 등 여러 지역에서 대규모 산불이 발생했습니다. 산불로 인해 삼림이 파괴되고, 대기 오염이 심화되었습니다.
2. 날씨 변화 심화 원인
지구 온난화: 2024년 지구 평균 기온은 산업혁명 이전 대비 약 1.3℃ 상승한 것으로 나타났습니다. 지구 온난화는 대기 순환을 변화시키고, 극단적인 기후 현상 발생 가능성을 높입니다.
엘니뇨 현상: 2024년에는 강력한 엘니뇨 현상이 발생했습니다. 엘니뇨 현상은 태평양 적도 부근 해수면 온도가 상승하는 현상으로, 이는 전 세계적으로 폭염, 가뭄, 홍수 등 극단적인 기후 현상 발생 가능성을 높입니다.
인간 활동: 화석 연료 사용, 삼림 벌채 등 인간 활동은 지구 온난화를 가속화하고 있습니다.
3. 날씨 변화 영향
인명 피해: 2024년에는 극심한 날씨 변화로 인해 전 세계적으로 많은 사람들이 사망하거나 건강 문제를 겪었습니다.
경제적 손실: 2024년에는 극심한 날씨 변화로 인해 전 세계적으로 막대한 경제적 손실이 발생했습니다. 특히, 농업, 관광, 기반 시설 등 여러 산업 분야에 피해가 발생했습니다.
사회적 문제: 2024년에는 극심한 날씨 변화로 인해 전 세계적으로 사회적 문제가 심화되었습니다. 특히, 식량 부족, 물 부족, 주거 문제 등이 심각해졌습니다.
환경 파괴: 2024년에는 극심한 날씨 변화로 인해 전 세계적으로 환경 파괴가 심화되었습니다. 특히, 삼림 파괴, 생물 다양성 감소, 해수면 상승 등이 문제가 되고 있습니다.
4. 이후 전망
전문가들은 앞으로 지구 온난화가 더욱 심화될 것으로 전망하고 있습니다. 이에 따라 2024년 이후에도 극심한 날씨 변화는 더욱 빈번하게 발생할 것으로 예상됩니다.

07

주어진 글을 본 사람들의 반응으로 내용을 잘못 이해한 사람을 모두 고르면?

> A: 2024년 기후 변화로 인한 재해의 원인 중 하나는 인간 활동에 따른 결과야.
>
> B: 2024년 이상 기후로 홍수 피해가 컸지만 긍정적인 것은 물 부족 지역은 없어졌다는 거야.
>
> C: 엘니뇨 현상이 지구 곳곳에 일어나 전 세계적으로 큰 피해를 주었어.
>
> D: 최근 기후 변화는 일부 생물의 종수나 개체 수가 줄어드는 원인이 되었어.
>
> E: 지구 온도 상승은 2024년 이례적으로, 향후 이전의 온도로 돌아올 것 같아.

① B

② A, C

③ B, E

④ B, C, D

⑤ B, C, E

08

주어진 글을 읽고, 이해한 내용으로 적절한 것을 고르면?

① 산업혁명 이전에 지구 온난화가 시작되었다.

② 특히 폭염으로 아시아의 많은 사람들이 피해를 입었다.

③ 급격한 날씨의 변화는 경제적 손실과는 무관하다.

④ 유럽에서는 폭염과 산불, 홍수 피해가 겹쳐 큰 어려움을 겪고 있다.

⑤ 폭염과 가뭄으로 지구 해수면이 하강하였다.

[09~10] 다음에 주어진 우리나라 내외국인 국제이동에 관한 자료를 보고, 물음에 답하시오.

[표] 2023 내외국인 국제이동 통계

(단위: 명)

구분		총이동	입국자	출국자	국제순이동
합계		1,275,507	698,408	577,099	121,309
내국인	계	476,639	218,640	257,999	-39,359
	남자	240,258	112,284	127,974	-15,690
	여자	236,381	106,356	130,025	-23,669
외국인	계	798,868	479,768	319,100	160,668
	남자	438,159	269,442	168,717	100,725
	여자	360,699	210,318	150,381	59,937

*국제인구이동통계는 체류기간 90일을 초과하여 상주지를 옮긴 내·외국인 입국자와 출국자를 대상으로 집계함

[그래프] 2023 내외국인 국제이동 성별 통계

(단위: 명)

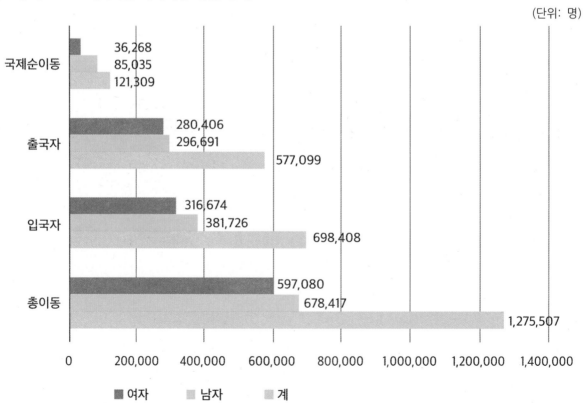

09

주어진 자료를 보고 해석한 내용으로 바르지 않은 것을 모두 고르면?

ⓐ 2023년 내국인 입국자는 외국인 입국자의 절반이 되지 않는다.

ⓑ 2023년 내외국인 남자 입국자는 여자 입국자보다 6.5만 명 이상 많다.

ⓒ 2023년 내외국인 국제순이동 중 남자의 수는 여자의 수의 2배가 되지 않는다.

ⓓ 2023년 총이동 수는 외국인이 내국인보다 35만 명 이상 많다.

---

① ㉠, ㉣   ② ㉡, ㉢   ③ ㉢, ㉣

④ ㉠, ㉢, ㉣   ⑤ ㉡, ㉢, ㉣

10

2023년 내국인 여자의 입국자와 출국자의 차이를 ㉠, 2023년 외국인 여자의 입국자와 출국자의 차이를 ㉡이라 하면 ㉠+㉡을 바르게 계산하여 고르면?

① 82,606   ② 83,606   ③ 85,032

④ 89,433   ⑤ 90,173

[11~12] 다음에 주어진 우리나라 도로 현황에 관한 자료를 보고, 물음에 답하시오.

[표1] 2023년 우리나라 도로 현황

(단위: km)

도로 종류	연장	개통			미개통, 미개설	
		소계	포장	미포장	미개통	미개설
총계	115,878	107,149	102,205	4,944	498	8,231
고속국도	4,973	4,973	4,973	-	-	-
일반국도	14,220	14,124	14,091	33	-	96
특별·광역시도	5,281	5,212	5,212	-	-	69
지방도	18,349	17,062	16,370	692	207	1,080
시도	33,935	28,780	28,037	743	143	5,012
군도	22,241	20,551	17,131	3,420	147	1,543
구도	16,879	16,447	16,391	56	1	431

[표2] 2013년 우리나라 도로 현황

(단위: km)

도로 종류	연장	개통			미개통, 미개설	
		소계	포장	미포장	미개통	미개설
총계	106,414	96,419	87,799	8,620	9,995	-
고속국도	4,112	4,112	4,112	-	-	-
일반국도	13,843	13,584	13,527	57	259	-
특별·광역시도	4,879	4,841	4,821	20	38	-
지방도	18,083	16,772	15,243	1,529	1,311	-
시도	28,047	21,536	20,352	1,184	6,511	-
군도	22,374	20,498	14,741	5,757	1,876	-
구도	15,076	15,076	15,003	73	-	-

11

주어진 우리나라 도로 현황에 대한 자료를 보고, 옳지 않은 것을 고르면?

① 2023년 고속국도의 연장 길이는 총 도로의 5%가 넘지 않는다.

② 2023년 개통 도로의 총 길이는 10년 전보다 1,000km 이상 늘었다.

③ 2023년 군도 계통 도로는 10년 전보다 포장도로는 늘었고, 미포장도로는 줄었다.

④ 2013년에 특별·광역시도의 미개통도로가 존재했지만, 2023년에는 없다.

⑤ 2023년 각 도로별 연장 길이는 모두 10년 전보다 늘었다.

12

주어진 [표]를 이용하여 10년 전후의 우리나라 도로별 연장 길이의 증감 [그래프]를 만들었다. 이때 잘 못된 부분을 모두 고르면?

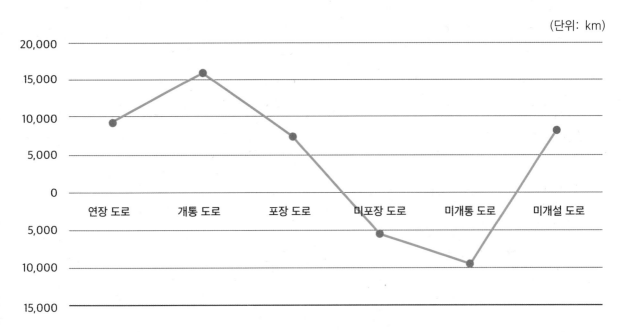

① 연장 도로, 개통 도로

② 연장 도로, 포장 도로

③ 포장 도로, 미포장 도로

④ 개통 도로, 포장 도로, 미포장 도로

⑤ 개통 도로, 포장 도로, 미개설 도로

[13~14] 다음에 주어진 2021년 우리나라 1인 기업에 관한 자료를 보고, 물음에 답하시오.

[표1] 2021년 1인 기업 정보

(단위: 개, %)

구분		사업체 수	개인	법인	남자	여자
전체	소계	917,365	87.2	12.8	71.5	28.5
권역별	수도권	523,958	82.6	17.4	73.0	27.0
	충청권	80,559	94.2	5.8	70.8	29.2
	호남권	71,315	94.0	6.0	68.7	31.3
	영남권	211,618	92.9	7.1	69.7	30.3
	강원/제주	29,915	93.0	7.0	65.0	35.0
업종별	농림어업	3,526	30.8	69.2	80.5	19.5
	제조업	260,231	89.7	10.3	78.5	21.5
	전자상거래업	150,363	84.3	15.7	66.6	33.4
	출판, 영상, 방송통신 및 정보 서비스업	64,712	78.6	21.4	73.5	26.5
	기타 금융 지원 서비스업	2,694	71.7	28.3	41.9	58.1
	전문, 과학 및 기술 서비스업	109,498	78.3	21.7	82.9	17.1
	사업시설 관리 및 사업지원 서비스업	79,823	74.6	25.4	72.8	27.2
	교육 서비스업	157,527	97.7	2.3	49.0	51.0
	창작예술 및 여가 관련 서비스업	20,162	95.8	4.2	61.4	38.6
	개인 및 소비용품 수리업	68,829	98.3	1.7	88.7	11.3

[표2] 2021년 1인 기업 이전 창업경험 유무

(단위: 개, %, 회)

구분		사업체 수	예	아니오	평균횟수
전체	소계	917,365	13.7	86.3	1.3
권역별	수도권	523,958	14.8	85.2	1.3
	충청권	80,559	19.5	80.5	1.5
	호남권	71,315	12.9	87.1	1.3
	영남권	211,618	9.5	90.5	1.2
	강원/제주	29,915	10.0	90.0	1.7
업종별	농림어업	3,526	21.1	78.9	1.5
	제조업	260,231	8.1	91.9	1.3
	전자상거래업	150,363	18.0	82.0	1.3
	출판, 영상, 방송통신 및 정보 서비스업	64,712	23.8	76.2	1.4
	기타 금융 지원 서비스업	2,694	50.9	49.1	2.9
	전문, 과학 및 기술 서비스업	109,498	13.1	86.9	1.3
	사업시설 관리 및 사업지원 서비스업	79,823	12.7	87.3	1.3
	교육 서비스업	157,527	16.0	84.0	1.2
	창작예술 및 여가 관련 서비스업	20,162	17.7	82.3	1.6
	개인 및 소비용품 수리업	68,829	9.6	90.4	1.2

*평균횟수는 이전 창업경험이 있다고 답한 사람들의 창업 평균 횟수임

13

주어진 2021년 1인 기업 자료를 보고 해석한 내용으로 틀린 것을 모두 고르면?

> ㉠ 수도권에서 이전 창업 경험을 가지고 있는 1인 기업은 50,000개 이상 있다.
> ㉡ 1인 제조업 법인회사는 26,000개 이상 있다.
> ㉢ 강원/제주 지역의 여자 1인 기업은 10,500개 이상 있다.
> ㉣ 1인 기업 중 이전 창업경험을 가진 사업자 수가 가장 많은 업종은 전자상거래업이다.

① ㉠   ② ㉢   ③ ㉠, ㉡

④ ㉡, ㉣   ⑤ ㉢, ㉣

14

영남권 1인 기업 전체의 평균 이전 창업경험 횟수를 구하면?

① 0.21회   ② 0.214회   ③ 0.152회

④ 0.114회   ⑤ 0.09회

[15~16] 다음에 주어진 우리나라 상장채권에 관한 자료를 보고, 물음에 답하시오.

[표] 우리나라 상장채권 현황

(단위: 개, 백만 원)

구분		2020	2021	2022	2023
합계	종목수	14,706	15,250	15,742	16,554
	상장잔액(액면)	2,049,042,902	2,230,300,242	2,351,000,412	2,490,936,761
	거래량(액면)	2,137,548,708	1,499,573,624	996,957,577	1,111,424,961
	거래대금	2,141,102,965	1,475,318,012	957,477,784	1,101,483,170
공채	종목수	5,658	5,815	6,227	6,680
	상장잔액(액면)	1,538,364,713	1,671,529,431	1,790,646,801	1,919,579,690
	거래량(액면)	2,133,436,184	1,496,024,835	993,443,815	1,107,366,367
	거래대금	2,136,935,280	1,471,646,298	954,003,491	1,097,520,045
회사채	회사수	585	615	612	620
	종목수	9,044	9,431	9,511	9,870
	상장잔액(액면)	510,508,189	558,600,811	560,183,612	571,187,071
	거래량(액면)	4,112,524	3,548,789	3,513,761	4,058,594
	거래대금	4,167,685	3,671,714	3,474,293	3,963,125
외국채	종목수	4	4	4	4
	상장잔액(액면)	170,000	170,000	170,000	170,000
	거래량(액면)	-	-	-	-
	거래대금	-	-	-	-

15

주어진 2020년~2023년 우리나라 상장채권 관련 자료를 보고 해석한 내용으로 틀린 것을 모두 고르면?

> ㉠ 매년 회사채 종목수는 전체 채권 종목수의 절반이 넘었다.
> ㉡ 2022년 외국채를 제외한 모든 품목에서 전년 대비 거래량이 감소하였다.
> ㉢ 4년간 회사채 상장잔액은 항상 500조 원을 넘었다.
> ㉣ 2023년 전년 대비 종목수의 증가량은 공채가 회사채보다 100개 이상 많다.

① ㉡

② ㉢

③ ㉣

④ ㉠, ㉡

⑤ ㉢, ㉣

16
주어진 [표] 일부를 이용해서 [그래프]를 바르게 작성하였을 때 될 수 없는 [그래프]를 모두 고르면?

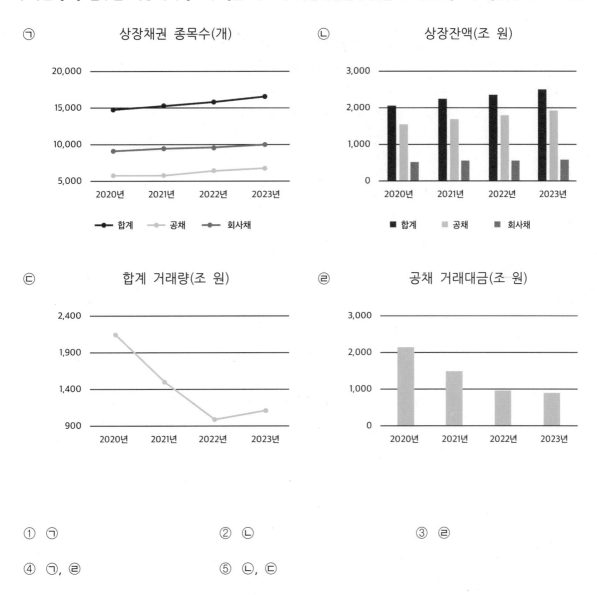

① ㉠

② ㉡

③ ㉣

④ ㉠, ㉣

⑤ ㉡, ㉢

[17~18] 주어진 사내 회의실 사용 가이드와 다음주 회의실 예약 현황을 보고 물음에 답하시오.

[사내 회의실 사용 가이드]

- A~D 회의실을 사용할 때는 적어도 30분 전에 회사 사이트를 통해서 예약을 하고 이용해 주세요.
- 예약은 최소 1시간 단위로 할 수 있고, 한 번 예약에 최대 2시간까지 사용이 가능합니다.
- E 회의실은 예약이 불가하고, 규정에 맞춰 긴급 사용이 가능합니다.
- 회의실 사용 후에는 반드시 자리정돈 및 환기를 해주세요.
- 12시부터 13시까지는 점심식사 용도 외 회의실 예약이 불가합니다.
- 점심식사 후에는 청소 및 환기를 해주세요.
- 한 사람이 같은 회의실을 앞뒤로 2번 연속 예약할 수 없습니다.
- 회의실 예약 가능 시간은 점심시간을 제외한 9시~18시 사이입니다.

[내일 회의실 예약 현황]

시간	A	B	C	D	E
9시~10시	최 주임	임 과장		이 과장	
10시~11시		임 과장	김 이사	이 과장	
11시~12시	오 대리			김 이사	
12시~13시(점심)					
13시~14시					
14시~15시			오 대리		
15시~16시	차 부장	정 과장		금 대리	
16시~17시	최 주임	정 과장		금 대리	
17시~18시			임 과장	차 부장	

[회의실 정원]

회의실	A	B	C	D	E
정원	7명	4명	10명	8명	20명

*E회의실 사용은 최소 10명 이상부터 가능합니다.

17

내일 강 과장은 거래처 손님과 사내 회의실에서 미팅이 있다. 주어진 정보를 보고 내일 거래처 손님과 미팅이 가능한 회의실을 모두 고르면?

[거래처 메시지]

안녕하세요, 강과장님

내일 회사로 가서 뵙기로 했었습니다. 이번 프로젝트에 대한 큰 틀에서의 설명을 드리려고 합니다. 해서 전문 분야의 5명의 인사와 함께 찾아뵐 것 같습니다. 내일 미팅에서 강 과장님과 손 대리님이 함께 참석하는 것으로 알고 있습니다. 내일 저희 회사에서 오전 11시에 출발하면 약 2시간 정도 걸릴 것 같습니다. 회의는 조금 길어질 것 같아 2시간 정도 얘기 나누면 될 것 같습니다. 그럼 내일 뵙겠습니다.

감사합니다.

① D   ② A, D   ③ B, C

④ D, E   ⑤ A, D, E

18

내일 회의실을 이용하고자 할 때 올바른 정보를 고르면?

① 내일 오전 2시간 동안 4명의 인원이 회의를 위해 예약하고자 할 때 예약 가능한 회의실이 있다.

② 임 과장은 내일 B회의실만 사용할 것이다.

③ 내일 12시부터 13시에 회의실 예약 및 미팅이 가능하다.

④ 평소 18시에서 19시까지 회의실 예약을 할 수 있다.

⑤ 회의실이 없다면 신규입사자 10명을 대상으로 한 긴급회의를 E회의실에서 진행할 수 있다.

[19~20] 강원도 A호텔의 이용료에 관한 자료이다. 이를 보고 물음에 답하시오.

[호텔 1일 이용료]

구분	주중	주말	성수기
오션뷰 2인실	60,000원	80,000원	120,000원
마운틴뷰 2인실	50,000원	70,000원	100,000원
오션뷰 4인실	100,000원	150,000원	180,000원
마운틴뷰 4인실	80,000원	120,000원	150,000원
오션뷰 8인실	160,000원	200,000원	240,000원
마운틴뷰 8인실	140,000원	150,000원	200,000원

*주말은 금요일과 토요일, 토요일과 일요일 숙박을 말하고, 성수기는 7월~8월과 12월~1월을 말한다.
*2인실과 4인실의 경우 허용인원 외에 1인을 추가할 수 있고, 8인실은 2인을 추가할 수 있으며, 추가 1인당 비용은 1만 원이다.
*○○역에서의 픽업서비스는 1인당 30,000원이다.

[부대시설 기본 이용료]

구분	이용료	허용인원	이용기준
회의실	100,000원	12명	1시간 기준
인피니티풀	50,000원	-	1일 1인 기준
노래연습장	150,000원	10명	1시간 기준
바비큐장	40,000원	20명	2시간 기준
마사지샵	120,000원	-	1인 1시간 기준

*토요일 및 일요일에는 기본 이용료의 20%가 추가된다.
*아동의 경우도 성인과 동일한 비용으로 계산된다.

[음료 및 스낵 가격]

음료	가격	스낵	가격
맥주	5,000원	감자칩	3,000원
와인(잔)	10,000원	쿠키	5,000원
콜라	3,000원	나쵸	4,500원
사이다	2,500원	마카롱	3,500원
쥬스	4,000원	컵라면	4,000원

*음료 및 스낵 비용은 체크아웃 시 결제한다.

19

어느 가족의 호텔 이용에 대한 정보이다. 이를 보고 이 가족이 지불해야 할 금액을 계산하여 고르면?

[호텔 이용 사항]

- 이용기간: 9/11(목) 오후 체크인~9/13(토) 오전 체크아웃
- 이용인원: 성인 2명, 아동 1명
- 이용객실: 오션뷰 2인실
- 이용시설: 바비큐장 2시간(목요일), 인피니티풀 3인(금요일), 마사지 2인 1시간(토요일) 사용
- 음료 및 스낵: 와인 2잔, 쥬스 1잔, 쿠키 2개, 컵라면 1개
- 픽업서비스: 3인 이용

① 766,000원   ② 806,000원   ③ 838,000원

④ 845,000원   ⑤ 916,000원

20

아래 문의사항을 보고 예상되는 최소 금액을 고르면?

[문의사항]

안녕하세요. 저는 ㅇㅇ공사 인사팀 허 대리입니다. 다음 주 수요일인 7월 19일부터 2박 3일간 호텔을 이용하려고 합니다. 저희 팀 인원은 모두 14명인데 수요일에는 12명만 숙박하고 나머지는 목요일 오후에 합류할 것 같습니다. 객실은 뷰는 바다든, 산이든 괜찮습니다. 수요일에 숙박할 인원은 단체 버스로 호텔까지 이동할 예정인데 목요일 도착 인원은 픽업 서비스가 필요합니다. 수요일은 오후에 회의실을 2시간 정도 사용하고, 밤에 노래연습장을 1시간 사용하겠습니다. 노래연습장은 직원 중 절반 정도만 이용할 것 같습니다. 목요일 인피니티풀 사용 신청한 직원들은 모두 5명입니다. 저녁에 바비큐장을 4시간 사용하겠습니다.

① 1,340,000원   ② 1,430,000원   ③ 1,520,000원

④ 1,630,000원   ⑤ 1,640,000원

[21~22] 다음은 서울교통공사의 여객운송약관(1~8호선)의 일부이다. 이를 보고 물음에 답하시오.

제6조(여객운송의 조정)

① 서울교통공사는 여객운송을 원활하게 하기 위하여 필요한 때에는 다음 각 호의 사항을 제한하거나 조정할 수 있으며, 이 경우 그 요지를 관계역 또는 인터넷 홈페이지에 게시합니다. 다만, 긴급하거나 일시적인 경우에는 안내 방송으로 대신할 수 있습니다.

1. 승차권의 종류, 발매역, 발매장소, 발매시간, 발매방법에 관한 사항
2. 승차구간 및 열차의 운행에 관한 사항
3. 운임의 할인 및 반환에 관한 사항
4. 휴대품에 관한 사항
5. 교통카드 이용에 관한 사항

② 서울교통공사는 지진, 태풍, 폭우, 폭설 등 천재지변 또는 악천후로 인하여 재해가 발생하였거나 발생할 것으로 예상되는 경우와 그 밖의 열차운행에 중대한 장애가 발생하였거나 발생할 것으로 예상되는 경우에는 다음 각 호의 사항을 제한하거나 조정할 수 있습니다.

1. 열차운행 시각의 변경
2. 열차운행의 취소 또는 중지
3. 출발역, 도착역의 변경
4. 승차권의 발매

③ 서울교통공사는 다음 각 호의 어느 하나에 해당하는 행위를 하는 자에 대해 금지행위의 제지 및 녹화•녹음 또는 촬영을 할 수 있고, 운송을 거절하거나 여행 도중 역 밖으로 나가게 할 수 있습니다.

1. 역 구내 또는 열차 내에서 위해물품을 휴대하는 행위
2. 여객의 행동, 나이 또는 정신적, 육체적 조건으로 인하여 단독으로 여행이 곤란함에도 보호자가 동반하지 않은 경우
3. 다른 여객에게 불쾌감이나 위험 등의 피해를 주거나 줄 우려가 있는 경우
4. 유효한 승차권을 소지하지 아니하였거나 승차권의 확인을 거부하는 경우
5. 역이나 열차 내에서 여객 또는 공중에게 기부를 청하거나 물품의 판매, 연설, 권유 등의 행위를 하는 경우
6. 공중이 이용하는 역 구내 또는 열차 내에서 폭언 또는 고성방가 등 소란을 피우는 행위
7. 열차가 운행되고 있는 도중 타고 내리거나 고의적으로 승강용 출입문의 개폐를 방해하여 열차 운행에 지장을 초래하는 행위
8. 흡연이 금지된 역 구내 또는 열차 내에서 흡연하는 행위
9. 직원의 허락 없이 역 구내 또는 열차 내에서 광고물을 부착하거나 배포하는 행위
10. 직원의 직무상 요구를 따르지 아니하거나 폭행, 협박으로 직무집행을 방해하는 행위
11. 정당한 사유 없이 여객출입 금지장소에 출입하는 행위
12. 역 구내 또는 열차 내에서 노숙하는 행위
13. 역 구내 또는 열차 내에 산업폐기물, 생활폐기물, 오물을 버리는 행위
14. 정당한 사유 없이 역 구내의 비상정지버튼을 누르거나 열차의 승강용 출입문을 여는 등 열차의 장치 또는 기구 등을 조작하는 행위
15. 열차 밖에 있는 사람에게 위험을 끼칠 염려가 있는 물건을 열차 밖으로 던지는 행위
16. 정부 및 지방자치단체의 감염병 대응 정책에 따른 감염병 예방을 위한 마스크를 착용하지 않은 경우
17. 그 밖의 공중 또는 여객에게 위해를 끼치는 행위 등

21

주어진 여객운송약관의 내용을 바탕으로 안내를 할 때 잘못된 것을 고르면?

① 원활한 여객운송을 위해 필요한 경우 열차 운행에 관한 사항을 제한할 수도 있다.

② 열차 이용에 대한 금지행위 시 운송이 거절될 수도 있다.

③ 긴급 시 원활한 여객운송을 위해 제한된 사항은 반드시 홈페이지에 게시해야 한다.

④ 열차 내 안전한 운영을 위해서 금지행위를 촬영을 할 수도 있다.

⑤ 기후악화로 재해발생이 예상되는 경우 열차운행을 취소할 수 있다.

22

다음 중 주어진 여객운송 규정에서 금지행위에 해당하지 않는 것을 고르면?

① A는 열차 내 구석으로 가서 사람이 없는 것을 확인하고 흡연을 하였다.

② B는 여객 이용 중 승차권을 분실하여 직원에게 가서 안내를 받았다.

③ C는 호기심에 열차 내 관계자 외 출입금지 구역에 들어갔다.

④ D는 역 내 홍보물 전단지가 많은 벽을 찾아 조용히 자신의 홍보물을 부착하였다.

⑤ E는 열차 내 쓰레기통이 없어서 잘 보이는 자리에 쓰레기를 놓고 내렸다.

[23~24] 서울교통공사 운영팀은 어제 신규 노선 서비스 점검에 대한 주간회의를 진행하였고, 오늘 그 결과 보고서를 작성하였다. 주어진 자료를 보고 물음에 답하시오.

2024.08.02.(금) 시설운영팀 이○○ 과장

주간회의 보고서					
회의 일시	2024-08-01(목)	**부서**	시설운영팀	**작성자**	이○○ 과장
참석자	이 과장, 박 주임, 최 사원, 오 사원, 심 사원				
회의 안건	1. GTX 노선 환승 동선 점검 및 시설 관리 2. GTX 내 공기 개선 장치 효율 점검 3. GTX 승객 불편 사항 체크 및 현장 답사				

	내용	비고

회의 내용	**1. GTX 노선 환승 동선 점검 및 시설 관리**
	- 환승 동선 내 위험 시설 감지 및 보완
	- 시설 청결도 점검 및 관리
	- 교통약자 전용시설 점검
	  1) 화장실 시설 편의성 점검
	  2) 교통약자 개집표기 편의성 점검
	  3) 유도점자타일 훼손 유무 점검
	    - 일부 바닥 훼손, 보완 작업 시급함
	2. GTX 내 공기 개선 장치 효율 점검
	- 전차 내 공기질은 '좋음'으로 측정
	- 일부 터널 구간의 공기질 개선 필요
	3. GTX 승객 불편 사항 체크 및 현장 답사
	- 계단 사고 지역 답사 및 보완 사항 체크
	- 시각장애인 인프라 개선 사항 체크
	- 환승역 내 안내 시설 증설
		• 교통약자 화장실 및 개집표기 편의성 이상 없음
		• 계단 사고 시 부상 방지를 위한 시설 보완 필요(향후)
		• 시각장애인 도움 및 환승 안내시설 증설 필요
		
		연차
		7/29 박 주임(오후)
		7/30 이 과장(종일)
		하계휴가
		8/2~8/5 오 사원

8월 1주차 진행 (8/5~8/9)	• 유도점자타일 보수 관련 진행 사항(박 주임) • 터널 구간 내 공기질 개선 시설 보완 기획 (최 사원) • 환승역 내 안내 시설 증설 기획(심 사원)	
특이사항	사내 교육으로 다음 주간회의 일정 변경 8/8 ➜ 8/9	8월 2주차부터 기존대로 목요일에 주간회의 진행

23

주어진 회의록의 내용을 보고 옳지 않은 것을 고르면?

① 일부 승객들은 환승 시 안내 부족에 대한 불편을 느끼고 있었다.

② 주간회의 참석자는 총 5명이다.

③ 주간회의에서 일부 시설의 보강이 필요할 것으로 판단되었다.

④ 다음주 박 주임은 유도점자타일 보수 관련 업무를 진행할 것이다.

⑤ 다음 주간회의는 다음주 목요일에 할 것이다.

24

2024년 8월 2일 오후 황 부장은 주어진 주간회의 보고서를 공유받았다. 이때 황 부장이 보인 반응으로 적절하지 않은 것을 고르면?

① "오늘 하계 휴가를 간 사람이 있구나. 휴가 기간에 업무 누수가 생기지 않도록 주의해야 겠어."

② "이번주 화요일에 이 과장과의 회의실 미팅에서 다룬 시각장애인 시설 보강에 대한 내용도 있군."

③ "장애인 이용객을 위해 무엇보다도 유도점자타일 보수가 빠르게 이루어져야 겠어."

④ "터널 구간 내 공기질 개선을 위한 보완 내용을 다음주 이후에 받아 볼 수 있겠군."

⑤ "이번 주 시설운영팀에서 계단 사고 지역을 방문하여 보완 사항을 점검했었군."

[25~26] 재무팀에 제출한 ○○공사 직원들의 출장비 관련 자료이다. 이를 보고 물음에 답하시오.

[이번 달 출장비 신청 명단]

이름	부서명	직급	출장 기간	출장 지역
A	설비	사원	5/1~5/3	창원(경상도)
B	홍보	대리	5/2~5/5	익산(전라도)
C	운영	사원	5/3~5/4	대전(충청도)
D	인사	과장	5/6~5/8	남원(전라도)
E	설비	부장	5/5~5/8	천안(충청도)
F	운영	대리	5/1~5/4	경주(경상도)

*공휴일: 5/5
*휴일: 5/1, 5/8

[조건]

- 출장비는 숙박/식사비와 교통비가 포함된다.
- 숙박/식사비는 사원 기준 하루 8만 원이다.
  (단, 숙박/식사비 기준금은 직급에 따라 대리 1.2배, 과장 1.5배, 부장 2배로 지급한다.)
- 공휴일 및 휴일은 숙박/식사비 기준금의 1.5배로 계산하여 지급한다.
- 교통비는 충청도 지역은 4만 원, 전라도 지역은 5만 원, 경상도 지역은 6만 원을 지급한다.
  (단, 한 번의 출장에 한 번 지급한다.)

25

C는 출장비 관련 이번 달 소속 부서의 지출결의서를 모두 함께 올렸다. 이때 이 지출결의서의 총합계 금액으로 알맞은 것을 고르면?

① 682,000원　　② 692,000원　　③ 702,000원

④ 715,000원　　⑤ 720,000원

26

이번 달 재무팀에서 지급해야 할 A~F 총 6명의 교통비의 총합을 계산하여 고르면?

① 28만 원 ② 30만 원 ③ 32만 원
④ 34만 원 ⑤ 35만 원

[27~28] 우리나라 A 공기업의 퇴직급여규정 관련 자료이다. 이를 보고 물음에 답하시오.

[퇴직급여규정]

제4조(용어의 정의)

㉠ 퇴직이라 함은 파면에 의한 면직을 제외한 사직, 사망, 그 밖의 모든 해직의 경우를 말한다.

㉡ 월급여액이라 함은 본공사 보수규정이 정하는 바에 따라 월정액으로 지급되는 보수 중 다음 각 호를 말한다.

  1. 봉급

  2. 수당(수당 중 가족수당 제외)

㉢ 평균 월급여액이라 함은 퇴직 시 전일로부터 3개월간의 월급여액을 평균한 금액을 말한다.

제5조(근속기간의 계산)

㉠ 근속기간은 본공사 직원으로 입사한 날부터 계산하여 퇴직 발령일까지로 한다.

㉡ 근속기간에 1년 미만의 단수가 있을 경우에는 월할 계산한다. 다만, 해당 기간 중 월의 15일 이상은 1월로 계산하고 15일 미만인 기간은 산입하지 않는다.

㉢ 휴직기간은 그 기간에 산입하지 않는다.

제6조(기본퇴직급여의 산출)

정년 만 60세 퇴직 시 퇴직급여의 산출은 다음 산출공식에 의한다.

$$기본퇴직급여 = 평균\ 월급여액 \times (근속년수 + \frac{년수를\ 공제한\ 잔여월수}{12})$$

제7조(가산퇴직급여)

정년연장에 도달하지 않는 직원이 그의 자발적 의사에 따라 퇴직한 경우 관련 규정을 충족하면 다음 산출공식에 따른 가산퇴직급여를 지급한다.

근속 기간	공제액
5년 이하	300만 원 × 근속기간
5년 초과 10년 이하	1,500만 원 + 500만 원 × (근속기간 - 5년)
10년 초과 15년 이하	4,000만 원 + 600만 원 × (근속기간 - 10년)
15년 초과 20년 이하	7,000만 원 + 800만 원 × (근속기간 - 15년)
20년 초과 25년 이하	11,000만 원 + 1,000만 원 × (근속기간 - 20년)
25년 초과 30년 이하	16,000만 원 + 1,200만 원 × (근속기간 - 25년)
30년 초과	22,000만 원 + 1,400만 원 × (근속기간 - 30년)

제8조(퇴직급여의 청구)

㉠ 사망으로 인한 퇴직급여는 유족이 청구하되 다음 각 호의 서류를 첨부하여야 한다.

  1. 사망진단서 1부

  2. 당해 직원의 유족임을 증명할 수 있는 호적등본 1부

  3. 주민등록등본 및 인감증명서 각 1부

㉡ 직무상 질병으로 인한 퇴직급여는 본인이 청구하되 국공립 병원장이 발행하는 진단서를 첨부하여야 한디.

㉢ 퇴직급여 청구는 퇴직발령일로부터 3년이 경과토록 행사하지 않을 때는 그 권리는 상실된다.

27

주어진 퇴직급여규정을 바르게 이해하지 못한 것을 고르면?

① 퇴직급여 산정 시 월급여액은 봉급과 수당의 합으로 계산되고 그중 가족수당은 제외된다.

② 거래처로부터 뇌물을 받은 것이 적발되어 파면한 경우에는 퇴직금은 받을 수 없다.

③ 2024년 9월 10일 퇴사하였다면 2027년 12월 31일에는 퇴직금을 청구할 수 없다.

④ 2024년 9월 10일 퇴사 시 평균 월급액은 2024년 8월 31일까지의 3개월간 평균 월급액이다.

⑤ 근속기간 5년 이하도 가산퇴직급여를 받을 수 있다.

28

A 공기업을 다니던 서 차장이 퇴사하여 인사팀 구 대리는 퇴직금과 관련한 업무를 처리하고 있다. 아래와 같은 인사 자료를 참고하여 구 대리가 서 차장에게 안내할 수 있는 메시지로 적절한 것을 고르면?

퇴직자구분	퇴직 정보
이름	서 ○○
나이	47세
직급	차장
입사일	2009년 10월 15일
퇴사일	2024년 12월 1일
휴직기간	2022년 11월 2일~2022년 12월 12일
퇴직 사유	건강상 이유
퇴직 전 3개월 급여	1개월 전 550만 원 / 2개월 전 550만 원 / 3개월 전 520만 원

① 근속기간은 15년으로 총 7,000만 원의 퇴직금을 수령할 수 있습니다.

② 근속기간은 15년으로 8,100만 원의 퇴직금을 수령할 수 있습니다.

③ 근속기간은 15년 2개월로 총 7,000만 원의 퇴직금을 수령할 수 있습니다.

④ 근속기간은 15년 2개월로 총 8,190만 원의 퇴직금을 수령할 수 있습니다.

⑤ 근속기간은 16년으로 총 7,800만 원의 퇴직금을 수령할 수 있습니다.

[29~30] 다음은 국제표준 도서번호(ISBN) 부여 및 표기에 대해 나타낸 자료이다. 이를 보고 물음에 답하시오.

국제표준 도서번호(ISBN) 13자리	부가 기호 5자리
ISBN 978-△△-○○○○○○-▲-●	(○●△△△)

[표1] ISBN 구성 정보

순서	ISBN		설명
1단계	978		국제상품코드 관리협회가 부여하는 3자리 숫자
2단계	89 or 11		우리나라 국별 번호
3단계	○○○○○○		발행자에게 부여한 번호
4단계	▲		발행자가 출판물 발행 시 순차적으로 부여
5단계	●		ISBN 마지막 한 자리 숫자로 ISBN 유효성 체크 기호
6단계	부가 기호	○	대상 독자 기호
		●	발행 형태 기호
		△△△	내용 분류 기호

[표2] 부가 기호표(대상 독자 및 발행 형태 기호)

대상 독자		발행 형태		
0	교양	0	문고본	세로 15cm 이하 자료
1	실용	1	사전	사전, 사전류
2	여성	2	신서판	세로 18cm 미만 자료
4	청소년	3	단행본	세로 18cm 이상 자료
5	중고등 학습서1	4	전집, 시리즈	전집, 총서, 다권본, 시리즈
6	초등 학습서2	5	전자출판물	E-book(PDF, EPUB, XML), CD, DVD
7	아동	6	도감	도감류
9	전문	7	그림, 만화	그림책, 만화
		8	혼합(점자, 마이크로)	혼합 자료(점자, 전자책, 마이크로)

[표3] 다른 나라 국별 번호

국가	고유 번호	국가	고유 번호	국가	고유 번호
일본	978-4	이란	978-600	베트남	978-604
멕시코	978-607	태국	978-611	중국	978-7
인도	978-81	스페인	978-84	브라질	978-85
덴마크	978-87	이탈리아	978-88	포루투갈	978-989
스웨덴	978-91	네덜란드	978-94	칠레	978-956
쿠바	978-959	그리스	978-960	홍콩	978-962
라오스	978-9932	시리아	978-9933	코스타리카	978-9930

29

다음 중 ISBN 978-87-778301-1-1(23410) 도서에 대한 설명으로 바르지 않은 것을 고르면?

① 이 도서를 출간한 회사의 고유 번호는 778301이다.

② 여성을 주대상으로 한 도서이다.

③ 그림이 들어간 도서이다.

④ 유럽에서 출간한 도서이다.

⑤ 이 도서의 크기는 세로 18cm 이상이다.

30

아래 주어진 도서 ISBN을 보고, 이 중 아시아에서 출간한 도서는 총 몇 권인지 고르면?

978-88-743466-2-2(71360)	978-959-213354-1-1(53410)
978-960-778822-8-0(01210)	978-600-343466-1-2(22770)
978-9932-238999-0-8(16490)	978-962-678311-3-1(97950)
978-956-123213-0-1(71700)	978-607-578129-9-0(41140)
978-94-112341-2-1(21200)	978-604-934465-7-2(62660)

① 1권　　　　　② 2권　　　　　③ 3권

④ 4권　　　　　⑤ 5권

31

다음 중 이메일 사용 방법으로 옳지 않은 것을 고르면?

① 메시지는 두괄식으로 가능한 짧게 요점만 작성한다.

② 제목은 보낸 내용을 자세히 알 수 있도록 가능한 상세하게 작성한다.

③ 메일을 보내기 전에 주소가 올바른지 다시 한 번 확인한다.

④ 가능한 메시지 끝에 성명, 직위, 단체명, 전화번호 등을 포함시키되, 너무 길지 않도록 한다.

⑤ 정중함을 지켜서 메시지를 작성한다.

32

다음 중 정보화 사회의 순기능과 역기능이 동시에 될 수 있는 것을 고르면?

① 편리한 멀티미디어 생활 실현

② 저작권 침해

③ 손쉬운 정보 공유

④ 인터넷 중독

⑤ 개인 정보 유출

33

공기업 신입사원 오리엔테이션에서 자기개발에 대한 수업을 하였다. 다음 중 오리엔테이션에서 수업을 듣고 자기개발에 대해 제대로 이해한 사람을 모두 고르면?

A: 자기개발의 주체는 역시 타인이 아니라 자기 자신이겠지?
B: 자기개발을 선호하는 방법은 사람마다 다르겠지만, 지향하는 바는 모두가 동일해.
C: 자기개발은 사회활동이 왕성한 20대~60대까지의 활동에 포함돼.
D: 자기개발은 역시 일과 관련하여 이루어지겠지.

① A, B   ② A, C   ③ A, D

④ B, C   ⑤ C, D

34

신입사원 A는 입사 후 6개월을 바쁘게 보내느라 정작 자기개발을 하지 못한 것에 뒤늦게 후회를 하고 있다. 다음 중 자기개발에 대한 생각으로 적절하지 못한 것을 고르면?

① 부족한 부분에 대해 자신이 달성하고자 하는 목표를 성취하기 위해서 하는 것이다.

② 자기개발을 하게 되면 자신감을 얻게 되고, 보람된 삶을 살 수 있다.

③ 직장에서의 업무의 성과를 향상시키기 위하여 하는 것이다.

④ 빠르게 변화하는 환경에 적응하기 위해서 하는 것이다.

⑤ 자기개발은 인간관계를 제한하지만 반대로 나의 역량을 빠르게 키울 수 있다.

35
다음 중 코칭에 대한 설명으로 옳지 않은 것을 고르면?

① 코칭은 커뮤니케이션 과정의 모든 단계에서 활용할 수 있다.

② 코칭 활동의 본질은 다른 사람들을 지도하는 것이다.

③ 훌륭한 코칭은 동기 부여를 주고, 노동력을 향상시킨다.

④ 성공적인 코칭을 받은 직원들은 문제를 스스로 해결하려고 노력한다.

⑤ 훌륭한 코치는 뛰어난 경청자이어야 한다.

36
회사생활을 하다 보면 여러 가지 갈등 상황을 직접 엮거나 또는 해결해 주어야 하는 상황이 발생한다. 이때 갈등 상황에서 이를 해결하기 위한 방법으로 적절하지 않은 행동을 고르면?

① 다른 사람들의 입장을 이해하면서 사람들의 모습을 자세하게 살핀다.

② 어려운 문제는 피하지 말고 맞선다.

③ 사람들과 눈을 마주치지 말고, 시선을 조금 낮춘다.

④ 마음을 열어 놓고 적극적으로 경청한다.

⑤ 존중하는 자세로 사람들을 대한다.

37

다음 중 정직과 신용을 구축하기 위한 방법으로 바르지 않은 것을 고르면?

① 부정직한 것을 목격하면 타협하거나 눈감아 주지 않는다.

② 정직과 신뢰의 구축은 매일 조금씩 꾸준히 쌓이는 것이다.

③ 잘못을 하지 않고 매일 완벽을 추구해야 신용을 쌓을 수 있다.

④ 실수를 하더라도 감추지 않고 정직하게 밝힌다.

⑤ 부정직한 관행은 없애도록 노력해야 한다.

38

비즈니스 중 처음 만난 자리에서는 서로의 명함을 교환하며 소개하는 경우가 보통이다. 다음 중 명함을 주고받을 때의 예절로 적절하지 않은 것을 고르면?

① 명함은 반드시 명함 지갑에서 꺼내고 상대방에게 받은 명함도 명함 지갑에 넣는다.

② 상대방에게서 명함을 받으면 받은 즉시 조심스럽게 명함 지갑에 넣는다.

③ 명함을 받으면 명함에 관해서 한 두 마디 대화를 하는 것이 좋다.

④ 쌍방이 동시에 명함을 꺼낼 때는 왼손으로 서로 교환하고 오른손으로 받는다.

⑤ 명함은 하위에 있는 사람이 먼저 상위자에게 왼손으로 가볍게 받쳐 건네 준다.

39

다음 중 기술에 대한 설명으로 옳지 않은 것을 고르면?

① 기술은 인간의 능력을 확장시키기 위한 하드웨어와 그것의 활용을 뜻한다.

② 기술은 정의할 수 없는 문제를 해결하기 위해 순서화되고 이해 가능한 노력이다.

③ 물리 및 사회적인 지적인 도구를 특정한 목적에 사용하는 지식 체계를 말한다.

④ 하드웨어나 인간에 의해 만들어진 비자연적인 대상, 혹은 그 이상을 의미한다.

⑤ 인간이 주위 환경에 대한 통제를 확대시키는 데 필요한 지식의 적용이다.

40
다음 중 효과적인 매뉴얼 작성법으로 옳지 않은 것을 고르면?

① 사용자가 찾고자 하는 정보를 쉽게 찾을 수 있어야 한다.

② 가능한 전문 용어를 사용해서 의미가 명확하도록 써야 한다.

③ 애매모호한 단어를 쓰지 않고 내용이 정확해야 한다.

④ 매뉴얼 개발자는 제품에 대해 충분한 지식을 습득해야 하며 추측성 내용 서술을 하면 안된다.

⑤ 작성자가 아닌 사용자의 관점에서 써야 한다.

2회 NCS 실전모의고사 완료

수고하셨습니다.

3회   NCS 실전모의고사

■ 시험구성

영역		문항	시간
NCS 직업기초능력평가	의사소통능력	40문제	권장 시간 60분 (문제당 약 1.5분)
	수리능력		
	문제해결능력		
	조직이해능력		
	정보능력		
	자원관리능력		
	기술능력		
	자기개발능력		
	대인관계능력		
	직업윤리		

*서울교통공사 필기시험은 NCS 40문항, 전공 40문항으로 총 80문항이 출제되며, 90분 동안 풀어야 합니다. 일반적으로 NCS 문제의 풀이시간이 더 오래 걸리기 때문에 NCS 40문항을 60분 내에 전공 40문항을 30분 내에 푸는 전략을 추천합니다.

실전과 같은 마음으로 시각을 정확히 준수하여 학습하시기 바랍니다.

시험 시간   시작 _____시 _____분   ~   종료 _____시 _____분

다음 페이지부터 시작!

NCS 실전모의고사 40문제 / 60분

[01~02] 다음에 주어진 보도자료를 보고 물음에 답하시오.

(   )

서울교통공사는 도시철도기관 최초로 드론관제시스템을 '24년 내로 구축하여 지하철 시설물 점검 방법을 획기적으로 개선할 예정이라고 밝혔다. '26년 말 준공을 목표로 구축 중인 스마트 통합관제 시스템과 연계하여 터널 안, 철교 및 교각 하부 등 GPS 신호가 잡히지 않아 드론의 자율주행이 불 가능한 지역에서도 드론을 띄워 지하철 시설물을 점검할 수 있도록 시스템을 구축할 예정이다.

드론관제시스템은 1,200만 화소 이상의 초고화질 카메라를 장착한 드론이 자율 비행하며 터널 안 의 전차선 상태, 궤도 절손여부, 콘크리트 벽면 균열 상태, 누수 여부 등과 철교, 교각, 지붕 등의 상태를 정밀 점검하여 드론관제센터에서 실시간으로 분석할 수 있도록 구축할 예정이다. 시스템이 구축되면 터널, 철교, 교각, 지붕 등 육안 점검이 어려운 시설물을 3차원(3D) 지도상의 정해진 경로 를 자율 비행하며 드론이 촬영한 초고선명(UHD) 영상을 스마트 통합관제센터(시설관제 센터)에 설 치한 영상분석시스템에 전송하여 인공지능기법으로 정밀하게 분석하여 유지관리의 신뢰성을 높이게 된다. '23년 9월 당산철교와 1호선 청량리역 터널에 드론을 투입하여 자율 비행, 실시간 영상전송 등 드론관제 핵심 기능에 대한 실효성 검증을 이미 3차에 걸쳐 성공적으로 수행하였다.

※ 자율 비행•인공지능 기반 드론관제 시스템 내용
(1) 시설물 3D 모델링   (2) 자율비행 정보수집
(3) 실시간 전송 및 분석   (4) 4D 기반 드론관제

서울지하철 시설물은 구축한 지 수십 년이 지나 노후화되어 주기적인 안전관리가 필요하다. 특히 철교, 교량, 터널 등은 시설물 특성상 가까이 접근하기가 어려워 특수장비 투입 등 점검 비용이 증 가하고, 작업자의 안전사고 발생 우려가 있었다. 공사는 드론관제시스템 구축으로 이와 같은 어려움 을 해결할 수 있을 것으로 기대하고 있다.

공사는 GPS 신호가 없는 터널에서 위치를 정확히 알기 위한 별도의 위치정보 발생 장치 없이 자 율 비행이 가능한 기술을 연구하여 터널 내 별도의 장치와 케이블 설치에 따른 구축비 및 관리비용 을 절감하게 된다. 기존에 드론은 전파신호를 송출하여 물리적 위치를 측정했으나, 새롭게 변경되는 방식은 3D 모델링된 공간에서 측위 장치 없이 영상정보를 이용하여 자율 비행하고 정보수집을 제공 한다. 특히 포인트 클라우드 기반 드론관제 기술의 터널 적용은 세계 최초로 시도되는 혁신적인 기 술로 CES 2024의 'CES 혁신상(Drone &Unmanned System)' 부문에 출품해 공사 고유기술을 홍 보할 계획이다.

서울교통공사는 "드론을 활용한 시스템 기반 점검으로 선제적 시설물 이상을 감지하여 시민 재해를 방지하고 안전한 지하철 환경을 구축해나가겠다."라며 "향후 드론을 비롯한 무인 이동시스템을 활용 한 터널 내 시설물 One stop 관리 시스템을 개발하여 글로벌 최고의 서비스와 기술을 보유한 철도 운영기관으로 발돋움할 계획이다."라고 밝혔다.

01

주어진 보도자료의 제목으로 가장 적절하지 않은 것을 고르면?

① 안전성과 접근성 확보, 이젠 드론으로 어디든 점검
② 선명한 1,200만 화소, 초고화질 카메라 기술로 오차 없이 점검
③ 도시철도기관 최초로 스마트 통합관제시스템과 연계하여 '드론관제' 시스템 구축
④ 철교, 교각 등 육안 점검 어려운 시설물 상태를 정밀 점검하고 결함을 예측
⑤ 혁신적인 '드론관제 기술'… CES2024 혁신상 부문에 출품해 홍보 계획

02

주어진 보도자료를 보고 알 수 있는 사실이 아닌 것을 고르면?

① 드론관제시스템은 데이터를 실시간으로 전송하여 분석된다.
② 드론관제시스템은 26년 말에 준공을 목표로 진행 중이다.
③ 현재 서울지하철은 노후화된 시설물들의 관리가 필요하다.
④ 드론관제시스템은 인공지능기술이 활용된다.
⑤ 새로운 드론관제시스템은 측위 장치 없이 정보를 수집한다.

[03~04] 다음에 주어진 보도자료를 보고 물음에 답하시오.

버튼을 누르지 않아도 자동 호출…
서울 지하철 엘리베이터의 변신

  서울교통공사는 지하철을 이용하는 교통약자의 편의 향상을 위해 2024년 8월부터 8개 역 11개소 엘리베이터에 AI 영상분석을 통한 자동 호출 기술을 도입한다고 밝혔다. 'AI 영상분석 자동 호출 시스템'은 휠체어나 전동스쿠터 등을 탄 교통약자가 엘리베이터 이용 시 버튼을 누르지 않더라도 CCTV 카메라가 AI 영상분석을 통해 자동으로 호출하는 것이다. 이 시스템은 3호선 약수역과 4호선 이촌역에서 2022년부터 약 1년간 시범 실시하여 이용자들로부터 호응을 얻었다.

  몇 년 전 약수역을 자주 이용하는 한 장애인단체가 약수역 3번 출구 뒤쪽에 있는 외부 엘리베이터 경사로가 비좁아 휠체어를 탄 채로 호출 버튼을 누르기 어려우니, 호출 버튼을 경사로 하단으로 옮겨달라고 요청했다. 공사는 민원 내용대로 호출 버튼을 경사로 하단에 설치하는 방안을 검토하였으나, 호출 버튼만 옮겨 설치하면 유지관리가 어려울 뿐만 아니라 장애 상태나 정도에 따라 자칫 안전사고가 발생할 수도 있겠다는 우려에 곧바로 개선에 나서지 못했다.

  고민하던 공사는 최신 기술 도입을 통한 해결책을 찾았다. 엘리베이터 앞에 설치된 CCTV 카메라에 'AI 영상분석 자동 호출 시스템'을 새롭게 도입하여, 휠체어를 탄 교통약자가 버튼을 누르지 않더라도 카메라가 이를 자동으로 인식해 호출하는 것이다. 4호선 이촌역 엘리베이터에서 외부 업체와의 협업을 통해 동일 기술을 '22년 8월부터 1년간 시범운영을 했다.

  공사는 올해 초 자동 호출 시스템을 적용하고, 6월 말 민원을 제기한 장애인단체를 역으로 초청하여 시설물 개선에 대한 의견을 청취했다. 단체는 기술 도입에 만족하며, 추가로 엘리베이터 앞 경사로 자체를 확장한다면 더욱 이용이 편리하겠다는 의견을 제시하였다. 경사로 확대는 의견이 제시된 후 그 필요성이 인정되어 신속하게 추진한 결과, 올해 9월 완료되었다.

  공사는 기술 도입을 통해 안전사고와 교통약자 민원이 감소할 것으로 보고, 확대 적용하기 위해 티머니 복지재단의 '장애인 대중교통 이용 배려 문화사업'에 지원하여 2024년 사업으로 채택됐다. 내년부터는 1호선 시청역을 비롯한 엘리베이터에 추가로 기술을 적용할 예정이다.

03

다음 중 보도자료의 내용을 바르게 이해했을 때 약수역에 엘리베이터 자동 호출 기술이 도입된 계기는 무엇인가?

① 다양한 영역으로의 AI 기술 활용의 방안으로 비롯되었다.

② 안전사고 감소를 위한 공사의 정책에서 비롯되었다.

③ 다른 역에서 선행된 서비스 개선 성공 사례에서 비롯되었다.

④ 인력 및 유지비를 절약하기 위한 방안으로 도입되었다.

⑤ 교통약자의 불편 민원에서 비롯되었다.

04

주어진 보도자료를 보고 알 수 있는 사실이 아닌 것을 고르면?

① 23년 7월에 이촌역에서는 이 서비스를 운영하고 있었다.

② 이 서비스의 개선을 위해 장애인의 의견을 수렴했다.

③ 이 서비스는 24년 8월 이후 최소 8개역에서 볼 수 있다.

④ 이 서비스는 현재 최소한 2대 이상의 엘리베이터에 적용되어 운영 중이다.

⑤ 내부 조직과의 협업을 통해 이촌역 엘리베이터에 동일 기술을 시범적으로 운영했다.

[05~06] 다음에 주어진 글을 보고 물음에 답하시오.

중국 지하철 안면인식 기술의 편리함과 개인정보 침해 논란

 중국은 최근 지하철에서 승객의 안면인식 기술 도입을 추진하고 있습니다. 이 기술은 티켓 구매, 개찰, 보안 검색 등을 간편하게 하여 승객들에게 편리함을 제공한다는 장점이 있지만, 개인정보 침해 우려, 오인 가능성, 기술 오류 문제 등 여러 가지 논란을 불러일으키고 있습니다. 중국은 세계에서 가장 빠르게 성장하는 지하철 시스템을 보유하고 있습니다. 특히, 베이징, 상하이, 광저우 등 대도시 지하철은 매일 수백만 명의 승객을 운송합니다. 이러한 엄청난 규모의 승객을 효율적으로 처리하기 위해 중국 정부는 지하철 시스템에 다양한 기술을 도입하고 있습니다. 안면인식 기술은 이러한 노력의 일환으로 도입되었습니다. 이 기술로 지하철역에서 티켓 판매, 개찰, 보안 검색 등의 과정을 자동화하여 승객들의 대기 시간을 줄이고 편리성을 높일 수 있다는 장점이 있습니다. 또한, 범죄 예방에도 효과적일 수 있다는 기대가 있습니다.

 중국 지하철에서 사용되는 안면인식 기술은 크게 두 가지 방식으로 운영됩니다. 티켓 판매 및 개찰 시 승객들은 자신의 얼굴을 등록하고, 등록된 얼굴 정보를 사용하여 티켓을 구매하고 개찰구를 통과할 수 있습니다. 또한 보안 검색 시 승객들은 자신의 얼굴을 스캔하여 신분을 확인하고 보안 검색대를 통과할 수 있습니다. 이러한 시스템은 카메라, 얼굴 인식 소프트웨어, 데이터베이스 등으로 구성됩니다. 승객들은 자신의 얼굴 정보를 등록할 때, 이름, 신분증 번호, 연락처 등의 개인정보를 함께 제공해야 합니다.

 안면인식 기술 도입은 다음과 같은 장점을 가지고 있습니다. 편리함 측면에서 승객들은 티켓 구매, 개찰, 보안 검색 과정에서 번거로운 절차 없이 간편하게 이동할 수 있습니다. 특히, 노약자나 장애인에게 더욱 편리한 서비스를 제공할 수 있습니다. 또, 효율성 측면에서 안면인식 기술은 티켓 판매 및 개찰 속도를 높여 승객들의 대기 시간을 줄일 수 있습니다. 또한, 보안 검색 과정을 자동화하여 보안 인력을 절감할 수 있습니다. 그리고 보안 강화 측면에서 안면인식 기술은 범죄자를 식별하고 체포하는 데 도움이 될 수 있습니다. 또한, 테러 공격 예방에도 효과적일 수 있습니다.

 하지만 안면인식 기술 도입은 다음과 같은 논란을 불러일으키고 있습니다. 첫째, 승객들의 얼굴 정보는 민감한 개인정보이며, 이러한 정보가 악용될 경우 심각한 문제가 발생할 수 있습니다. 특히, 중국 정부는 개인정보 보호에 대한 신뢰가 낮은 편이며, 이는 더욱 큰 우려를 불러일으키고 있습니다. 둘째, 안면인식 기술은 100% 정확하지 않으며, 오인으로 인해 불편을 겪을 수 있습니다. 특히, 조명이 어두운 환경이나 얼굴을 가린 경우 오인 가능성이 높아집니다. 셋째, 안면인식 기술은 시스템 오류로 인해 작동하지 않을 수 있습니다. 이 경우, 승객들은 지하철 이용에 어려움을 겪을 수도 있습니다.

05

주어진 글을 보고 이해한 사람들의 반응으로 적절하지 않은 사람을 모두 고르면?

> A: 중국 지하철 안면인식 기술의 정확도는 거의 완벽하다고 봐야 겠네.
>
> B: 중국은 사람이 많아 우리나라보다 지하철이 더욱 복잡하구나. 이러한 혼잡을 줄이기 위한 노력으로 안면인식 기술을 활용하려고 노력 중인 것 같아.
>
> C: 안면인식 기술 자동화로 필요한 근무 인원을 줄일 수 있어서 더욱 인력을 효율적으로 활용할 수 있겠어.
>
> D: 중국에서는 지하철역에서도 보안 검사를 진행하는구나.
>
> E: 안면인식은 별도의 등록 없이도 활용할 수 있어서 참 편리하구나.

① A   ② B, C   ③ C, E

④ A, E   ⑤ A, C, E

06

주어진 글을 읽고, 이해한 내용으로 적절하지 않은 것을 고르면?

① 안면인식 기술로 장애인도 좀 더 편리한 지하철 이용을 할 수 있을 것으로 기대된다.

② 철저하게 개인정보를 보호하지 않는다면 안면인식 기술은 부작용이 있을 수 있다.

③ 지하철 안면인식 시스템은 세 단계로 이루어진다.

④ 안면인식 기술은 범죄에 취약할 수 있어서 우려되고 있다.

⑤ 광저우에서는 하루에 1,000,000명 이상이 지하철을 이용하고 있다.

[07~08] 다음에 주어진 글을 보고 물음에 답하시오.

한국 라면은 전 세계적으로 큰 인기를 누리고 있으며, 매출은 지속적으로 증가하고 있습니다. 2023년 기준, 한국 라면의 해외 매출은 20억 달러를 넘어섰으며, 이는 10년 전 대비 3배 이상 증가한 수치입니다. 한국 라면은 미국, 중국, 베트남, 일본 등 다양한 국가에서 사랑받고 있으며, 특히 젊은 세대 사이에서 인기가 높습니다.

한국 라면의 해외 매출 성장은 다음과 같은 여러 요인에 기인합니다. 첫째, 한국 라면은 매콤하고 깊은 국물 맛으로 전 세계적으로 사랑받고 있습니다. 또한, 다양한 맛과 형태의 라면 제품들이 출시되어 소비자들의 선택의 폭을 넓히고 있습니다. 둘째, 한국 라면은 비교적 저렴한 가격에 판매되고 있습니다. 이는 경제적으로 어려운 상황에 있는 소비자들에게도 부담 없이 구매할 수 있도록 하여 매출 증가에 기여하고 있습니다. 셋째, 최근 K-pop, 드라마, 영화 등 한류 열풍이 세계적으로 확산되면서 한국 라면에 대한 관심도 높아지고 있습니다. 한류 팬들은 한국 라면을 먹으면서 한국 문화를 체험하는 즐거움을 느낍니다. 넷째, 한국 라면 기업들은 해외 시장 진출을 위해 적극적으로 투자하고 있습니다. 현지 생산 공장을 설립하고, 마케팅 활동을 강화하며, 현지 소비자들의 취향에 맞춘 제품들을 개발하고 있습니다. 다섯째, 온라인 판매 채널 활용으로 한국 라면 기업들은 온라인 판매 채널을 활용하여 해외 소비자들에게 제품을 판매하고 있습니다. 이는 해외 소비자들이 한국 라면을 구매하기 위한 접근성을 높이고 매출 증가에 기여하고 있습니다. 여섯째, 코로나19 팬데믹으로 인해 가정에서 식사하는 경우가 늘어났습니다. 이는 라면 소비를 증가시키는 요인이 되었습니다. 특히, 한국 라면은 빠르고 간편하게 먹을 수 있어 팬데믹 상황에서 더욱 인기를 얻었습니다.

현재 한국 라면의 주요 시장별 성장 현황 및 전망을 살펴보면 다음과 같습니다. 미국은 한국 라면의 가장 큰 해외 시장이며, 매출은 매년 두 자릿수 성장률을 보이고 있습니다. 특히, 젊은 층과 아시아계 미국인 사이에서 한국 라면 인기가 높습니다. 앞으로도 미국 시장은 한국 라면의 주요 성장 동력으로 작용할 것으로 전망됩니다. 중국은 한국 라면의 두 번째로 큰 해외 시장이며, 매출은 빠르게 증가하고 있습니다. 중국 소비자들은 매콤한 맛을 좋아하기 때문에 한국 라면이 큰 인기를 얻고 있습니다. 앞으로도 중국 시장은 한국 라면의 중요한 성장 시장으로 남을 것으로 예상됩니다. 베트남은 한국 라면의 세 번째로 큰 해외 시장입니다. 베트남 소비자들은 저렴한 가격과 매콤한 맛으로 인해 한국 라면을 선호합니다. 앞으로도 베트남 시장은 한국 라면의 성장 잠재력이 높은 시장으로 평가됩니다. 일본은 한국 라면의 전통적인 해외 시장이지만, 최근에는 매출 성장세가 다소 둔화되고 있습니다. 하지만, 여전히 일본 시장은 한국 라면에게 중요한 시장이며, 앞으로도 지속적인 성장을 위해 노력해야 할 것입니다.

이후 지속적으로 한국 라면이 글로벌 시장에서 사랑받기 위해서는 다음과 같은 전략을 추진할 수 있습니다. 우선, 현지화 전략으로 현지 소비자들의 취향에 맞춘 제품 개발 및 마케팅 전략을 통해 현지 시장에 대한 적응력을 높여야 합니다. 또한 프리미엄 전략으로 고급 라면 출시, 건강 기능성 라면 개발 등을 통해 프리미엄 시장 진출을 확대해야 합니다. 그리고, 온라인 판매를 더욱 강화하여 온라인 쇼핑몰 활용, 해외 배송 서비스 개선 등을 통해 온라인 판매 채널을 확대해야 합니다. 지속 가능한 경영을 목표로 환경 친화적인 제품 생산, 사회 공헌 활동 등을 통해 지속가능한 경영 이미지를 구축해야 합니다.

07

주어진 글의 제목으로 가장 어울리는 것을 고르면?

① 한국 매운 맛의 세계화와 성공 사례
② 한국 라면, 글로벌 시장 평정 및 지속 성장을 위한 전략
③ 한국 문화 인지도 상승이 한국 라면 매출에 미치는 영향
④ 미국 시장을 넘어서고 있는 중국 시장 진출 전략
⑤ 한국 라면의 현지화 성공을 위한 과제

08

주어진 글을 읽고, 이해한 내용으로 적절하지 않은 것을 고르면?

① 팬데믹 상황은 한국 라면의 매출이 상승하는 계기가 되었다.
② 최근 일본은 한국 라면의 중요 시장에서 제외되었다.
③ 한국 기업들은 현지에서 생산 공장을 두고 라면을 생산하기도 한다.
④ 건강과 환경을 생각한 제품을 출시하여 한국 라면 산업의 성장을 지속시켜야 한다.
⑤ 세계에서 한국 라면은 매운 맛과 저렴한 가격으로 사랑받고 있다.

[09~10] 다음에 주어진 우리나라 운수업에 관한 자료를 보고, 물음에 답하시오.

[표1] 2022년 서울시 운수업 현황

(단위: 개, 명, 백만 원)

구분	기업체수	종사자수	총급여액	총매출액
총계	108,793	439,849	13,822,632	140,142,725
육상운송 및 파이프라인 운송업	103,939	320,844	7,076,739	31,300,336
수상 운송업	121	13,998	1,100,090	56,574,614
항공 운송업	53	31,910	1,679,571	21,601,607
창고 및 운송관련 서비스업	4,680	73,097	3,966,232	30,666,167

[표2] 2022년 전국 운수업 현황

(단위: 개, 명, 백만 원)

구분	기업체수	종사자수	급여액	매출액
총계	598,404	1,337,919	34,499,081	232,486,026
육상운송 및 파이프라인 운송업	573,996	1,052,027	21,537,912	81,864,100
수상 운송업	935	26,142	1,700,081	63,358,709
항공 운송업	72	37,598	1,916,106	23,377,314
창고 및 운송관련 서비스업	23,401	222,152	9,344,982	63,885,903

09

주어진 자료를 보고 해석한 내용으로 바르지 않은 것을 모두 고르면?

> ㉠ 서울시에 속한 운수업 기업체의 수는 전국의 20% 이상이다.
> ㉡ 서울시를 제외한 전국 항공 운송업 종사자 수는 6,000명을 넘는다.
> ㉢ 전국 수상 운송업 기업체의 평균 근로자 수는 28명을 넘는다.
> ㉣ 서울시 창고 및 운송관련 서비스업에 종사하는 사람들의 평균 연봉은 5,400만 원이 넘는다.

① ㉠, ㉡
② ㉡, ㉢
③ ㉢, ㉣
④ ㉠, ㉡, ㉢
⑤ ㉠, ㉡, ㉣

10

주어진 자료를 바탕으로 전국 대비 서울시 운수업 비중에 관한 [그래프]를 만들 때, 올바른 것을 고르면?

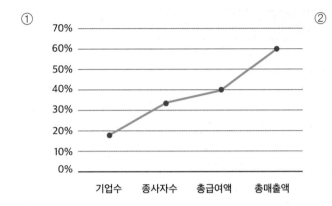

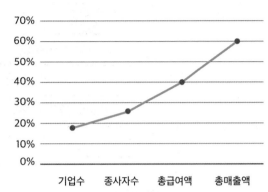

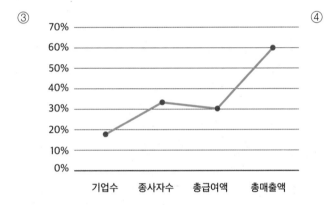

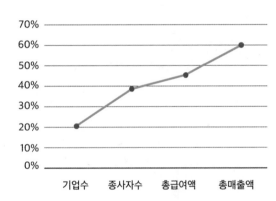

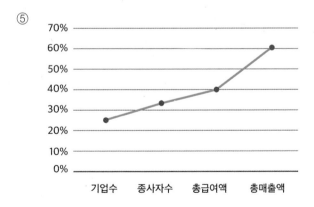

[11~12] 다음에 주어진 우리나라 대기 측정치에 관한 자료를 보고, 물음에 답하시오.

[표1] 2023년 하반기 이산화질소 오염도

(단위: ppm)

구분	2023.07	2023.08	2023.09	2023.10	2023.11	2023.12
전국	0.0086	0.0081	0.0093	0.0132	0.0147	0.0179
서울특별시	0.0135	0.0123	0.0137	0.0211	0.0216	0.0283
부산광역시	0.0118	0.0092	0.0105	0.0147	0.0162	0.0179
대구광역시	0.0089	0.0076	0.0097	0.0160	0.0195	0.0218
인천광역시	0.0117	0.0114	0.0134	0.0180	0.0186	0.0250
광주광역시	0.0072	0.0078	0.0097	0.0136	0.0161	0.0195
대전광역시	0.0103	0.0097	0.0115	0.0162	0.0187	0.0234
울산광역시	0.0146	0.0116	0.0119	0.0158	0.0172	0.0183
세종특별자치시	0.0081	0.0084	0.0101	0.0137	0.0155	0.0191

[표2] 2023년 하반기 오존 오염도

(단위: ppm)

구분	2023.07	2023.08	2023.09	2023.10	2023.11	2023.12
전국	0.0322	0.0316	0.0308	0.0295	0.0265	0.0233
서울특별시	0.0371	0.0346	0.0326	0.0264	0.0228	0.0176
부산광역시	0.0264	0.0304	0.0303	0.0340	0.0278	0.0253
대구광역시	0.0305	0.0291	0.0282	0.0265	0.0237	0.0208
인천광역시	0.0378	0.0339	0.0338	0.0309	0.0258	0.0208
광주광역시	0.0296	0.0323	0.0320	0.0315	0.0266	0.0238
대전광역시	0.0299	0.0319	0.0293	0.0271	0.0240	0.0199
울산광역시	0.0278	0.0282	0.0307	0.0341	0.0292	0.0274
세종특별자치시	0.0304	0.0318	0.0289	0.0246	0.0231	0.0199

11

주어진 자료를 보고 해석한 내용으로 바른 것을 모두 고르면?

> ㉠ 2023년 서울 오존 오염도는 전국 평균보다 3분기에는 높고, 4분기에는 낮았다.
> ㉡ 2023년 하반기 대구의 이산화질소 오염도는 전국 평균보다 항상 높았다.
> ㉢ 2023년 하반기 부산의 이산화질소 및 오존 오염도가 모두 전국 평균보다 높은 달은 2개달이다.
> ㉣ 2023년 하반기 서울의 이산화질소 및 오존의 오염도가 전국에서 모두 가장 높은 달은 2개달이다.

① ㉠   ② ㉡   ③ ㉠, ㉢

④ ㉡, ㉢   ⑤ ㉡, ㉣

12

주어진 [표]를 바탕으로 전국 평균 대기 오염도와 도시 간 차이를 나타내는 [그래프]를 작성하였다. 이때 잘못 작성된 것을 고르면?(단, 단위는 ppm이다.)

① **전국 및 대구 이산화질소 오염도 차이**

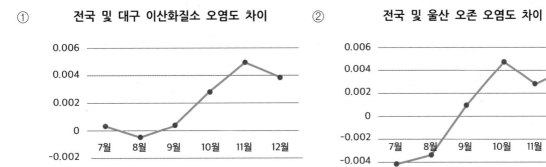

② **전국 및 울산 오존 오염도 차이**

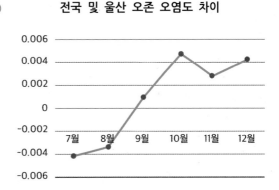

③ **전국 및 인천 오존 오염도 차이**

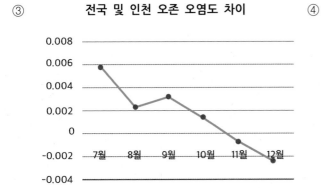

④ **전국 및 광주 이산화질소 오염도 차이**

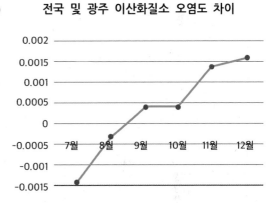

⑤ **전국 및 세종 이산화질소 오염도 차이**

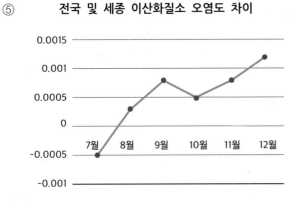

[13~14] 다음에 주어진 우리나라 선원 취업 및 고용에 관한 자료를 보고, 물음에 답하시오.

[표1] 한국 선원 취업 현황

(단위: 명, %, 천$)

항목	2019	2020	2021	2022	2023
선원수첩소지자	95,799	96,951	98,755	100,352	101,203
해기면허소지자	147,936	153,914	160,018	165,143	167,094
취업율	36	35	33	(㉢)	30
취업인원수	(㉠)	33,565	32,510	31,867	30,587
국적선사	31,214	31,035	30,337	29,919	28,864
외항선	8,079	8,145	8,238	8,066	8,634
내항선	8,100	7,915	7,414	7,435	7,518
원양어선	1,369	1,232	(㉡)	1,157	1,104
연근해어선	13,666	13,743	13,534	13,261	11,608
해외취업선사	2,909	2,530	2,173	1,948	1,723
해외취업가득액	668,729	615,266	578,334	604,054	545,681

*취업율=(취업인원수/선원수첩소지자)*100
*취업인원수=국적선사+해외취업선사
*국적선사: 외항선, 내항선, 원양어선, 연근해어선의 합계 수치

[표2] 국내 회사 외국인 선원 고용 현황

(단위: 명)

구분	항목	2019	2020	2021	2022	2023
업종별	계	26,331	26,775	27,333	28,281	30,436
	외항선	11,461	12,196	13,121	13,685	15,234
	내항선	923	937	922	1,039	1,095
	원양어선	3,869	3,824	4,324	4,248	3,845
	외항여객선	10	-	36	34	34
	연근해어선	10,032	9,793	8,916	9,242	10,199
	내항순항여객선	36	25	14	33	29
국적별	계	26,331	26,775	27,333	28,281	30,436
	중국	1,304	978	625	337	218
	인도네시아	9,498	10,699	11,166	11,985	13,107
	베트남	5,452	5,025	4,405	4,115	4,322
	미얀마	4,306	4,376	4,653	4,719	5,025
	필리핀	5,557	5,464	5,880	6,357	6,878
	인도	-	-	-	657	735
	기타	214	233	604	111	151

13

주어진 2019년~2023년 우리나라 선원 취업 및 고용에 관한 자료를 보고, 옳지 않은 것을 고르면?

① 해외취업선사의 한국 선원 취업자 수는 매해 계속 감소하였다.

② 2019년 원양어선 한국 선원 취업자 수는 국내 회사 중국인 선원 고용 수보다 많았다.

③ 국내 인도네시아, 미얀마 선원 고용은 매해 증가했고, 중국, 베트남 선원 고용은 매해 줄었다.

④ 2020년 외항여객선의 외국인 선원 고용은 없었다.

⑤ 2023년 해외취업가득액은 5.5억불이 넘지 않는다.

14

[표1]의 ㉠, ㉡, ㉢을 구하여 ㉠+㉡+㉢을 계산하여 고르면?

① 34,306

② 35,104

③ 35,304

④ 35,306

⑤ 35,308

[15~16] 다음에 주어진 2021년 우리나라 다문화 가정에 관한 자료를 보고, 물음에 답하시오.

[표] 2021년 다문화 가정 생활만족도

(단위: 명, %)

구분		사례수	매우 만족	약간 만족	보통	약간 불만	매우 불만
전체	소계	5,000	4.2	47.5	40.3	7.5	0.6
성별	남성	2,545	3.8	44.7	43.1	7.6	0.8
	여성	2,455	4.7	50.4	37.3	7.3	0.3
연령대별	20대	921	7.5	55.2	33.7	3.5	0.2
	30대	874	3.9	48.8	38.2	8.5	0.6
	40대	1,018	4.5	42.8	44.5	7.6	0.5
	50대	1,063	3.4	45.7	42.1	7.9	0.9
	60세 이상	1,123	2.4	46.1	41.7	9.3	0.5
혼인상태별	미혼	1,274	6.0	49.8	36.5	7.2	0.5
	배우자 있음	3,581	3.6	47.1	41.3	7.4	0.5
	기타	142	3.8	36.1	48.6	10.7	0.7
교육수준별	중졸 이하	521	1.5	43.5	47.8	6.7	0.5
	고졸	2,044	2.8	46.4	41.6	8.6	0.6
	전문대졸	1,082	4.4	48.0	40.2	6.9	0.6
	4년제 대졸	1,306	6.7	50.4	35.8	6.6	0.5
	대학원 이상	46	25.2	45.2	25.0	3.2	1.3
지역규모별	대도시	2,199	3.6	48.6	38.7	8.6	0.4
	중소도시	1,957	3.9	47.2	40.9	7.3	0.6
	읍/면부	844	6.5	45.3	42.7	4.8	0.7

15

주어진 2021년 다문화 가정에 관한 자료를 보고, 옳지 않은 것을 고르면?

① 남성보다는 여성의 만족 비율이 더 높다.

② 미혼인 경우 절반 이상이 만족한다고 답변하였다.

③ 큰 도시일수록 '매우 불만' 비율이 낮아졌지만, 반대로 '약간 불만' 비율은 높아졌다.

④ 50대 중 '보통'으로 답한 사람의 수는 전체 설문 참여자 5,000명의 8% 이하이나.

⑤ 교육 수준이 높을수록 '매우 만족' 비율이 높아진다.

16

주어진 [표]의 일부 자료를 이용하여 4개의 [그래프]를 만들었다. 이때 [그래프]의 올바른 제목을 찾아 바르게 나열하여 고르면?(단, 단위는 %이다.)

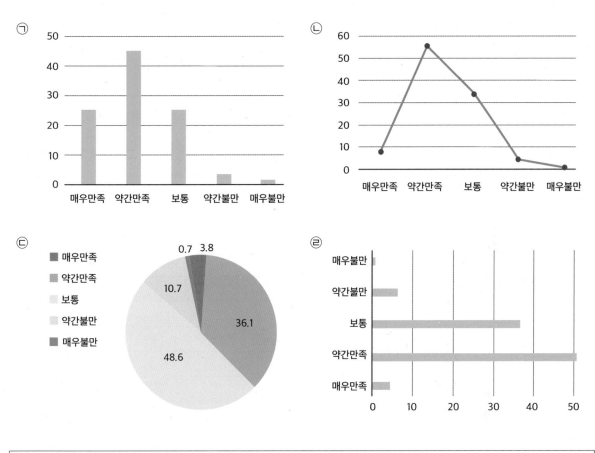

A: 혼인상태별(기타) 만족도	B: 성별(여성) 만족도
C: 교육수준별(대학원 이상) 만족도	D: 연령대별(20대) 만족도

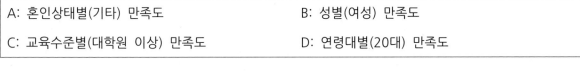

	㉠	㉡	㉢	㉣
①	A	B	C	D
②	A	D	C	B
③	C	A	B	D
④	C	D	A	B
⑤	D	C	A	B

[17~18] 다음은 경쟁관계인 A회사와 B회사가 제품별 홍보 유무에 따라 올릴 수 있는 예상 매출에 관한 수익체계를 정리한 자료이다. 이를 참고하여 물음에 답하시오.

[표1] 제품별 홍보 유무에 따른 매출 증감표

(단위: 억 원)

회사		B회사		
	제품	x	y	z
A회사	x	(2, -1)	(-1, 3)	(-1, -1)
	y	(1, 1)	(1, -1)	(-2, 3)
	z	(4, 2)	(2, -2)	(-1, 2)

*괄호 안의 숫자는 (A회사의 매출 증감, B회사의 매출 증감)이다. 예를 들어 A회사의 x제품과 B회사의 x제품을 동시에 홍보할 때, A회사의 x제품 매출은 2억 원이 늘고, B회사의 x제품 매출은 1억 원이 감소한다.

[표2] 시기별 소비자 선호도

시기	선호 품목
1분기	x
2분기	y
3분기	z
4분기	없음

*제품별 해당 선호 시기는 홍보 효과로 인한 매출 증가는 1.5배가 되고 매출 감소는 0.5배가 된다.

17

A회사는 4분기에 B회사가 y제품만 홍보한다는 정보를 입수하였다. 이때 4분기 최대 이윤을 올리기 위해 A회사가 홍보해야 할 제품을 모두 고르면?(단, 제품당 분기 광고비는 1.5억 원이 든다.)

① x제품   ② y제품   ③ z제품

④ x제품, y제품   ⑤ y제품, z제품

18

A회사는 상대적으로 매출이 더 많은 B회사와 매출 격차를 줄이기 위해 노력하고 있다. 정보에 따르면 3분기에 B회사는 모든 제품을 홍보한다고 한다. 이때 A회사가 B회사와 매출 격차를 줄이기 위해 해야 할 홍보 전략으로 올바른 것을 고르면?(단, 이때 광고비는 고려하지 않는다.)

① x제품

② y제품

③ z제품

④ x제품, y제품

⑤ y제품, z제품

[19~20] 다음 결재 규정을 보고 주어진 상황에 알맞게 작성된 양식을 고르시오.

[결재 규정]

• 결재를 받으려는 업무에 대해서는 최고 결재권자(대표이사)를 포함한 이하 직책자의 결재를 받아야 한다.
• '전결'이라 함은 회사의 경영활동이나 관리활동을 수행함에 있어 의사 결정이나 판단을 요하는 일에 대하여 최고 결재권자의 결재를 생략하고, 자신의 책임 하에 최종적으로 의사 결정이나 판단을 하는 행위를 말한다.
• 전결 사항에 대해서도 위임 받은 자를 포함한 이하 직책자의 결재를 받아야 한다.
• 표시 내용: 결재를 올리는 자는 최고 결재권자(대표이사)로부터 전결 사항을 위임 받은 자가 있는 경우 결재란에 전결이라고 표시하고 최종 결재권자란에 위임 받은 자를 표시한다. 다만, 결재가 불필요한 직책자의 결재란은 상향대각선으로 표시한다.
• 최고 결재권자의 결재 사항 및 최고 결재권자로부터 위임된 전결 사항은 아래의 [표]에 따른다.

구분	내용	금액 기준	사전 품의 서류	팀장	본부장	대표이사
접대비	거래처 식대 경조사비 등	20만 원 이하	접대비 품의서	●		■
		50만 원 이하			●	■
		50만 원 초과				●■
교통비	국내	10만 원 이하	없음		■	
		10만 원 초과				■
	해외		출장비 신청서			●■
소모품비	사무용품		없음		■	
	전산				■	
	기타	20만 원 이하	소모품 품의서	●■		
		30만 원 이하			●■	
		30만 원 초과				●■
법인카드	법인카드 사용	50만 원 이하	없음	■		
		100만 원 이하			■	
		100만 원 초과	사용 품의서			●■

●: 사전 지출 품의 서류의 최종 결재권자
■: 지출결의서의 최종 결재권자

*항목에 따라 사전 품의(●)를 결재받은 후 비용을 사용한다. 비용 사용 후에는 지출결의서(■)를 올려야 한다.

19

영업팀 황 대리은 다음주 바이어 접대를 위해서 40만 원의 접대비가 예상하고 이를 승인받기 위해 결재문서를 작성하였다. 이때 결재 양식의 결재란의 상태로 알맞은 것을 고르면?(단, 기울임체는 사인으로 생각한다.)

①

결재	접대비 품의서			
	담당	팀장	본부장	최종결재
	황 대리	유 팀장	전결	고 본부장

②

결재	접대비 품의서			
	담당	팀장	본부장	최종결재
	황 대리	유 팀장	고 이사	차 대표

③

결재	접대비 품의서			
	담당	팀장	본부장	최종결재
	황 대리	유 팀장	/	고 본부장

④

결재	접대비 품의서			
	담당	팀장	본부장	최종결재
	황 대리	전결	/	유 팀장

⑤

결재	지출결의서			
	담당	팀장	본부장	최종결재
	황 대리	유 팀장	/	고 본부장

20

주어진 결재 규정을 잘못 이해한 사람을 고르면?

① A: 우선 품의 없이 사무용품을 구매했고, 비용은 지출결의서를 올리겠습니다.
② B: 사무용품 및 전산 소모품을 제외한 모든 소모품 비용은 품의서를 올려야 합니다.
③ C: 100만 원 이하로 법인카드를 사용하면 지출결의서를 올리지 않아도 됩니다.
④ D: 국내 및 해외 출장에 따른 교통비는 모두 지출결의서를 올려야 합니다.
⑤ E: 30만 원 상당의 법인카드 사용은 품의 없이 지출 후 팀장님까지만 결재를 받으면 됩니다.

[21~22] 다음은 가장 잘 팔리는 베스트셀러 제품의 에어컨에 대한 평가표이다. 이를 바탕으로 물음에 답하시오.

[표1] 에어컨별 평가등급

제품	가격	에너지 등급	브랜드	디자인	편의기능	형태
가	45만 원	1등급	E	A	D	창문형
나	110만 원	3등급	D	B	C	스탠드형
다	80만 원	4등급	B	C	B	벽걸이형
라	230만 원	2등급	A	A	A	스탠드형
마	60만 원	5등급	C	C	D	벽걸이형

*가격은 50만 원 이하 5점 만점으로 50만 원 증가 시마다 1점씩 감점이 된다.
*에너지 등급은 1등급 5점 만점으로 1등급 상승 시마다 1점씩 감점이 된다.
*A는 5점, B는 4점, C는 3점, D는 2점, E는 1점으로 계산한다.

[표2] 연령별 선호 항목

연령	선호 항목
20대	가격, 디자인
30대	가격, 에너지 등급
40대	에너지 등급, 브랜드
50대	브랜드, 편의기능

*연령별 선호 항목은 점수의 2배로 환산한다.

21

주어진 평가표를 반영하여 연령별 선호를 고려하지 않고 가격, 에너지 등급, 브랜드, 디자인, 편의기능 총 5가지 항목의 총점을 계산해서 최고의 제품을 선정하려고 한다. 이때 가장 평가점수가 높은 제품과 낮은 제품을 고르면?

	높은 제품	낮은 제품			높은 제품	낮은 제품
①	가	마		②	가	나
③	다	나		④	라	나
⑤	라	마				

22

주어진 정보를 모두 반영하여 두 명의 고객에게 가장 추천할만한 에어컨 제품을 알맞게 고르면?

20대 고객 A: 스탠드형 또는 벽걸이형으로 평가가 높은 제품을 추천해 주세요.
50대 고객 B: 형태는 관계없이 200만 원 이하의 제품 중에서 평가가 높은 제품을 추천해 주세요.

	A	B			A	B
①	가	나		②	다	가
③	다	라		④	라	다
⑤	라	마				

[23~24] 다음에 주어진 사무실 전화기 사용 매뉴얼은 지난해 총무팀 이 대리가 만든 자료이다. 이번 신규 입사자 교육에서 전화기 사용 매뉴얼을 공유하여 숙지하도록 하였다. 이를 보고, 물음에 답하시오.

[일반 전화걸기]
회사 외부로 전화를 거는 경우는 수화기를 들고 9번을 누른 후 전화번호를 누른다.

[내선 번호]
각 직원의 내선번호는 4자리이며 첫 번째 자리는 부서, 두 번째 자리는 직급, 맨 뒤의 두 자리는 입사 순서에 따라 고유번호로 구성된다.

1: 총무/인사팀	2: 영업팀	3: 개발팀	4: 마케팅팀	5: 디자인팀	6: IT팀
1: 이사	2: 부장	3: 차장	4: 과장	5: 대리	6: 사원

[전화 당겨받기]
다른 자리 전화기에 벨이 울리고 있을 때 내 자리의 전화기에서 대신 받고자 하는 경우, 수화기를 들고 당겨받기 버튼을 누른다.

[재다이얼]
재다이얼 버튼을 누르고 상하 버튼을 눌러 원하는 전화번호를 선택한 후, 발신 버튼을 누르면 원하는 전화번호가 재다이얼된다. 가장 최근에 걸린 전화번호일 경우 맨 위에 목록이 표시되고 상하 버튼을 누를 필요 없이 선택되어 있다.

[3자 통화]
첫 번째 사람과 통화 도중에 두 번째 사람과 같이 통화하고자 할 때 통화 도중에 보류 버튼을 누르고 두 번째 연결할 전화번호를 누른 후 '#버튼'을 누른다. 그 후 두 번째 사람과 통화가 되면 3자 통화 버튼을 누른다. 보류된 전화는 일정 시간이 경과하기 전에는 끊지 않는다.

[다른 자리로 돌려주기]
밖에서 걸려온 전화를 통화하다가 다른 사람에게로 전화를 돌려주고자 하는 경우
 1. 무조건 돌려주기
    돌려주기 버튼을 누르고 내선번호를 누른 뒤 수화기를 곧바로 내려놓는다.
 2. 통화 후 돌려주기
    돌려주기 버튼을 누르고 내선번호를 누른 뒤 '*버튼'을 누른다. 상대방의 응답을 확인 후 수화기를 내려놓는다.

[외부로 착신전환]
내 자리로 걸려오는 전화를 지정하는 번호로 연결되도록 설정해 두는 경우
 - 등록: 수신전환 버튼을 누르고 전화를 대신 받을 내선번호를 누른 후 '*버튼'을 누른다.
 - 해제: 수신전환 버튼을 한 번 누른다.

[단축 버튼 지정하기]
지정할 저장 번호를 누른 후 저장할 단축 버튼[단축1~단축6] 중 하나를 선택한다. 그 후 '#버튼'을 누른다. 저장된 전화번호로 전화 걸 때 단축 버튼[단축1~단축6]을 누른다.

23

신규 직원들에게 주어진 전화기 사용 매뉴얼을 숙지하도록 하였다. 이를 보고 잘못 이해한 사람을 모두 고르면?

> A: "내게 온 전화를 다른 사람에게 돌려줄 때는 '*버튼'을 사용해서 상대방의 응답을 확인한 후에 수화기를 내려놓아야 하는구나. 바쁜 경우에는 응답을 기다리는 시간이 불편할 것 같아."
>
> B: "외근 중인 동료의 핸드폰으로 전화를 걸 때에는 9번을 누른 후에 상대방의 핸드폰 번호를 눌러야 통화가 가능하구나."
>
> C: "부재 중인 동료의 전화가 울릴 때는 내 자리에서 당겨받기 버튼을 누른 후에 전화기를 들면 상대방과 통화할 수 있구나."
>
> D: "3명 이상 통화도 가능하구나. 3자 통화 버튼을 누르기 전에 보류 버튼을 먼저 누르고 추가할 상대의 전화번호 및 '#버튼'을 우선 눌러야 하네."

① A   ② B   ③ D
④ A, C   ⑤ C, D

24

이 대리가 작성한 매뉴얼을 본 IT팀 임 부장은 다음과 같은 메시지를 남겼다. 남긴 내용에 따라 내선번호가 변경되었을 때 직원과 내선번호 연결이 가능하지 않은 것을 고르면?

> **[임 부장 메시지]**
> 이 대리님, 지난해에 비해 인사팀과 총무팀의 인원이 늘어서 내선번호를 분리하게 되었습니다. 현재 인사팀은 기존대로이고, 총무팀은 7번을 이용하게 변경되었습니다. 매뉴얼을 살펴보니 대표님 내선 정보가 누락되었습니다. 대표님 내선번호는 00번을 이용합니다. 또한 이번 신규 직원 충원으로 인해 직원 수가 많이 늘었습니다. 이에 따라 대리 내선번호는 5~6, 사원 내선번호는 7~8로 변경되었습니다. 이점 참고하여 전화기 사용 매뉴얼을 수정해서 제공하여 주시길 부탁드립니다. 감사합니다.

① 개발팀 곽 차장(3305)   ② 대표이사 심 대표(0001)   ③ 총무팀 안 과장(7405)
④ 마케팅팀 홍 부장(4223)   ⑤ 인사팀 오 사원(1678)

[25~26] 서울교통공사는 일부 사원을 대상으로 안전관리 교육을 실시할 예정이다. 이를 보고 물음에 답하시오.

[강사 정보]

강사	최○○	김○○	박○○
시간당 금액	1,000,000원	1,300,000원	1,500,000원
분야	위험물	위험물, 전기	소방, 전기, 기계
강의 날짜	주중, 주말 가능	주말 가능	주중 가능
비고		실습장비 30개 무료 제공	실습장비 20개 무료 제공

[안전교육 실습장비 대여료]
개당 30,000원

[실습자재 비용]
인당 50,000원

[1인 점심 도시락 비용]

A 세트	B 세트	C 세트	D 세트
10,000원	13,000원	15,000원	20,000원

[참고 사항]
• 강사료는 교육시간 1시간 단위로 지급한다.
• 실습장비와 자재, 점심 도시락은 참석한 직원 수만큼 준비한다.
• 점심 시간은 교육시간에 포함하지 않는다.

25

아래 주어진 안전관리 교육 계획을 바탕으로 예상되는 교육비 예산을 계산하여 고르면?

[교육 계획]

- 교육명: 2024 사내 안전관리 교육
- 교육 목표: 차량 내 전기위험 관리
- 교육 시간: 2024년 11월 13일(수) 11:00~16:00 교육 / 12:00~13:00 점심식사
- 참석 인원: 100명
- 점심 도시락: 총교육비 예산 1,500만 원 초과하지 않는 범위에서 가장 좋은 도시락으로 선정

① 1,470만 원　　　　② 1,475만 원　　　　③ 1,480만 원

④ 1,490만 원　　　　⑤ 1,500만 원

26

위 문제에 따라 교육 진행에 대한 품의 과정에서 경영진에게 아래와 같은 피드백을 받았다고 할 때, 기존 예상되었던 예산보다 얼마나 더 절감할 수 있는지 계산하여 고르면?

[경영진 피드백]

　교육 예산이 생각보다 높네요. 지난해 실시한 안전관리 교육에서 김○○ 강사에게 특별히 부탁하여 주중에도 강의를 해주시겠다고 했었던 기억이 납니다. 특히 강사님께서 박 ○○ 강사님보다 실습장비를 10개 더 무료 제공해 주시는 것으로 알고 있습니다. 이 부분 반영하여 주시고요. 점심 도시락 비용은 가장 저렴한 것으로 진행하여 예산을 줄이는 방향으로 하면 좋겠습니다. 감사합니다.

① 150만 원　　　　② 155만 원　　　　③ 160만 원

④ 165만 원　　　　⑤ 170만 원

[27~28] A회사는 2024년부터 새롭게 변경된 사내 복지 제도에 따라 경조사 지원 내역을 정리하고 공시하였다. 다음에 주어진 자료를 보고 물음에 답하시오.

[표1] 2024년 사내 복지 제도

구분	세부 사항
주택 지원금 (저금리 대출)	지원 대상 - 입사 3년차 이상 사원 중 무주택자(3,000만 원) - 입사 5년차 이상 사원 중 무주택자(5,000만 원)
경조사	본인 결혼, 가족 경조사비, 생일 등
학자금	대학생 자녀의 학자금 지원(50%)
기타	상병 휴가, 4대 보험 지원, 출산 유급 휴가(6개월)

[표2] 2024년 지원 내역

이름	부서	입사 연차	내역	변경 사항		금액(만 원)
A	총무팀	7년	부친상	50만 원 증가		100
B	개발팀	8년	병가	신설		50
C	영업팀	1년	결혼	50만 원 증가		100
D	인사팀	4년	출산	신설		유급 휴가
E	인사팀	5년	생일	상품권 → 복지포인트		5
F	영업팀	3년	주택 대출	신설		3,000
G	개발팀	2년	부친 회갑	변경 내역 없음		50
H	재무팀	9년	자녀 대학진학	변경 내역 없음		200
I	총무팀	5년	주택 대출	3,000	5,000	5,000

27
주어진 A회사의 2024년 변경 전의 복지 제도에 대한 설명으로 틀린 것을 고르면?

① 3년 근속 직원은 주택지원 대출을 받을 수 없었다.

② 병가에 대한 지원금은 없었다.

③ 생일 축하금으로 복지포인트 5만 원을 받았다.

④ 자녀의 대학 학자금 50%를 지원한다.

⑤ 5년 근속 직원은 3,000만 원의 주택 대출을 받을 수 있었다.

28
2024년 복지제도 지원 수를 기록한 자료이다. ㉠, ㉡, ㉢, ㉣에 들어갈 알맞은 수를 고르면?

복지 구분	인원 수(명)
주택 지원금	㉠
경조사	㉡
학자금	㉢
기타	㉣

① ㉠ 2, ㉡ 3, ㉢ 2, ㉣ 2

② ㉠ 3, ㉡ 3, ㉢ 1, ㉣ 2

③ ㉠ 2, ㉡ 4, ㉢ 1, ㉣ 2

④ ㉠ 2, ㉡ 4, ㉢ 2, ㉣ 1

⑤ ㉠ 3, ㉡ 4, ㉢ 2, ㉣ 1

[29~30] 다음은 A 의류회사의 제품코드에 관한 재료이다. 이를 보고 물음에 답하시오.

4자리 (지역)				4자리 (의류 분류)				10자리 (생산번호)
서울	11	1공장	01	남성	01	상의	01	앞의 6자리는 생산된 날짜, 그 다음 4자리는 같은 날 생산된 모든 제품 중 순서대로 0001~9,999까지 부여함
서울	11	2공장	02	남성	01	상의	01	
서울	11	3공장	03	남성	01	상의	01	
부산	21	1공장	04	여성	02	바지	02	
부산	21	2공장	05	여성	02	바지	02	
부산	21	3공장	06	여성	02	바지	02	
대구	22	1공장	07	여성	02	바지	02	(예) 2024년 8월 30일 100번째로 생산된 제품 240830-0100
대구	22	2공장	08	아동	03	세트	03	
대구	22	3공장	09	아동	03	세트	03	
대전	31	1공장	10	아동	03	세트	03	
대전	31	2공장	11	아동	03	세트	03	
대전	31	3공장	12	아동	03	세트	03	
광주	41	1공장	13	시니어	04	속옷	04	
광주	41	2공장	14	시니어	04	속옷	04	
인천	12	1공장	15	시니어	04	속옷	04	
인천	12	2공장	16	시니어	04	속옷	04	

29

다음 중 A 의류회사에서 생산된 제품코드가 4114010223010010110인 제품의 정보로 옳은 것을 고르면?

① 10월 10일에 생산된 제품이다.
② 서울에서 생산된 제품이다.
③ 남성용 제품이다.
④ 이날 같은 공장에서 총 110개의 제품이 생산되었다.
⑤ 상의와 관련된 제품이다.

30
다음 중 2024년 대구에서 생산한 아동을 대상으로 한 의류에 대한 제품코드로 적절한 것을 고르면?

① 311003032408291000
② 220903022401050020
③ 411404042405051023
④ 220702022407070045
⑤ 220801012405081334

31

다음 중 자료, 지식, 정보에 대한 설명으로 옳지 않은 것을 고르면?

① 자료란 넓은 의미로 아직 특정의 목적에 대하여 평가되지 않은 상태의 숫자나 문자들의 단순한 나열을 뜻한다.

② 자료를 바탕으로 어떤 목적을 달성하는 데 필요한 의미로 생산하는 것을 정보라 한다.

③ 정보를 이용하여 객관적 타당성을 요구할 수 있는 판단의 체계를 제시하는 것을 지식이라 한다.

④ 지식을 이용하여 객관적 판단 근거를 도출할 수 있는 것을 자료라 한다.

⑤ 지식은 '어떤 특정의 목적을 달성하기 위해 과학적 또는 이론적으로 추상화되거나 정립되어 있는 일반화된 정보'를 뜻한다.

32

다음 정보의 수집 및 관리에 대한 설명 중 잘못된 것을 고르면?

① 정보 수집의 최종 목적은 예측을 잘하기 위해서이다.

② 목적성이 약하더라도 가능한 많은 정보를 축적해야 한다.

③ 사용 목적을 명확히 해야 한다.

④ 필요할 때 즉시 사용할 수 있어야 한다.

⑤ 작업이 용이하도록 관리해 두어야 한다.

33

인사팀 임 부장은 신입사원 교육을 위해 자기개발에 대한 강의를 준비 중이다. 그런데 많은 사람들이 자기개발의 중요성에 대해서는 잘 알고 있지만, 이것을 실행에 옮기기는 어렵다고 생각하는 것을 알았다. 이들을 위해 자기개발이 어려운 이유를 설명하고자 한다. 이에 대한 강의 내용이 적절하지 않은 것을 고르면?

① 보통 문화의 틀에 박힌 사고와 행동을 하기 때문이다.

② 우리가 제한적으로 사고하기 때문이다.

③ 개인을 위한 시간을 내기 어렵기 때문이다.

④ 인간의 욕구와 감정이 작용하기 때문이다.

⑤ 자기개발 방법을 잘 모르기 때문이다.

34

옆 팀의 홍 대리는 뛰어난 업무 성과로 이번 해 우수사원으로 선정되었다. 이를 보고 나도 다음 해 우수사원으로 선정되기 위해 업무수행 성과를 향상시키도록 노력하려고 한다. 이때 업무수행 성과를 높이기 위한 방법으로 적절하지 않은 것을 고르면?

① 주어진 업무를 미루지 않고 가장 중요한 일부터 먼저 처리한다.

② 관성적으로 업무하는 부분이 있는지 찾아보고 개선할 수 있는 다른 방법으로 실행해 본다.

③ 정한 시간 내에 목표를 달성하기 위하여 어떻게 하는 것이 효과적인지를 고민한다.

④ 롤 모델을 설정하고 그를 주의 깊게 살펴보면서 벤치마킹한다.

⑤ 업무를 묶어서 처리하기보다는 개별 단위로 신중히 처리한다.

35

다음은 각각의 팔로워십의 유형에 대한 설명이다. 이에 대한 설명으로 옳지 않은 것을 고르면?

팔로워십 유형				
소외형	순응형	실무형	수동형	주도형(모범형)

① 동료의 시각에서 소외형은 긍정적이지만, 아이디어가 없는 사람으로 보일 수 있다.

② 순응형은 조직을 믿고, 팀플레이를 하는 것을 선호한다.

③ 실무형은 규정에 따라 행동하고 균형 잡힌 시각을 가지고 있다.

④ 수동형은 업무 감독이 필요하고, 지시가 있어야 행동하는 경향이 있다.

⑤ 주도형은 솔선수범하고 주인 의식을 가지며 일한다.

36

문제의 본질적인 해결책을 얻고자 하는 갈등 해소 방법의 모델 중 하나를 도식화한 자료이다. 다음에 제시된 노력 중에서 자료에 해당하는 4단계에 대한 설명으로 맞는 것을 고르면?

```
1단계: 충실한 사전 준비
↓
2단계: 긍정적인 접근 방식
↓
3단계: 두 사람의 입장을 명확히 하기
↓
4단계: 윈윈에 기초한 기준에 동의하기
↓
5단계: 몇 가지 해결책을 생각해 내기
↓
6단계: 해결책 평가하기
↓
7단계: 최종 해결책을 선택하고, 실행하는 것에 동의하기
```

① 상대방이 협동적인 절차에 임할 자세가 되어 있는지 알아본다.

② 상대방과 나의 중요한 부분을 각각 명확히 말한다.

③ 동의하는 부분과 다른 부분을 인정한다.

④ 자신과 상대방에 대해 알아보는 시간이 필요하다.

⑤ 함께 여러 가지 해결책을 생각한다.

37

영업 팀원들은 거래가 성사될 경우 자신의 실적에 큰 도움이 될 뿐만 아니라 회사 입장에서도 VIP인 고객과 깊은 관계를 맺고자 한다. 그런데 어느 날 이 고객이 친목을 도모하는 차원에서 영업 팀원들과 골프를 치자는 제안을 해왔다. 회사는 고객을 상대로 접대 골프를 치지 않을 것을 내규로 내걸고 있다. 이때 올바르게 행동한 것을 고르면?

> ㉠ 김 과장은 거래가 거의 성사된 상태이므로 골프를 쳐도 접대의 의미를 지니지 않는다고 생각했다. 따라서 고객의 뜻에 따라 접대 골프에 참여해서 더욱 깊은 관계를 맺어 회사 매출 성장에 기여하고자 하였다.
> ㉡ 평소 융통성이 있는 이 대리는 고객에게 정중하게 회사 내규를 설명하고, 서운한 고객의 마음을 달래기 위해서 스크린 골프로 대신하였다.
> ㉢ 박 사원은 회사 입장에서도 VIP인 고객과 깊은 관계를 맺고자 하므로 평소에 골프를 취미로 삼고 있는 상사에게 고객을 소개시켜 주었다.
> ㉣ 고지식한 오 대리는 고객의 제안에 정중히 사과하고 접대 골프를 가지 않았다.
> ㉤ 평소 사람 좋기로 유명한 유 부장은 거절을 못하는 성격이다. 해서 두 번 핑계를 대다가 결국 어쩔 수 없이 접대 골프에 동행하였다.

① ㉠   ② ㉡   ③ ㉢

④ ㉣   ⑤ ㉤

38

김 사원은 오늘 신입사원 교육에서 업무 중에 발생할 수 있는 전화 예절에 대해 배웠다. 김 사원이 배운 내용을 바탕으로 업무 중 누군가에게 전화를 걸어야 할 때의 예절로 적절하게 행동하지 않은 것을 고르면?

① 전화를 걸기 전에 전화를 건 이유를 숙지하고 이와 관련하여 대화를 나눌 수 있도록 준비한다.

② 오후 늦게 전화를 걸어야 하는 경우, 근무 종료 시간 이후 2시간까지만 한다.

③ 전화를 해 달라는 메시지를 받았다면 가능한 한 48시간 안에 답해 주도록 한다.

④ 다른 사람이 대신 전화하는 것보다는 당사자가 직접 걸도록 한다.

⑤ 상대와 통화할 수 없을 경우, 다른 사람에게 메시지를 남길 수 있도록 준비한다.

39
다음 중 산업 재해의 기본적 원인 중 그 원인의 성격이 다른 하나를 고르면?

① 재료의 부적합

② 인원 배치 및 작업 지시 부적당

③ 건물/기계 장치의 설계 불량

④ 구조물의 불안정

⑤ 점검/정비/보존의 불량

40
다음 중 경쟁적 벤치마킹에 대한 설명으로 옳은 것을 고르면?

① 윤리적 문제가 발생할 수 있다.

② 규모가 큰 기업일수록 유리하다.

③ 편중된 시각을 얻을 수 있다.

④ 다른 환경의 사례를 가공하지 않고 적용할 경우 효과를 보지 못할 가능성이 높다.

⑤ 자료 수집이 용이하다.

3회 NCS 실전모의고사 완료

수고하셨습니다.

4회 NCS 실전모의고사

■ 시험구성

영역		문항	시간
NCS 직업기초능력평가	의사소통능력	40문제	권장 시간 60분 (문제당 약 1.5분)
	수리능력		
	문제해결능력		
	조직이해능력		
	정보능력		
	자원관리능력		
	기술능력		
	자기개발능력		
	대인관계능력		
	직업윤리		

*서울교통공사 필기시험은 NCS 40문항, 전공 40문항으로 총 80문항이 출제되며, 90분 동안 풀어야 합니다. 일반적으로 NCS 문제의 풀이시간이 더 오래 걸리기 때문에 NCS 40문항을 60분 내에 전공 40문항을 30분 내에 푸는 전략을 추천합니다.

실전과 같은 마음으로 시각을 정확히 준수하여 학습하시기 바랍니다.

시험 시간   시작 _____시 _____분 ~ 종료 _____시 _____분

다음 페이지부터 시작!

4회

NCS 실전모의고사

40문제 / 60분

[01~02] 다음에 주어진 보도자료를 보고 물음에 답하시오.

지하철 범죄 실제 상황처럼 훈련…
서울교통공사, 안전한국훈련으로 시민 안전 지킨다

• 10월 23일(월) 3호선 학여울역과 세텍(SETEC)에서 재난대응안전한국 훈련 실시
• 민•관•군•경•소방 등 19개 기관 참여한 합동훈련으로 유기적 협력체계 구축
• 불시상황 메시지 전파•실시간 토론 등 불시훈련 진행으로 재난대응 실전능력 강화

서울교통공사(이하 공사)가 10월 23일(월) 3호선 학여울역과 세텍(SETEC)에서 방화 및 흉기난동 상황을 가정해 2023년 재난대응 안전한국훈련을 시행한다고 밝혔다. 이번 훈련은 최근 사회적 문제로 대두되고 있는 흉기난동 사건과 지하철 테러 협박 등 복합재난 발생 시 신속한 초기대응 및 협력체계 구축을 목표로 한다. 강남구청•서울경제진흥원•수서경찰서•강남소방서 등 19개 기관 500여 명이 참여한 합동훈련으로 진행되며, 시민체험단 50여 명이 훈련 전 과정 모니터링•평가 및 강평에 참여한다.

훈련은 박람회 행사로 학여울역에 인파가 많이 몰리는 상황에서 흉기난동 예고 글이 게시된 상황을 가정한다. 테러범이 학여울역 대합실 곳곳에 불을 지르며 세텍으로 침입 시도를 하고, 화재가 대합실에서 세텍으로 번지며 대형화재로 이어지는 복합재난 상황이다. 공사는 신속한 초기대응 및 유관기관과 합동대응을 통해 화재진압 후 피해 상황 수습에 나선다. 학여울역은 이용객이 많고 인근에 대형 전시장이 있는 등 인파 밀집도가 높아 훈련장소로 선정되었다.

실제 훈련은 예기치 못한 상황에서의 재난대응 실전능력을 강화하기 위해 불시훈련으로 진행된다. 현장훈련에서는 훈련정보를 사전에 공개하지 않고 불시 상황 메시지를 전파하여 실전 대응태세를 점검한다. 또한 지역사고수습본부 가동 시 사전 대본 없는 실시간 토론훈련을 진행하여 초기대응태세 및 유관기관과의 협업체계를 점검한다. 이번 훈련에서는 재난안전통신망(PS-LTE) 활용을 통해 초기상황전파 등 신속대응 역량을 확보할 예정이다.

※ 2023년 재난대응 안전한국훈련 실행계획
1) 훈련 개요
 - 일시: 2023.10.23.(월)[오후 중 불시]
 - 장소: 학여울역 / 세텍(SETEC)
 - 유형: 지하철 대형화재 및 대규모 전시장 흉기난동 등 복합재난 대응 합동훈련
 - 주관기관: 서울교통공사, 강남구청, 서울경제진흥원
2) 훈련 종류: 현장•토론
 - 현장 훈련: 학여울역 / 초기대응팀, 현장사고수습본부
 - 토론 훈련: 서울교통공사 본사 / 지역사고수습본부
3) 현장 훈련 참여기관 현황: 19개 기관/단체, 인원 587명, 차량 61대
4) 훈련 상황
 - 훈련 배경: 묻지마 흉기난동 예고 글 게시, 박람회 행사로 역사 내 인파가 많이 몰리는 상황
  [상황] ① 신원미상의 남성 2명이 지하 4층 내 방화, 대합실 곳곳에 불을 지르며 SETEC 침입 시도
  [상황] ② SETEC 행사장 내 방화 중 경찰에 의해 진압, 학여울역 및 SETEC 대형화재 발생
  [상황] ③ 화재 및 연기확산에 따른 2차 피해 발생(유해가스 확산, 건물 붕괴, 통신장애)

01

주어진 보도자료를 본 사람들의 반응으로 내용을 잘못 이해한 사람을 모두 고르면?

> A: 월요일 아침마다 학여울역을 이용하는데 잘하면 이번 훈련을 볼 수도 있겠어.
> B: 요즘 흉기난동 등 공공장소에서 무서운 일들이 많은데 3호선을 이용하는 사람으로서 조금은 안심이야.
> C: 이번 훈련은 정해진 시각에 학여울역에서 정해진 시나리오로 진행되는구나.
> D: 와, 이 훈련은 500명이 넘는 인원이 참여하는 대규모 훈련이야!
> E: 훈련이 잘 수행된다면 밀집된 장소에서 대형화재 시에 더 효율적으로 사고에 대응할 수 있겠어.

① A

② A, C

③ B, D

④ C, E

⑤ A, C, D

02

주어진 보도자료를 보고 알 수 있는 사실을 고르면?

① 군인은 이 훈련에 참여하지 않는다.
② 인파가 드문 한적한 시간대의 흉기난동 상황을 효과적으로 대비할 수 있다.
③ 훈련 시간대의 교통 혼잡을 예방하기 위해 참여인원은 대중교통을 이용하여 도착한다.
④ 서울교통공사 외 1개 기관에서 주관하여 훈련을 진행한다.
⑤ 평소 학여울역은 사람이 많이 붐비는 곳이다.

[03~04] 다음에 주어진 보도자료를 보고 물음에 답하시오.

(   )

- 서울시, '사고 발생 업체 벌점 부과 및 감점 심사제', '안전교육 이수제'로 안전사고 예방
- 안전사고 유발 및 부실시공 등으로 피해를 준 외부업체에 벌점 부과 및 재입찰 자격 제한
- 외부업체 직원 안전교육 프로그램 필수 이수 시에만 준공 승인하도록 계약조건 명시

 서울교통공사가 외부업체의 공사에 대한 안전관리 강화 방안을 마련해 중대재해 예방에 나선다. 서울교통공사는 지난해 12월 발생한 8호선 복정역 승강편의시설 공사장 이산화탄소 방출 사고 등 외부업체의 공사 과정에서 발생할 수 있는 사고를 예방하기 위해 '사고 발생 업체 벌점 부과 및 감점 심사제'('24년 6월 중)와 '안전교육 이수제'('24년 7월 중)를 시행한다. 이번 대책은 모든 외부업체의 공사에 적용될 예정이다.
 먼저 안전사고 발생 및 부실시공 등으로 피해를 준 외부업체에 벌점을 부과해 재입찰 시 불이익을 줄 수 있다. 관련 법령에 따라 통합 벌점 부과기준 및 절차에 관한 세부지침을 마련해 벌점을 부과하며, 적격심사 항목에 철도 사고 등 감점 사항을 반영해 모든 외부업체 공사와 물품 구매 및 설치 건에 적용할 계획이다.
ⓐ 현장점검(사고조사, 민원 등)[처분요청부서]
ⓑ 사전통지 이의신청[주관부서]
ⓒ 벌점심의[벌점심의위원회]
ⓓ 입찰제한[발주부서/계약부서]

 아울러 안전교육 이수를 필수 조건으로 명시해 계약을 추진한다. 외부업체 직원이 필요한 교육과정 및 교육시간을 이수한 경우에만 준공을 승인하며, 재계약 착공 시에도 교육 이수 정보를 활용할 계획이다. 'ChatGPT 활용 온라인 안전교육' 및 '실습장 체험' 등 실효성 있는 교육 프로그램을 개발해 이론교육과 현장 실습 교육을 병행 시행할 예정이다.
ⓐ 계약조건 명시[발주부서]
ⓑ 정보공유[발주부서/계약부서]
ⓒ 착공 시 정보활용[발주부서/계약부서]

03

주어진 보도자료의 제목으로 가장 적절하지 않은 것을 고르면?

① 외부업체 공사 사고 예방, 벌점 부과 및 안전교육 이수제 도입

② 사고 발생•부실시공 업체 벌점 부과로 지하철 공사장 중대재해 예방에 앞장

③ 이산화탄소 등 위험물에 의한 중대재해 대책 마련

④ 안전사고 및 부실시공 외부업체, 재입찰 제한

⑤ 외부업체 직원, 안전교육 필수 이수… 준공 및 재계약 착공에 활용

04

주어진 보도자료를 보고 알 수 있는 사실이 아닌 것을 고르면?

① 안전사고 및 부실시공에 대한 벌점심의는 벌점심의위원회에서 한다.

② 외부업체와 계약 시 계약서 안에는 안전교육 이수 관련 조항이 삽입할 예정이다.

③ 8호선 공사 중 유해가스 방출 사고 등이 외부업체 공사에 대한 안전관리 강화의 발단이 되었다.

④ 인공지능을 활용한 외부업체용 안전교육 프로그램이 개발될 예정이다.

⑤ 외부업체의 안전사고 발생 시 재입찰에 참여할 수 없다.

[05~06] 다음에 주어진 글을 보고 물음에 답하시오.

⊙ [   ]

인도는 13억 명의 인구를 보유한 세계에서 두 번째로 인구가 많은 국가입니다. 이처럼 방대한 인구를 가진 인도는 또한 언어 면에서도 놀라운 다양성을 보여줍니다. 인도에는 22개의 공식 언어가 존재하며, 수천 개의 방언이 사용되고 있습니다. 과연 한 나라에 어떻게 이러한 수많은 언어가 존재하게 되었을까요? 인도의 언어 다양성은 단순히 하나의 원인으로 설명하기 어렵습니다. 오랜 역사속에서 역사적, 지리적, 문화적, 정치적 요인들이 복합적으로 작용하며 오늘날의 모습을 만들어 왔습니다.

⊙ [   ]

역사적 요인으로 기원전 2000년경, 아리아인이 인도 북부를 침략하면서 산스크리트어를 가져왔습니다. 산스크리트어는 힌두교 경전의 언어였기 때문에, 힌두교가 인도의 주요 종교로 자리 잡으면서 널리 사용되었습니다. 이후 13세기부터 페르시아와 이슬람 세력이 인도를 지배하면서 페르시아어와 아랍어가 영향을 미쳤습니다. 특히 우르두어는 페르시아어와 힌디어의 혼합 언어로, 인도 무슬림들이 주로 사용합니다. 19세기부터 20세기까지 영국이 인도를 식민지 지배하면서 영어가 인도의 공식 언어가 되었습니다. 영어는 교육, 행정, 사업 등 다양한 분야에서 사용되었고, 현재까지도 인도의 중요한 언어로 남아 있습니다. 그리고 지리적 요인으로 인도는 세계 7번째로 넓은 나라입니다. 광대한 면적과 다양한 지형 때문에 서로 다른 언어를 사용하는 사람들이 공존하게 되었습니다. 특히 히말라야 산맥과 여러 강들이 인도를 가로지르면서 서로 다른 언어 사용 집단을 분리시키는 원인이 되었습니다. 마지막 문화적 요인으로 인도에는 힌두교, 이슬람교, 시크교, 불교 등 다양한 종교가 공존합니다. 각 종교는 고유한 언어와 문화를 가지고 있으며, 이는 언어 다양성에 영향을 미쳤습니다. 또, 인도에는 다양한 종족이 살고 있습니다. 각 종족은 고유한 언어와 문화를 가지고 있으며, 이 부분도 언어 다양성에 영향을 미쳤습니다.

© [   ]

하지만 많은 언어 사용으로 인한 소통의 어려움은 인도의 잠재적 약점이기도 합니다. 특히, 교육, 행정, 사업 등 공식적인 분야에서 언어 장벽이 문제가 될 수 있습니다. 언어와 함께 문화적 차이도 존재합니다. 서로 다른 언어를 사용하는 사람들은 서로 다른 문화적 가치관과 관습을 가지고 있을 수 있으며, 이는 오해와 갈등을 야기할 수 있습니다. 언어는 종종 정치적 분열의 원인이 됩니다. 특정 언어를 사용하는 사람들이 다른 언어 사용자들보다 더 많은 권력을 행사하려는 경우, 사회적 불안이 발생할 수 있습니다.

② [   ]

인도 영화에서 화려한 춤과 노래는 필수 요소입니다. 춤은 언어가 통하지 않아도 감정을 효과적으로 표현하여 전달할 수 있습니다. 인도의 수많은 언어는 소통 장애라는 어려움을 야기하기도 하지만, 동시에 문화적 풍요로움의 원천이 됩니다. '발리우드'로 불리는 인도 영화의 춤은 언어 장벽을 뛰어넘는 소통의 수단으로서 인도 문화의 중요한 부분을 차지하고 있습니다. 언어 다양성을 존중하면서도 효과적인 소통을 위한 노력은 인도 사회 발전에 필수적입니다. 발리우드 춤은 이러한 노력의 한 가지 예시가 됩니다.

05

주어진 글의 소제목으로 알맞게 연결된 것을 고르면?

① ㉠ 세계에서 두 번째로 큰 인도
　㉡ 인도에서 많은 언어를 쓰게 된 이유
　㉢ 인도의 정치적 분열
　㉣ 언어 장벽을 극복하는 인도 영화

② ㉠ 많은 언어가 존재하는 나라, 인도
　㉡ 인도에서 많은 언어를 쓰게 된 이유
　㉢ 많은 언어로 인한 인도의 문제점
　㉣ 언어 장벽을 극복하는 인도 영화

③ ㉠ 많은 언어가 존재하는 나라, 인도
　㉡ 인도에서 많은 언어를 쓰게 된 이유
　㉢ 인도의 정치적 분열
　㉣ 영화에서의 춤과 노래의 중요성

④ ㉠ 많은 언어가 존재하는 나라, 인도
　㉡ 인도 문화가 융성한 이유
　㉢ 많은 언어로 인한 인도의 문제점
　㉣ 영화에서의 춤과 노래의 중요성

⑤ ㉠ 세계에서 두 번째로 큰 인도
　㉡ 인도 문화가 융성한 이유
　㉢ 많은 언어로 인한 인도의 문제점
　㉣ 영화에서의 춤과 노래의 중요성

06

주어진 글을 읽고, 이해한 내용으로 적절하지 않은 것을 고르면?

① 인도 영화는 춤과 노래를 중시한다.
② 다른 언어를 사용하는 사람들은 문화적 가치관이 다를 수 있다.
③ 인도에서는 1,000개가 넘는 방언이 존재한다.
④ 산맥과 같은 지리적 장애물은 때론 다른 언어권을 만들기도 한다.
⑤ 무슬림이 사용하는 우르두어는 힌디어와 다른 독자적인 언어였다.

[07~08] 다음에 주어진 글을 보고 물음에 답하시오.

2024년 6월 2일, 중국은 창어 6호 탐사선을 성공적으로 달 뒷면에 착륙시켰습니다. 이는 인류 역사상 처음으로 달 뒷면에 착륙한 탐사선이며, 중국의 우주 개발 역사에 중요한 이정표를 세운 사건입니다. 창어 6호는 2024년 5월 24일 중국 서창 위성발사센터에서 발사되었으며, 약 12일 동안 비행하여 달 뒷면에 위치한 남극-에이킨 분지에 착륙했습니다. 착륙 과정에서 탐사선은 약 15분 동안 자유낙하하며 속도를 줄이고, 엔진을 사용하여 부드럽게 착륙했습니다.

창어 6호는 착륙 후 약 37시간 동안 과학 관측을 수행하며 달 뒷면의 환경과 지질 구조에 대한 데이터를 수집했습니다. 또한, 탐사선은 로봇팔을 사용하여 달 표면에서 약 2kg의 암석과 토양 샘플을 채취했습니다. 이 샘플들은 지구로 귀환되어 과학자들에 의해 분석될 예정입니다. 중국의 달 뒷면 착륙은 달 탐사 분야에서 중요한 성과입니다. 이를 통해 과학자들은 달 뒷면의 환경과 지질 구조에 대한 새로운 정보를 얻을 수 있게 되었으며, 이는 미래의 달 탐사 활동에 중요한 기반 자료가 될 것입니다.

달은 인류에게 가장 가까운 천체이지만, 그 뒷면은 아직 많은 미스터리로 싸여 있습니다. 달 뒷면은 지구로부터 영구히 차폐되어 있어 지구 쪽에서는 관측하기 어려웠고, 이 때문에 과학자들은 오랫동안 달 뒷면에 대한 호기심을 가지고 왔습니다. 최근 들어 우주 개발 기술이 발전하면서 달 뒷면 탐사에 대한 관심도 높아지고 있습니다. 그렇다면 과연 어떤 부분에서 달 뒷면의 탐사는 중요한 의미를 가질까요?

과학적 의미에서 달 뒷면 탐사는 매우 중요한 의미를 가지고 있습니다. 달 뒷면은 지구 쪽과는 다른 환경을 가지고 있으며, 이는 과학자들에게 새로운 연구 기회를 제공합니다. 우선, 달의 기원과 진화 연구에 도움을 줍니다. 달 뒷면의 표면과 지질 구조를 연구함으로써 과학자들은 달의 기원과 진화 과정에 대한 새로운 정보를 얻을 수 있습니다. 특히, 달 뒷면에는 지구 쪽에서는 관측하기 어려운 충돌 운석 흔적들이 많이 남아 있어, 이를 통해 과학자들은 초기 태양계의 역사를 연구할 수 있습니다. 또한 우주 환경 연구에 도움을 줍니다. 달 뒷면은 지구의 자기장과 대기로부터 영향을 받지 않기 때문에, 우주 환경 연구에 매우 적합한 장소입니다. 과학자들은 달 뒷면에서 우주선을 향한 방사선 양을 측정하고, 태양풍과 우주먼지의 영향을 연구할 수 있습니다. 그리고 새로운 물질 및 에너지 자원 발견을 이룰 수 있습니다. 달 뒷면에는 지구 쪽에서는 발견되지 않은 새로운 물질 및 에너지 자원이 존재할 가능성이 있습니다. 과학자들은 달 뒷면에서 희귀 광물, 헬륨-3 등을 채굴하여 미래의 에너지원으로 활용할 수 있을 것으로 기대하고 있습니다.

또한 경제적 의미에서 달 뒷면 탐사는 중요한 의미를 가지고 있습니다. 달 뒷면에는 풍부한 광물 자원이 존재할 가능성이 높고, 이는 미래의 우주 산업 발전에 기여할 수 있습니다. 또한, 달 뒷면 탐사 기술은 다른 우주 탐사 분야에도 활용될 수 있으며, 이는 새로운 산업 창출과 일자리 창출로 이어질 것으로 기대됩니다. 특히 달 뒷면에는 희귀 광물, 헬륨-3 등 지구에서 채굴하기 어려운 광물 자원이 풍부하게 존재할 가능성이 높습니다. 이러한 광물 자원들은 미래의 우주 산업 발전에 필수적인 요소이며, 달 뒷면 탐사를 통해 이러한 광물 자원을 채굴하고 활용할 수 있는 기술을 개발할 수 있을 것입니다. 달 뒷면은 지구 쪽에서는 볼 수 없는 독특한 풍경을 가지고 있으며, 이는 미래의 우주 관광 산업 발전에 기여할 수 있습니다. 과학자들은 달 뒷면에 우주 기지를 건설하고, 관광객들이 달 뒷면을 방문하여 우주 환경을 직접 체험할 수 있도록 하는 계획을 세우고 있습니다. 그리고 달 뒷면 탐사는 로봇 공학, 인공지능, 통신 기술 등 다양한 첨단 기술 개발을 촉진할 수 있습니다. 달 뒷면 탐사를 위해서는 극한 환경에서 작동할 수 있는 로봇, 인공지능 기반의 자율 주행 시스템, 지구와의 원활한 통신 시스템 등이 필요하며, 이러한 기술들은 다른 산업 분야에도 활용될 수 있을 것입니다.

07

주어진 글의 제목으로 가장 어울리지 않는 것을 고르면?

① 달 뒷면 탐사가 열어주는 새로운 가능성
② 인류의 발걸음, 달 뒷면에 도달하다
③ 각국의 달 탐사 경쟁 상황과 그 이유
④ 중국 창어 6호 탐사선의 역사적 성과
⑤ 인류의 새로운 도전, 달 뒷면 탐사의 의미

08

주어진 글을 읽고, 이해한 내용으로 적절하지 않은 것을 고르면?

① 이번 성과로 달 뒷면에서 지구 자기장의 결과를 측정할 수 있을 것이다.
② 창어 6호에는 로봇 기술이 탑재되어 있다.
③ 달 뒷면에 대한 연구는 아직 거의 진행되어 있지 않다.
④ 지구에서 볼 수 없는 풍경을 달 뒷면에서 볼 수 있을 것으로 기대된다.
⑤ 달 뒷면에는 귀한 에너지원이 존재할 가능성이 있다.

[09~10] 다음에 주어진 A화물 회사에 관한 자료를 보고, 물음에 답하시오.

[표1] A화물 회사 적재능력별 일평균 적재 및 공차 통행수

(단위: 회, %)

구분	일평균 통행률					
	합계		적재		공차	
	통행수	비율	통행수	비율	통행수	비율
전체	2.80	100	1.56	55.65	1.24	44.35
1톤 이하	2.79	100	1.53	55.01	1.25	44.99
1톤 초과~3톤 이하	2.93	100	1.71	58.42	1.22	41.58
3톤 초과~8톤 미만	2.87	100	1.64	57.33	1.22	42.67
8톤 이상	2.86	100	1.70	59.36	1.16	40.64

[표2] A화물 회사 적재능력별 일평균 적재 및 공차 통행시간 및 거리

(단위: 분, km)

구분	일평균 통행시간			일평균 통행거리		
	적재	공차	통행시간	적재	공차	통행거리
전체	109.61	74.42	184.04	78.39	48.57	126.95
1톤 이하	94.93	69.72	164.55	61.69	42.72	104.40
1톤 초과~3톤 이하	119.68	78.69	198.37	84.99	55.33	140.32
3톤 초과~8톤 미만	167.48	97.04	264.52	145.22	75.59	220.81
8톤 이상	246.00	110.47	356.47	238.47	93.14	331.61

09
주어진 A화물 회사의 화물차에 대한 자료를 보고, 옳지 않은 것을 고르면?

① 전체 차량은 화물 적재 시 월평균(30일 기준) 2,300km 이상 통행한다.

② 1톤 이하 차량은 공차로 한 번 통행 시 평균 35km 이상 통행한다.

③ 일평균 적재 통행시간이 가장 많은 차량은 8톤 이상이다.

④ 1톤 초과~3톤 이하 차량은 평균적으로 10번 중 4번 이상은 공차로 통행한다.

⑤ 3톤 초과~8톤 미만 차량의 일평균 적재 시와 공차 시의 통행거리의 차이는 70km 이하이다.

10

주어진 [표]를 통해 A화물 회사의 적재능력별로 1회 적재 통행 시 평균 통행시간을 계산하여 [그래프]를 만들었다. 이때 잘못된 항목을 찾아서 고르면?(단위는 분이다.)

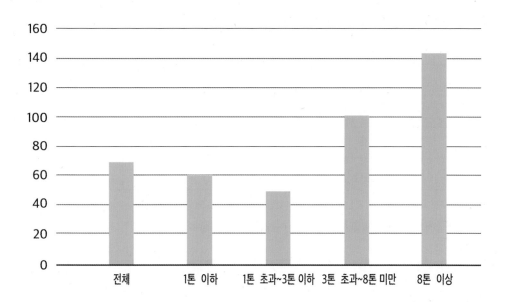

① 전체

② 1톤 이하

③ 1톤 초과~3톤 이하

④ 3톤 초과~8톤 이하

⑤ 8톤 이상

[11~12] 다음에 주어진 우리나라 고령친화 용품 제조업에 관한 자료를 보고, 물음에 답하시오.

[표1] 2022년 고령친화 용품 제조업 및 기업형태별 사업체수

(단위: 개, %)

구분		업체수	개인사업체	회사법인	회사외법인
전체	소계	1,098	46.5	52.7	0.7
업종별	개인건강·의료용품 제조업	237	44.1	54.8	1.1
	일상생활용품 제조업	349	54.7	44.0	1.2
	주거설비용품 제조업	138	39.2	60.8	0.0
	의사소통 보조기기 제조업	374	43.1	56.6	0.3

[표2] 2022년 고령친화 용품 매출 및 종사자 규모별 사업체수

(단위: 개, %)

구분		업체수	단독사업체	본사(점), 본부	지역 본사(점), 본부	지사(점), 영업장, 공장, 출장소
전체	소계	1,098	80.5	7.5	1.9	10.1
매출액 규모별	5억 원 미만	669	80.0	4.4	1.8	13.8
	5억 원~10억 원 미만	138	83.9	9.2	0.7	6.2
	10억 원~50억 원 미만	203	80.3	14.8	1.7	3.2
	50억 원~500억 원 미만	82	80.4	12.2	3.7	3.7
	500억 원 이상	6	66.7	0.0	16.7	16.7
종사자 규모별	5명 미만	602	87.6	2.7	2.1	7.6
	5명~10명 미만	266	69.7	7.0	1.7	21.7
	10명~20명 미만	126	72.8	23.0	0.8	3.3
	20명~50명 미만	68	78.2	17.4	1.5	2.9
	50명 이상	37	72.2	16.9	5.5	5.5

11

주어진 2022년 우리나라 고령친화 용품 제조업 현황에 대한 자료를 보고, 옳지 않은 것을 고르면?

① 매출 10억 원 이상 50억 원 미만인 업체의 경우 5곳 중 4곳 이상은 단독사업체이다.

② 주거설비용품 제조업 회사법인 형태의 회사는 600곳이 넘는다.

③ 전체적으로 보면 개인사업체보다는 회사법인 형태의 회사가 더 많다.

④ 종사자 50명 이상의 업체는 전체 업체의 4% 미만이다.

⑤ 전체 업체 중 회사외법인의 비중은 0.7%이다.

12

주어진 [표]와 아래 계산 과정을 고려하여 C로 알맞은 수를 고르면?

2022년 고령친화 용품 제조사 중 매출 5억 원 미만의 단독사업체 수(A)와 매출 5억 원 이상 10억 원 미만의 단독사업체의 수(B)의 차이를 구하기 위해서 A와 B를 계산한 뒤 두 수 모두 소수점 첫째 자리에서 반올림하여 차이(C)를 구하였다.

① 419　　② 420　　③ 421

④ 422　　⑤ 423

[13~14] 다음에 주어진 2022년 우리나라 한식 음식점 서비스에 관한 자료를 보고, 물음에 답하시오.

[표1] 2022년 한식 음식점 배달 서비스 상황

(단위: 개, %)

구분		사례수	거의 안함	일부 함	대부분 함	모두 함
전체	소계	317,225	69.8	16.7	8.6	4.8
업종별	한식 일반	190,476	67.8	17.8	8.0	6.3
	한식 면요리	22,669	61.1	20.1	13.6	5.2
	한식 육류요리	74,536	78.8	11.0	8.3	1.9
	한식 해산물요리	29,544	67.0	21.1	9.6	2.3
창업 경험	있음	141,559	72.9	14.7	9.4	2.9
	없음	175,666	67.4	18.3	8.0	6.4
운영 기간	1년 미만	1,134	22.4	76.0	0.0	1.7
	1~3년 미만	35,054	66.7	22.1	7.1	4.0
	3~5년 미만	53,352	65.4	16.0	13.2	5.3
	5년 이상	227,686	71.6	15.7	7.8	4.9

[표2] 2022년 한식 음식점 테이크아웃 서비스 상황

(단위: 개, %)

구분		사례수	거의 안함	일부 함	대부분 함	모두 함
전체	소계	317,225	50.7	31.1	10.9	7.3
업종별	한식 일반	190,476	48.2	32.6	9.6	9.7
	한식 면요리	22,669	47.5	27.1	19.9	5.5
	한식 육류요리	74,536	61.9	25.2	10.4	2.4
	한식 해산물요리	29,544	40.9	39.4	14.0	5.7
창업 경험	있음	141,559	53.2	27.0	14.4	5.4
	없음	175,666	48.6	34.4	8.1	8.9
운영 기간	1년 미만	1,134	19.7	0.0	74.7	5.6
	1~3년 미만	35,054	44.9	40.8	7.9	6.5
	3~5년 미만	53,352	50.0	28.3	13.7	7.9
	5년 이상	227,686	51.9	30.4	10.4	7.3

13

주어진 2022년 한식 음식점 서비스에 대한 자료를 보고 해석한 내용으로 바른 것을 모두 고르면?

> ㉠ 창업 경험이 있는 음식점의 경우가 그렇지 않은 경우보다 모든 메뉴를 배달하는 비율이 더 높다.
> ㉡ 한식 음식점의 3분의 2 이상은 5년 이상 운영하였다.
> ㉢ 다른 업종에 비해 면요리 음식점의 배달 및 테이크아웃 서비스 '대부분 함' 비율이 가장 높다.
> ㉣ 운영 기간이 길수록 테이크아웃 서비스의 '모두 함' 비율이 높아진다.

① ㉠, ㉡   ② ㉠, ㉣   ③ ㉡, ㉢

④ ㉡, ㉣   ⑤ ㉢, ㉣

14

2022년 우리나라 전체 한식 음식점 중 테이크아웃 서비스를 모든 메뉴에 하는 해산물요리 음식점의 비율을 계산하여 고르면?(단, 계산 과정에서 생기는 소수점은 반올림하여 소거하면서 계산하여, 가장 가까운 답을 고른다.)

① 0.5%   ② 1%   ③ 1.5%

④ 2%   ⑤ 2.5%

[15~16] 다음에 주어진 우리나라 하천 현황에 관한 자료를 보고, 물음에 답하시오.

[표] 시도별 하천 현황

(단위: 개, km)

지역	하천 수	하천연장	하천정비현황	하천 수	하천연장	하천정비현황
	2021			2011		
합계	3,952	29,996	35,712	3,946	30,258	31,249
서울특별시	44	256	456	40	248	464
부산광역시	50	272	441	50	264	414
대구광역시	29	292	390	29	291	361
인천광역시	32	134	246	32	141	240
광주광역시	36	206	302	35	214	299
대전광역시	30	212	268	29	214	237
울산광역시	102	492	639	102	490	593
세종특별자치시	44	228	351	44	234	289
경기도	518	3,501	4,583	516	3,490	4,662
강원도	254	3,594	3,033	254	3,579	2,681
충청북도	173	2,244	2,234	174	2,346	1,979
충청남도	499	2,693	4,100	500	2,823	3,431
전라북도	471	3,241	4,198	472	3,259	3,535
전라남도	563	3,283	4,341	561	3,239	3,695
경상북도	365	4,611	5,069	365	4,619	3,892
경상남도	682	4,129	4,704	683	4,201	4,311
제주특별자치도	60	610	352	60	605	166

15

주어진 2011년 및 2021년 하천 관련 자료를 보고 해석한 내용으로 바른 것을 모두 고르면?

> ㉠ 10% 이상의 하천 수를 가진 지역은 2021년과 2011년 모두 같다.
> ㉡ 2021년 하천정비현황 길이가 10년 전보다 줄어든 지역은 총 3개 지역이다.
> ㉢ 2021년 서울특별시의 하천 수는 10년 전에 비해 줄었다.
> ㉣ 10% 이상의 하천연장을 가진 지역은 2021년과 2011년 모두 같다.

① ㉠, ㉡   ② ㉠, ㉢   ③ ㉠, ㉣

④ ㉡, ㉢   ⑤ ㉢, ㉣

16

주어진 [표]의 일부를 이용하여 10년 전후의 증감에 대한 [그래프]를 만들었다. 이때 (A)와 (B)에 들어갈 수로 알맞은 것을 고르면?(단, 단위는 km이다.)

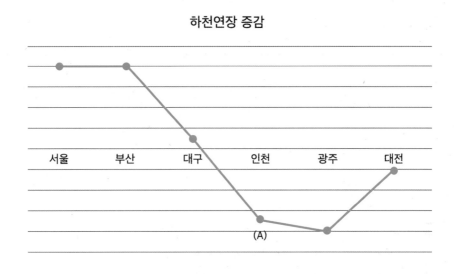

하천연장 증감

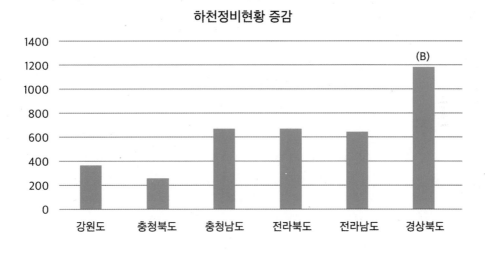

하천정비현황 증감

	(A)	(B)		(A)	(B)
①	-7	+1,177	②	-7	+1,186
③	-5	+1,156	④	-5	+1,186
⑤	-3	+1,177			

[17~18] ○○공사 시설팀은 설비를 맡길 외주업체를 선정하기 위해 공고를 올렸다. 한 달 후 지원한 업체 중 최종 5개 업체를 후보로 선정하여 여러가지 자체 평가를 실시하여 아래와 같은 정보를 얻었다. 주어진 정보를 보고 물음에 답하시오.

[표1] 업체별 평가 및 정보

구분	A업체	B업체	C업체	D업체	E업체
예상 가격	10억	8억	9억	11억	7억
작업 기간	3개월	4개월	5개월	3개월	4개월
규모	大	中	中	大	小
전문성	★★★	★★	★★	★	★★
입찰 경험	기존 업체	신규 업체	신규 업체	신규 업체	기존 업체

[표2] 평가자 추천 순위

구분	A업체	B업체	C업체	D업체	E업체
가 위원	1순위	2순위	4순위	3순위	5순위
나 위원	5순위	2순위	4순위	3순위	1순위
다 위원	2순위	3순위	5순위	1순위	4순위

[업체 선정 평가 기준]

- 3명의 평가자에게 각각 1순위를 받은 업체는 가점 +5, 5순위를 받은 업체는 -5점을 한다.
- 가격 10억 원을 기준 3점으로 1억 원씩 낮을수록 +1점을, 높을수록 -1점을 준다.
- 작업 기간은 4개월을 기준 3점으로 1개월씩 빠를수록 +1점을, 늦을수록 -1점을 준다.
- 규모는 大를 5점으로 하고, 한 단계씩 내려갈 때마다 -1점을 준다.
- 전문성은 별 3개는 5점, 2는 3점, 1개는 1점을 준다.
- 입찰 경험이 있는 기존 업체의 경우 +3점을 준다.

17

주어진 업체 선정 평가 기준을 따를 때 선정하게 될 업체를 고르면?

① A업체   ② B업체   ③ C업체

④ D업체   ⑤ E업체

18

아래와 같은 경영진의 피드백을 받고 추가되는 새로운 설비작업을 맡게 될 업체를 고르면?

[경영진 피드백]

현재 평가하고 있는 설비업체 선정 작업과는 별개로 새로운 시설설비 작업이 급히 필요하게 되었습니다. 지난주 발생한 급작스러운 시설 오작동으로 업무누수가 생길 수 있는 일이라 급하게 일을 진행시켜야 합니다. 그래서 새로운 입찰 공고를 올리기보다는 지금 평가하고 있는 업체 5개 중에서 바로 선정하여 일을 진행시키고 싶습니다. 외주 작업비용은 총 5억 원으로 확정하였고, 5개 업체의 동의를 얻었습니다. 따라서 예상 가격의 대한 점수는 평가하지 않아도 됩니다. 이 시설설비는 높은 전문성이 필요하지 않지만, 빠르게 끝내야 하는 작업이기에 이 부분에 가산점을 더 주려고 합니다. 기존 평가에서 전문성 평가 항목을 지우고, 작업 기간에 산정하는 평가 점수를 2배로 하여 평가해서 총점이 가장 높은 업체로 선정하여 주세요.

① A업체　　　　② B업체　　　　③ C업체

④ D업체　　　　⑤ E업체

[19~20] 다음은 서울교통공사의 여객운송약관(1~8호선)의 일부이다. 이를 보고 물음에 답하시오.

제11조(운임·요금의 계산)

① 수도권 내 구간만 이용하거나 수도권 외 구간만을 이용하는 경우의 운임은 이용거리에 따라 다음과 같이 계산합니다. 다만, 수도권 내 구간과 수도권 외 구간을 연속하여 이용하는 경우에는 수도권 내 구간의 운임을 먼저 계산한 후 수도권 외 구간의 이용거리 4km까지 마다 서울교통공사에서 정한 추가운임을 합산한 후 끝수처리 한 금액으로 합니다.

  1. 기본운임: 10km까지 서울교통공사에서 정한 운임

  2. 추가운임: 10km 초과 50km까지는 5km까지 마다, 50km 초과구간은 8km까지 마다 서울교통공사에서 정한 추가운임을 더한 금액

② 도시철도구간에서 운임을 계산하는 거리는 따로 정한 경우를 제외하고는 가장 가까운 경로로 계산합니다.

③ 도시철도와 버스 상호 간에 교통카드를 사용하여 일정한 횟수와 시간 이내에 환승을 이용하는 여객의 운임은 다음 각 호와 같이 이용거리에 따라 통합운임을 적용합니다. 다만 통합운임의 적용은 각각의 교통수단을 승하차할 때마다 단말기에 교통카드를 접촉하여 이용거리가 산출되는 경우에 한정하여 적용합니다.

  1. 통합운임은 도시철도 이용거리와 버스 이용거리를 합산하여 산출합니다.

  2. 환승 이용한 거리의 합이 다음의 각 목이 정하는 거리 이내인 경우에는 환승이용한 각 교통수단 중 기본운임이 가장 높은 교통수단의 운임으로 합니다.

    가. 서울광역, 경기(직행)좌석형 및 인천광역(좌석) 시내버스인 경우 30km

    나. '가' 이외 버스인 경우 10km

  3. 환승 이용한 거리의 합이 제2호에 정한 거리를 초과하는 구간은 5km까지 마다 추가운임을 합산하여 산출한 금액으로 합니다. 다만, 그 금액이 각각의 교통수단 운임의 합을 초과하는 경우에는 각각의 교통수단 운임의 합으로 합니다.

④ 제3항의 환승인정 횟수는 4회(5회 승차)까지이며, 선 교통수단 하차 후 30분 이내 후 교통수단 승차의 경우로 하되, 21:00~다음 날 07:00까지는 1시간 이내로 합니다. 다만, 환승통행 목적이 아닌 동일노선 환승의 경우는 통합운임을 적용하지 않습니다.

⑤ 공항철도 인천공항2터미널~청라국제도시 구간을 포함하여 이용하는 경우, 제1항 및 제3항에 정한 운임에 해당 구간 이용 운임을 합산한 금액으로 합니다.

⑥ 선·후불교통카드를 이용하여 영업시작부터 당일 06:30까지 승차한 경우 기본운임은 제11조에 의하여 산출된 기본운임의 20%를 할인하여 끝수 처리한 금액으로 합니다.

19

다음 중 주어진 여객운송 규정의 내용으로 올바르지 않은 것을 고르면?

① 환승 규정에 따르면 한 번의 운임으로 총 5개의 차량까지 탑승이 가능하다.

② 교통카드를 이용하여 오전 6시 반 이전에 탑승하면 할인을 받을 수 있다.

③ 이용거리가 같다면 요금도 같다.

④ 이용거리가 산출되지 않는다면 통합운임 적용이 되지 않는다.

⑤ 10km 이내는 기본운임을 적용받는다.

20

주어진 요금규정을 바르게 이해하지 못한 사람을 모두 고르면?

> A: "수도권 내에서만 5km 또는 수도권 외에서만 5km 떨어진 거리를 이용한다면 각각 기본운임만 내면 갈 수 있겠네."
>
> B: "만약 오후 11시에 도시철도에서 내린다면 같은 날까지는 버스로든 도시철도로든 어쨌든 환승이 가능하구나."
>
> C: "도시철도를 이용해서 버스로 환승하여 총 9km 떨어진 거리를 이동했을 때는 첫 교통수단의 기본운임이 기준이 되는구나."
>
> D: "환승은 일반적으로 30분 이내에 해야 하고, 환승 외 목적으로 동일노선을 환승 처리하려고 하면 통합운임이 적용되지 않는구나."

① A   ② B   ③ C

④ A, D   ⑤ B, C

[21~22] 임 과장은 공기업 박람회를 위한 기업홍보 책자와 포스터를 제작하려고 한다. 주어진 정보를 보고 물음에 답하시오.

[기업박람회 참가 방법]

주최 홈페이지 로그인하기(회원이 아닌 경우 회원가입 한 후 로그인하기) → 참가 신청서 작성 및 접수하기(신청서 중복 접수 불가, 사업자등록증 첨부 필수) → 확인 전화 후 신청 완료 → 주최기관의 참가 가능 여부 통보 및 안내 → 참가비 결제하기(신청서 접수와 동시에 참가비 결제하거나 해당 신청서 정보에서 결제 마감일을 확인하고 마감일 전에 개인 결제 창에서 카드 또는 실시간 계좌이체로 참가비 결제하기) → 현장 참가하기(행사 공지 확인하기, 행사장 입장용 비밀번호 확인하기)

- 참가비 기본 50,000원(기본 1부스(3m×3m) 제공), 추가 부스비 30,000원
- 1부스당 책상 1개와 의자 1개가 기본 제공
  업체 당 2명까지 무료입장, 추가 인원 1인당 입장료에서 20% 할인 금액
  (1인 정식 입장료 6,000원)
- 책상 사이즈: 가로 200cm×세로 120cm×높이 75cm
- 디스플레이: 가로 및 세로 사이즈는 책상 너비를 벗어나지 않음
  높이는 책상 상판으로부터 1m 이내

[표1] 리플렛 제작 비용(100부 기준, 디자인 작업비 10만 원)

(단위: 원)

구분	100g	120g	150g	180g
A4	112,000	158,000	172,000	190,000
16절	140,000	208,000	230,000	256,000
A3	165,000	204,000	221,000	237,000
8절	192,000	245,000	287,000	296,000

[표2] 브로셔 제작 비용(디자인 작업비 포함, 1,000부 기준)

(단위: 원)

구분	100g	120g	150g	180g
A사	1,120,000	1,257,000	1,398,000	1,642,000
B사	1,437,000	1,210,000	1,425,000	1,618,000
C사	1,214,000	1,337,000	1,411,000	1,550,000

[대형 포스터 제작 비용]

- 기본 크기(세로 × 가로): 2m × 1m → 100,000원
- 기본 크기에서 추가 시 → 가로 1m 추가 시 10,000원씩, 세로 1m 추가 시 10,000원씩 추가

21

임 과장이 홍보팀의 요구에 따라 아래와 같이 홍보물을 제작하기로 했다. 이때 총견적은 얼마인가?

- 리플렛 제작: A3 100g로 500부 제작, 디자인은 내부 작업으로 비용 없음
- 브로셔 제작: A사 150g로 2,000부 제작
- 대형 포스터 제작: 세로 3m, 가로 2m로 총 3개 제작

① 3,580,000원   ② 3,682,000원   ③ 3,782,000원

④ 3,881,000원   ⑤ 3,981,000원

22

임 과장이 총견적을 계산한 후 이를 부서장에게 보고하였다. 부서장의 추가 지시에 따라 진행했을 때 기존보다 예산을 얼마나 더 추가해야 하는지 계산하여 고르면?

[부서장 피드백]

임 과장님, 좀 더 효과적인 기업 홍보를 위해 리플렛과 브로셔 제작 작업을 조금 수정했으면 합니다. 리플렛은 너무 얇으면 고급스러운 이미지가 떨어집니다. 기존에서 두께를 좀 더 두껍게 120g으로 제작해 주세요. 내부 디자인 작업보다는 업체 전문가에게 맡겨서 제작하는 게 좋겠어요. 브로셔는 지난해에 2,000부로는 조금 부족했습니다. 3,000부 제작하면 적당할 것 같습니다. 그리고 포스터도 좀 더 잘 보일 수 있도록 가로 2m, 세로 4m로 크기를 키우고, 총 5개로 제작해 주세요. 감사합니다.

① 1,883,000원   ② 1,981,000원   ③ 1,983,000원

④ 1,993,000원   ⑤ 1,996,000원

[23~24] 주어진 자료는 열차 승차권 구매 및 분실에 관한 규정이다. 이를 보고 물음에 답하시오.

[표] 열차 승차권 구매 정보

구분	승차권 구매
구매처	• 홈페이지(www.letskorail.com), 코레일톡(App), 승차권 자동발매기, 역(전철역 제외), 네○버 기차예매, 카○오T, 승차권 판매대리점
구매기간	• 출발 1개월 전 07시부터 출발 20분 전까지(코레일톡은 열차 출발 전까지) 구매할 수 있습니다. 예) 3월 28일 승차권은 2월 28일부터 구매 가능하며, 4월 30일 승차권은 3월 30일부터 구매 가능합니다. • 2월 마지막 날이 29일(윤년)인 경우, 2월 29일에 승차일자 3월 29, 30, 31일 승차권 구매가 가능합니다.
결제/발권	• 신용카드 KTX 마일리지/포인트, 현금계좌이체(홈페이지에 한함)를 이용하여 결제할 수 있습니다. • 결제금액이 50,000원 이상이면 신용카드 할부 결제가 가능합니다. • 결제 후 모바일티켓 홈티켓으로 직접 발권할 수 있습니다.
승차 후 구간변경	• 승차 중 도착역 전에 내리는 경우 이용한 구간의 운임요금을 제외하고 이용하지 않은 구간의 운임요금에 대한 출발 후 환불위약금을 뺀 나머지를 환불하여 드립니다. • 도착역을 지나 더 여행하는 경우 승차권에 표기된 도착역을 지나기 전 승무원에게 추가금액을 지불하고 승차권을 재구매하시기 바랍니다. 재구매하지 않을 경우 부정승차로 간주되어 정상운임 이외에 부가운임을 징수합니다.
매진열차 예약대기	• 매진된 열차의 취소•반환된 좌석을 예약대기 신청내역(이용구간, 인원수 등)에 따라 배정하는 서비스입니다. • 출발 2일 전까지 홈페이지에서 예약대기를 신청하실 수 있습니다. • 좌석이 배정된 경우 배정된 당일 24시 전까지 결제하셔야 합니다. 결제하지 않는 경우 자동취소됩니다. • 좌석배정 결과는 SMS(SMS 안내 신청고객에 한함) 또는 홈페이지를 통해 확인하실 수 있습니다. • 매진 열차의 일부 구간에 잔여석이 있을 경우 이용구간을 나누어 각각 다른 좌석 또는 입석+좌석으로 이용할 수 있는 병합승차권을 대기 신청 없이 구매할 수 있습니다.

23

주어진 규정을 이해한 내용으로 올바르지 않은 것을 고르면?

① 매진된 열차의 경우 예약대기 신청을 할 수 있다.

② 앱을 이용하면 열차 출발 전까지 티켓 구매가 가능하다.

③ 5만 원 이상부터는 카드 할부 결재가 가능하다.

④ 도착역보다 전에 내린 경우 일부 환불이 가능하다.

⑤ 예정된 도착역을 지나서 내리는 경우 도착 후에 역에서 추가금을 내야 한다.

24

주어진 규정에 따라 고객 문의를 안내할 때의 답변으로 가능하지 않은 것을 고르면?

[고객 문의]

> Q: 이번 주말에 광주로 내려가야 하는데 이번 주말 광주역의 모든 열차표가 매진되었습니다.
> 혹시 방법이 없을까요?

① A: 매진된 열차는 취소된 좌석이 있을 수 있어요. 예약 대기 신청을 해보세요.

② A: 예약 대기 신청 후에 결과는 홈페이지 등에서 확인해 볼 수 있어요.

③ A: 혹시 병합승차권을 이용할 수 있는지 바로 확인해 볼게요.

④ A: 예약 대기를 하시고요. SMS 안내 신청을 하시면 결과를 편리하게 확인해 볼 수 있어요.

⑤ A: 매진 열차의 예약 대기를 기다려 보시고요. 좌석 배정 후 익일까지는 결제를 해주셔야 해요.

[25~26] 서울교통공사 홍보팀은 홍보용 책자 기획 등 이번 주 업무에 대한 주간회의를 하였고, 오늘 그 결과에 대한 보고서를 작성하여 부서에 공유하였다. 주어진 자료를 보고 물음에 답하시오.

2024.09.06.(금) 홍보팀 윤○○ 대리

주간회의 보고서					
회의 일시	2024-09-04(수)	**부서**	홍보팀	**작성자**	윤○○ 대리
참석자	오 차장, 김 과장, 윤 대리, 금 대리, 최 사원, 강 사원				
회의 안건	1. 신규 노선 홍보용 책자 제작 기획 2. 외국인 관광객용 안내 책자 제작 진행 상황 공유 3. 월별 보도자료 진행 상황 공유				

	내용	비고

회의 내용	**1. 신규 노선 홍보용 책자 제작 기획**
	  - 신규 노선 이용 증진을 위한 홍보 기획
	  - 김 과장, 금 대리, 강 사원 총 3인 진행
	  - 10/4(금)까지 기획 확정 및 이후 제작 진행
	2. 외국인 관광용 안내 책자 제작 진행 상황
	  - 영어, 중국어, 일어 총 3개 언어로 제작 중
	  - 한글 원고 작성 및 이미지 작업 완료(9/2 完)
	  - 3개 언어로 번역 작업 진행 중(9/20 完 예정)
	  - 금주 내 표지 작업 및 제작 사양 확정
	  - 10/15 편집 및 제작업체 선정 완료 계획
	3. 10월 월간 보도자료 진행 상황
	  - 원고 50% 작성 중(9/20 完 예정)
	  - 차량 내 여름 위생 강화 관련 특별 코너 入
		• 외국인 관광용 안내 책자 외주 이미지 비용 결재 필요 (최 사원)
		• 월간 보도자료 진행 상황 9/6 재점검 필요 (팀 내 미팅 예정)
		
		연차
		금 대리(9/13 예정)
		외근
		최 사원(9/12 오후)

9월 2주차 진행 (9/9~9/13)	• **신규 노선 홍보용 책자 제작 기획**
	  - 코너 구성 기획 회의(9/10)
	• **외국인 관광용 안내 책자 제작 진행**
	  - 번역 작업 및 제작업체 서치
	• **10월 월간 보도자료 진행**
	  - 원고 작업 75% 목표
		다음 주간회의 진행 9/11(수)

특이사항	제작업체 선정을 위한 미팅(최 사원) - 9/12 오후 성수역	

25

주어진 회의록의 내용을 보고 옳지 않은 것을 고르면?

① 주간회의 보고서는 회의 진행 후 2일 뒤에 윤 대리가 작성하였다.

② 최 사원은 조만간 비용에 대한 결재를 올릴 것이다.

③ 신규 노선 홍보용 책자 제작 기획 완료일까지는 한 달 이상이 남았다.

④ 오늘 팀 내 미팅이 예정되어 있다.

⑤ 외국인을 위한 안내 책자는 3개 언어로 제작될 예정이다.

26

하 이사는 주어진 주간회의 보고서를 공유받았다. 이때 하 이사가 보인 반응으로 적절하지 않은 것을 고르면?

① "홍보팀의 다음 주 주간회의는 9월 11일에 진행되겠군."

② "외국인 관광용 안내 책자의 한글 원고 작업을 더욱 서둘러야 겠어."

③ "신규 노선 홍보 책자 기획은 김 과장 주도로 진행되고 있구만."

④ "다음 주 목요일 오후에는 최 사원을 회사에서 볼 수 없겠구만."

⑤ "아직은 신규 노선 홍보 책자의 코너 구성이 확정되지 않았군."

[27~28] 서울교통공사 전기팀의 하계 휴가 계획에 대한 내용이다. 이를 보고 물음에 답하시오.

[8월 하계 휴가 운영 계획]
- 하계 휴가 기간에는 반드시 사무실에 4명 이상 근무해야 한다.
- 하계 휴가 및 연차 희망 일자에 따라 휴가 및 연차를 정하도록 하되, 신청일이 몰린 경우 연차보다는 하계 휴가 일정을 우선 적용한다.
- 하계 휴가는 반드시 5일을 붙여서 사용해야 한다.(휴가 사이에 주말 및 공휴일이 중간에 낄 수 있지만 휴가 일수에 포함하지 않는다.)
- 모두 8월 외근 스케줄은 없고, 주말 및 공휴일은 근무하지 않는다.

[8월 달력]

월	화	수	목	금	토	일
	1	2	3	4	5	6
7	8	9	10	11	12	13
14	15 공휴일	16	17	18	19	20
21	22	23	24	25	26	27
28	29	30	31			

[휴가 신청서]

사원	하계 휴가 희망일	연차 희망일
황 부장	8/10~8/17	8/8
임 차장	8/16~8/22	8/11
정 과장	8/24~8/30	8/18
차 대리	8/1~8/7	8/30
홍 주임	8/2~8/8	
하 사원	8/21~8/25	8/17

27
하계 휴가 희망 일자를 고려할 때 연차 희망일을 변경해야 하는 사람을 고르면?

① 황 부장   ② 임 차장   ③ 정 과장

④ 차 대리   ⑤ 하 사원

28
8월 근무일 중 아무도 하계 휴가 신청을 하지 않은 날은 전부 몇 번이 있는지 고르면?

① 0번   ② 1번   ③ 2번

④ 3번   ⑤ 4번

[29~30] 다음은 사업자 등록번호에 대해 나타낸 자료이다. 이를 보고 물음에 답하시오.

3자리				2자리		4자리	1자리
세무서 번호				개인/법인 구분 코드		일련번호	검증번호
서울청	100	송파	215	01~79	과세 사업자	0001~9999까지 당일 순차적으로 발급	[검증 방법] 검증 번호를 제외한 모든 번호의 숫자들을 더해 나온 일의 자리의 숫자
종로	101	역삼	220				
남대문	104	대전청	300				
마포	105	청주	301	80	아파트 관리사무소, 어린이집 등		
용산	106	영동	302				
영등포	107	충주	303				
동작	108	제천	304	89	법인이 아닌 종교단체		
강서	109	보령	313	90~99	면세 사업자		
서대문	110	광주청	400	81, 86, 87	영리법인의 본점	비영리법인 0001~5,999 그 외 6,000~9,999로 당일 순차적으로 발급	
구로	113	군산	401				
반포	114	전주	402	85	영리법인의 지점		
양천	117	경주	505	82	비영리법인		
성동	206	포항	506				
성북	209	영덕	507				
도봉	210	안동	508	84	외국법인 및 연락사무소		
강남	211	부산청	600				
강동	212	창원	609	83	국가, 지방자치단체, 지방자치단체조합		
서초	214	제주	616				

개인사업자: 01~79, 80, 89, 90~99
법인사업자: 81/86/87, 85, 82, 84
관청: 83

29

오늘 A씨는 사업자등록번호를 발급받았고, 사업자등록번호는 5079500837이다. 이에 대한 설명으로 알맞은 것을 고르면?

① 이 회사는 법인사업자이다.
② 오늘 사업자등록증을 발급받은 개인사업자 중 100번째 안으로 발급받았다.
③ 이 회사의 소재지는 경주이다.
④ A씨는 어린이집을 운영하는 사업자이다.
⑤ 국가 지방자치단체와 관련한 일을 하는 회사이다.

30

최근 사업자등록 신청을 한 B씨는 사업자등록번호를 오늘 발급받았다. 이때 B씨가 오늘 발급받은 번호가 될 수 있는 것을 고르면?

① 4008260055
② 4027900226
③ 1138638886
④ 1079000222
⑤ 6168360010

31

다음 중 정보의 활용을 잘하는 사람들의 특징으로 잘못된 것을 고르면?

① 윤리 의식을 가지고 합법적으로 정보를 활용할 수 있는 능력을 가지고 있다.

② 정보가 필요하다는 문제 상황을 인지할 수 있는 능력이 뛰어나다.

③ 뛰어난 통찰력에 의지하여 빠르게 결정하고 일을 진행한다.

④ 문제해결에 적합한 정보를 찾고 선택할 수 있는 능력이 있다.

⑤ 찾은 정보를 문제해결에 적용할 수 있는 능력을 발휘한다.

32

다음 중 데이터베이스를 구축해야 하는 이유로 적절하지 않은 것은?

① 데이터의 중복을 줄일 수 있다.

② 검색을 쉽게 해 준다.

③ 데이터의 안정성을 높여 준다.

④ 비용을 줄여 준다.

⑤ 개발 기간을 단축할 수 있다.

33

직장 생활을 하다 보면 내가 하는 일이 자신의 흥미나 적성에 맞지 않는다고 생각될 때가 있다. 그런 경우 자신의 일에 흥미나 적성을 개발하기 위한 방법으로 적절하지 않은 것은?

① 기업의 문화와 풍토를 고려한다.

② 스스로에게 지금 하는 일이 적성에 맞는다는 암시를 준다.

③ 내가 이룬 작은 결과물에 대해 돌아본다.

④ 일을 할 때 작은 단위보다는 큰 단위로 수행한다.

⑤ 하루 동안 수행한 결과물을 점검해 보고 성취감을 느낀다.

34

다음 중 자기개발 계획 수립이 어려운 이유로 잘못된 것을 고르면?

① 회사 내의 경력 기회 및 직무 가능성에 대해 충분히 알지 못한다.

② 자신의 흥미, 장점, 가치, 라이프스타일을 충분히 이해하지 못하기 때문이다.

③ 재정적 문제, 연령, 시간 등의 장애 요소가 있다.

④ 다른 직업이나 회사 밖의 기회에 대해 알고 있어도 실행하는 데에는 결단을 내리기 쉽지 않다.

⑤ 개인의 자기개발 목표와 일상생활 간 갈등이 있다.

35

과거의 리더십은 상사가 하급자에게 리더십을 발휘하는 형태로 리더보다는 관리자에 가까운 형태였다. 하지만 최근의 리더십은 상사가 하급자에게 발휘하는 형태가 아닌 하급자뿐만 아니라 동료나 상사에게 까지도 발휘해야 되는 형태로 변화하였다. 다음 중 관리자가 아닌 리더의 역할로 잘못된 것을 고르면?

① '어떻게 할까'보다는 '무엇을 할까'를 생각한다.

② 유지보다는 혁신을 지향한다.

③ 체제보다는 사람을 중시한다.

④ 내일보다는 오늘에 초점을 둔다.

⑤ 사람을 관리하기보다는 동기부여를 해준다.

36

전자회사의 수리 서비스 센터에서 고객 응대를 맡고 있는 A씨는 최근 거듭되는 고객의 불만 표현에 큰 괴로움을 겪고 있다. A씨는 고객 불만에 스트레스를 받지 않고 효과적으로 대처하기 위하여 업무에 경험이 많은 상사에게 자문을 구했다. 상사가 A씨에게 했을 법한 충고로 적절하지 않은 것은 무엇인가?

① 고객이 불평을 한다는 건 우리를 도와주려는 생각이 강하다는 증거에요. 고객에게 감사해야지.

② 항상 고객 불만이 있을 것에 대비하고 긍정적으로 고객을 대해야 됩니다.

③ 대부분의 불평 고객은 단지 회사가 자신의 불평을 경청해주길 바래요.

④ 거친 말을 쓰는 고객은 대부분 불만의 내용도 공격적인 법이 많다는 점을 유념해 두세요.

⑤ 해결하겠다는 의지를 보이고 정중하게 사과하는 것만으로도 만족하고 돌아가는 고객이 많아요.

37
다음 중 직업인으로서의 악수 예절에 대한 설명으로 올바르지 않은 것을 고르면?

① 악수는 전문성, 진실성 그리고 신뢰성을 느끼게 하는 신체상의 접촉이다.

② 악수는 자기소개를 하는 동안 가급적 오래 유지하여 유대감을 올려야 한다.

③ 악수를 할 때는 상대를 바로 바라보며 미소를 짓는다.

④ 악수를 할 때는 오른손을 사용하고, 너무 강하게 쥐어짜듯이 잡지 않는다.

⑤ 악수는 말을 시작하는 전 단계에서 강력한 비언어적 메시지를 전달한다.

38
최근 직장 내 성 예절에 대해 모든 회사에 의무교육을 강화하는 등의 노력을 하고 있다. 성 예절에 대한 교육을 받은 후 직장 내 성희롱에 대해 이해했을 때 다음 중 옳지 않은 것을 고르면?

① 성희롱은 업무와 관련하여 성적 언어나 행동 등으로 굴욕감을 느끼게 하는 행위이다.

② 성추행은 성폭력의 개념에 포함되지는 않지만 성희롱 개념에 포함된다.

③ 음란물을 보내거나 일방적으로 쫓아다니는 스토킹 등은 넓은 의미의 성폭력에 포함한다.

④ 피해자가 사업주에게 가해자에 대한 부서 전환과 징계 등의 조치를 요구할 수 있다.

⑤ 성희롱은 업무와 관련해 성적 언동 등을 조건으로 고용상 불이익을 주는 행위라고 정의한다.

39

다음 중 산업 재해의 직접적 원인에서 그 원인의 성격이 다른 하나를 고르면?

① 보호 장비의 미착용 및 잘못 사용

② 위험 장소로 접근

③ 기계의 잘못된 사용

④ 시설물의 배치 및 장소 불량

⑤ 불안전한 상태 방치

40

다음 중 기술을 적용할 때 고려해야 하는 사항이 아닌 것을 고르면?

① 기술의 전략적 중요도

② 기술 적용에 따르는 비용

③ 기술의 수명 주기

④ 과거의 가치 평가

⑤ 잠재적 응용 가능성

5회 NCS 실전모의고사

■ 시험구성

영역		문항	시간
NCS 직업기초능력평가	의사소통능력	40문제	권장 시간 60분 (문제당 약 1.5분)
	수리능력		
	문제해결능력		
	조직이해능력		
	정보능력		
	자원관리능력		
	기술능력		
	자기개발능력		
	대인관계능력		
	직업윤리		

*서울교통공사 필기시험은 NCS 40문항, 전공 40문항으로 총 80문항이 출제되며, 90분 동안 풀어야 합니다. 일반적으로 NCS 문제의 풀이시간이 더 오래 걸리기 때문에 NCS 40문항을 60분 내에 전공 40문항을 30분 내에 푸는 전략을 추천합니다.

실전과 같은 마음으로 시각을 정확히 준수하여 학습하시기 바랍니다.

시험 시간   시작 _____시 _____분 ~ 종료 _____시 _____분

다음 페이지부터 시작!

5회 NCS 실전모의고사 40문제 / 60분

[01~02] 다음에 주어진 보도자료를 보고 물음에 답하시오.

안전한 에스컬레이터 탑승, 시니어승강기 안전단이 도와드려요

지하철 역사 내 엘리베이터, 에스컬레이터를 점검하고 거동이 불편한 어르신의 승강기 탑승을 도와주는 '시니어 승강기안전단'이 확대 운영된다. 지하철 내 이동 약자의 안전 확보는 물론 노인 일자리 창출에도 도움을 주겠다는 취지다.

서울교통공사와 한국노인인력개발원은 안전한 지하철 환경을 조성하고 양질의 노인 일자리 창출을 통해 공공기관으로서 노인 복지 향상에 기여하고자 안전단의 규모를 지속적으로 확대해왔다. '22년 8개 역 65명, '23년에는 20개 역 282명 규모로 늘어났고, 올해는 작년 대비 75% 늘어난 491명의 인원이 지하철 승강기 안전을 꼼꼼하게 살핀다. 안전단은 22년부터 시민의 안전한 지하철 이용과 노인 일자리 확대를 원하는 공사와 개발원의 의지를 바탕으로 양 기관 간 협업을 통해 시작됐다. 만 60세 이상 노인 일자리(사회서비스형) 참여자를 대상으로 모집했다. 사회서비스형 일자리는 보건복지부의 노인일자리 및 사회활동 지원사업 중 하나로, 시니어의 경력•역량을 활용하여 사회적 도움이 필요한 영역에 서비스를 제공하는 사업이다. 공사는 공공기관으로서 노인인력 활용에 대한 사회적 인식개선과 노인일자리 창출에 기여한 공로를 인정받아 제27회 노인의 날(2023.9.25.)기념 보건복지부장관 기관표창을 수상했다.

안전단은 노인, 장애인을 비롯한 이동약자의 안전한 승강기 탑승을 돕고 이용자 안전계도, 역 이용 안내 및 응급상황 발생 시 초동 조치가 주요 업무다. 주요 혼잡 시간대에는 승강기 이용 승객 질서유지에 나선다. 에스컬레이터 이용 중 사고가 발생했을 경우 더 큰 사고를 막기 위해 작동 중지 등 빠른 조치가 필요하다. 사고 발생 시 대처요령에 대한 사전교육을 이수한 안전단 근무자들은 승강기 옆에서 근무하면서 넘어짐 사고 발생 시 피해를 최소화할 수 있다. 승객이 넘어졌을 때 에스컬레이터가 작동 중인 상태라면, 중심을 잡고 일어나는 것이 어려워 계속 넘어지고 구르게 되며 피해가 커질 수 있다.

공사와 개발원은 본격적인 근무 투입 전 지난 1일부터 7일까지 5일간 안전단을 대상으로 승강기 기본교육(법, 구조 등), 승강기 응급조치 요령, 승강기 사고사례, 고객서비스 교육 등 직무 교육을 시행했다. 특히 올해 교육에서는 성동소방서 응급대원을 강사로 초빙해 응급처치 및 지하철 내 안전사고 예방 교육을 실시했다. 올해 선발된 491명의 안전단 인원들은 왕십리역 등 주요 환승역을 포함한 33개 역에 배치되어 승강기 이용 시민들의 안전을 살필 예정이다. 운영 기간은 올해 2월 13일부터 11월 30일까지 10개월 간이다. 공사와 개발원은 각 역사 소재지 관할 복지관과 협업해 인력 교육, 안전용품 및 휴게공간 제공 등 각 역사에 배치된 안전단 인원들이 원활하게 근무할 수 있도록 지속 지원할 계획이다.

서울교통공사 기술본부장은 "시니어 승강기안전단 사업은 승강기 중대시민재해를 예방하는 동시에 양질의 노인 일자리 창출이라는 공공기관으로서의 사회적 책임을 다할 수 있는 사업이다."라며 "한국노인인력개발원과의 긴밀한 협력을 통해 더 많은 노인 일자리를 발굴해 ESG 경영에 기여하고 안전한 지하철을 만들어 나가겠다."라고 말했다. 한국노인인력개발원 서울지역본부장은 "서울교통공사와 적극적인 협력을 통해 더 많은 노인일자리와 안전한 지하철 이용 환경을 만들어 나가겠다."라며 "더불어 앞으로도 보다 더 사회 안전 강화에 기여할 수 있는 노인일자리 모델을 개발하도록 노력하겠다."라고 말했다.

01

이 과장은 주어진 보도자료를 보고 이해하여, 내용을 간략하게 정리한 개요를 만들려고 한다. 이때 ㉠~㉣ 중 적절하지 않은 것을 모두 고르면?

[지하철역 시니어 승강기안전단 서비스 실시]

㉠ 서울교통공사-한국노인인력개발원 안전단 올해 282명 선발…
㉡ 사회서비스형 노인 일자리 사업일환, '22년부터 지속확대 중…
㉢ 근무배치 전 승강기 기본교육 등 직무 교육 시행, 소방서 강사 초빙 교육 진행
㉣ 12개월간 승강기 주변 이동 약자 안전 및 질서유지, 응급상황 발생 시 초동조치 등 서비스 운영

---

① ㉠, ㉡　　　　　　　② ㉠, ㉢　　　　　　　③ ㉠, ㉣

④ ㉡, ㉢　　　　　　　⑤ ㉢, ㉣

02

주어진 보도자료를 보고 알 수 있는 사실을 고르면?

① 시니어승강기 안전단 운영은 노인일자리 창출 효과가 없다.
② 운영단 서비스는 목적이 다른 두 기관의 이해가 맞아서 시작되었다.
③ 운영단 서비스는 응급상황 대처 업무이기 때문에 고객서비스 교육은 받지 않는다.
④ 올해 10월에는 운영단 서비스가 진행되지 않는다.
⑤ 응급상황 발생 시 소방대원이 초동 조치를 하고 안전단은 이후 조치를 서포트하게 된다.

[03~04] 다음에 주어진 보도자료를 보고 물음에 답하시오.

(   )

　서울교통공사는 지하철 공실 상가를 서울시 및 25개 구청, 당진시, 영동군, 문화체육관광부 등 총 99개 공공기관을 대상으로 '사회기여형 상가' 조성을 협의 중이라고 23일 밝혔다. '사회기여형 상가'는 시민을 위한 공공서비스 정책과 연계된 공익적 상가이다. 과거 공사는 지하철 역내 유휴공간 대부분을 상가로 조성하여 적자를 개선하고 수익을 극대화하는 정책을 시행했다. 그러나 일부 상가는 장기공실로 남아 역사 환경의 저해 요소가 되거나 고객 동선에 지장물이 되는 등 제역할을 다하지 못하기도 했다.

　공사에서는 이를 해결하고자 일부 상가들을 공익적 목적의 '사회기여형 상가'로 전환하는 방침을 마련하였다. 공사는 혼잡도 등으로 문제가 되는 상가를 과감히 철거하거나, 장기공실 상가에 '사회기여형 상가' 입점을 추진 중이다.

　'사회기여형 상가' 확대를 통해 공공기관은 합리적 임대료로 일반 시민들이 접하기 쉬운 역 상가를 정책홍보 장소로 활용할 수 있고, 공사는 장기공실 문제를 해결하게 된다. 무엇보다 시민 입장에서는 자주 이용하는 역에서 다양한 공공서비스를 이용할 수 있게 되어 지하철 이용만족도가 높아지게 될 것으로 기대된다. 현재 공사에서는 서울시 및 각 구청, 강원도 등과 19개 역 20개소에 임대차 계약을 맺고 사회적 약자의 취업•창업 지원, 지역특산품 및 시니어•장애인 생산품 판매, 문화•예술 지원 등 공공서비스를 제공하고 있다.

　공사에서는 지난 12월 이후 현재까지 총 99개 기관을 대상으로 '사회기여형 상가'를 소개하고, 각 기관의 핵심•역점 사업을 연계한 맞춤형 홍보를 진행하고 있다. 이를 통해 지난 12월 하계역에 '노원구 청년 팝업스토어'를 조성하여 청년층 창업 지원에 일조하고 있다. 최근에 가파르게 증가하는 배달라이더, 대리기사, 학습지 교사 등 이동노동자의 열악한 노동환경을 개선코자 사당역, 종로3가역에 '이동노동자 쉼터'를 상반기 내 설치 및 완료할 예정이며, 향후 서울시와 협의를 통해 지속 확대할 예정이다. 이외에도 서울시 도서관 정책홍보를 위한 '광화문 책마당 전시룸' 개장, 자립 청년 창업 지원, 어르신 일자리 지원, 지방특산물 판로 개척 지원 등 각종 공익사업을 관련기관과 적극적으로 협의하고 있다.

03

주어진 보도자료의 제목으로 가장 어울리는 것을 고르면?

① 지하철역 상가 활성화 방안 마련 시급

② 서울지하철 공실 상가, 시민을 위한 서비스 공간으로 재탄생

③ 서울시민을 위한 지하철역 공간 개선을 위한 계획

④ 서울교통공사, 지하철역 공실 상가 문제 해결 방안

⑤ 서울역에 '이동노동자 쉼터' 개장

04

주어진 보도자료를 보고 알 수 있는 사실을 고르면?

① 서울교통공사는 과거에도 지하철역 내 상가 조성에도 적자를 면치 못했다.
② 서울교통공사에서 진행하는 사회기여형 상가 조성은 서울지역 공공기관만 참여할 수 있다.
③ 이 사업으로 지하철역이 붐비면 시민들의 불편이 가중되어 지하철 만족도가 떨어질 것이다.
④ 역 내 상가의 장기공실은 이용고객에게 불편함을 주었다.
⑤ 현재 이동노동자를 위한 공간을 역 내 제공하고 있다.

[05~06] 다음에 주어진 글을 보고 물음에 답하시오.

콜롬비아 앞바다 침몰 보물선 산호세: 인양과 소유권 분쟁

1796년 스페인 보물선 산호세는 에메랄드, 금, 은화 등 엄청난 양의 보물을 실은 채 콜롬비아 카르타헤나 항구를 출발했습니다. 하지만 며칠 후 폭풍을 만나 침몰하여 선원들과 함께 모든 보물이 바닷속으로 사라졌습니다. 산호세호 침몰 사건은 당시 세계에서 가장 값비싼 해난 사고로 기록되었습니다. 침몰된 보물의 가치는 오늘날 기준으로 우리 돈으로 27조 원에 달할 거라고 추정됩니다.

산호세호는 수세기 동안 바닷속에 잠겨 있었지만, 1980년대에 들어서 미국 민간 탐험가들에 의해 발견되었습니다. 따라서 미국은 산호세호에 대한 발견 비용 등을 이유로 소유권을 주장합니다. 반면, 콜롬비아 정부는 산호세호 침몰 지점이 콜롬비아 영해에 위치하기 때문에 침몰된 보물은 콜롬비아 정부의 국가 재산이라는 입장을 견지하고 있습니다. 콜롬비아는 1982년 유엔 해양법 협약에 따라 해안에서 200해리까지의 배타적 경제 수역(EEZ)을 설정했습니다. 산호세호 침몰 지점은 콜롬비아 해안에서 30해리 이내에 위치하기 때문에 콜롬비아 정부는 국제법에 따라 침몰된 보물에 대한 권리를 주장합니다. 또한, 콜롬비아 정부는 산호세호가 스페인 식민지 시대의 선박이지만, 콜롬비아 독립 이후로 콜롬비아 영토에 속했으며, 따라서 침몰된 보물도 콜롬비아의 국가 자산이라는 입장을 펼칩니다. 이러한 이유로 미국과 콜롬비아 간에 발생한 법적 분쟁으로 인해 인양 작업은 지연되고 있습니다.

이처럼 산호세호 인양과 관련하여 가장 큰 논쟁은 침몰된 보물의 소유권에 대한 것입니다. 콜롬비아 정부는 산호세호가 콜롬비아 영해에 침몰한 선박이기 때문에 보물은 콜롬비아 정부의 소유라는 입장입니다. 반면 미국은 인양 작업에 투자한 비용을 보상받을 권리가 있다고 주장합니다. 이러한 산호세호는 역사적, 문화적 가치가 매우 높은 유산입니다. 일부 전문가들은 침몰된 보물을 그대로 바닷속에 보존해야 한다고 주장하며, 인양 과정에서 유물이 손상될 수 있다는 우려를 표명합니다.

2023년 5월 콜롬비아 정부는 민간 탐험 회사와 협력하여 산호세호 인양 작업을 본격적으로 시작했습니다. 하지만 여전히 소유권 분쟁과 문화유산 보호 문제는 해결되지 않은 상태이며, 인양 작업의 미래는 불확실합니다. 또 스페인은 산호세호가 자국의 함대라는 이유로 인양의 권리를 주장하고 있습니다. 스페인은 산호세호와 침몰된 보물이 스페인의 역사와 문화를 보여주는 중요한 유산이라는 입장입니다. 또한, 산호세호의 금과 보석, 보물들은 스페인의 식민지였던 볼리비아, 페루 등지에서 채굴한 금, 은, 보석 등을 약탈한 것으로 그들도 소유권이 있다고 주장하고 있습니다.

05

주어진 글의 내용을 이해했을 때, 산호세호의 소유권을 주장하는 나라는 총 몇 나라인가?

① 2개국　　　　② 3개국　　　　③ 4개국

④ 5개국　　　　⑤ 6개국

06

주어진 글을 읽고, 이해한 내용으로 적절하지 않은 것을 고르면?

① 18세기에 스페인은 페루를 식민지로 삼아 보물을 약탈하고 있었다.

② 일부 전문가들은 산호세호 인양을 반대하고 있다.

③ 콜롬비아는 산호세호의 탐사를 이미 시작하였다.

④ 산호세호의 침몰 위치는 콜롬비아의 배타적 경제 수역 안에 있다.

⑤ 천문학적인 가치로 인정받은 산호세호는 국가 프로젝트로 발견되었다.

[07~08] 다음에 주어진 글을 보고 물음에 답하시오.

재즈의 역사: 흑인들의 고뇌와 희망이 담긴 음악

1. 뉴올리언스의 탄생(19세기 후반)

19세기 후반 미국 루이지애나 주 뉴올리언스는 다양한 인종과 문화가 공존하는 곳이었습니다. 이 곳에서 아프리카 노예들의 음악적 전통, 블루스, 래그타임, 행진곡 등이 혼합되어 초기 재즈가 형성되었습니다. 특히 딕실랜드 재즈는 밴드 형태로 연주되는 것이 특징이며, 코넷, 트롬본, 클라리넷 등의 금관악기와 밴조, 드럼 등이 주로 사용되었습니다. 루이 암스트롱, 킹 올리버, 젤리 롤 모튼 등이 대표적인 음악가입니다.

2. 시카고와 뉴욕에서의 발전(20세기 초)

20세기 초 재즈는 뉴올리언스를 넘어 시카고와 뉴욕으로 중심지를 옮겼습니다. 이곳에서 다양한 스타일의 재즈가 발전하고 새로운 음악적 실험이 이루어졌습니다. 1930년대 대중음악의 중심이었던 스윙 재즈는 빅밴드 형태의 대규모 앙상블과 빠른 템포, 춤추기에 적합한 리듬을 특징으로 합니다. 벤치 스위트, 카운트 베이시, 듀크 엘링턴 등이 대표적인 음악가입니다. 1940년대 후반 등장한 '비밥'은 복잡한 선율과 코드 진행, 빠른 템포, 자유로운 즉흥 연주를 특징으로 합니다. 찰리 파커, 디지 길레스피, 마일스 데이비스 등이 대표적인 음악가입니다.

3. 다양한 스타일의 등장(20세기 후반 이후)

20세기 후반 이후에는 모던 재즈, 프리 재즈, 쿨 재즈, 재즈 록 등 다양한 스타일의 재즈가 등장했습니다. 각 시대적, 사회적 배경 속에서 음악가들은 끊임없이 새로운 시도를 하고 발전을 이어갔습니다. 또한 재즈는 미국을 넘어 전 세계적으로 확산되었으며, 각 나라에서 독자적인 재즈 스타일을 발전시키기도 했습니다. 오늘날까지도 재즈는 다양한 형태로 진화하며 많은 사람들에게 사랑받고 있습니다.

4. 재즈의 특징

'즉흥성'은 재즈 음악의 중요한 요소입니다. 연주자들의 자유로운 즉흥 연주가 재즈의 가장 중요한 특징입니다. 악보에 정해진 대로 연주하는 것이 아니라, 그 순간의 영감에 따라 음악을 창조해나가는 과정이 재즈의 매력입니다. '블루 노트'는 슬픔과 갈망을 표현하는 음정으로, 재즈 음악에 특유한 감성을 더합니다. '폴리리듬'으로 인해 여러 리듬의 동시적인 연주는 재즈 음악에 복잡하고 역동적인 느낌을 선사합니다. '콜 앤 리스폰스'의 두 명 이상의 연주자가 서로 질문하고 답변하는 형식의 연주는 재즈 음악에 상호작용과 생동감을 더합니다.

5. 재즈의 의미

재즈는 단순한 음악적 장르를 넘어 흑인들의 고뇌와 희망을 담은 문화입니다. 억압과 차별 속에서도 자유와 창의성을 추구했던 흑인들의 정서가 재즈 음악에 담겨 있습니다. 또한 재즈는 다양한 문화와 교류하며 발전해 온 세계적인 음악이기도 합니다. 오늘날에도 재즈는 전 세계 사람들에게 영감을 주고 있으며, 문화적 다양성과 인간의 자유로운 표현을 상징하는 음악으로 자리 잡았습니다.

07

주어진 글을 본 사람들의 반응으로 내용을 바르게 이해한 사람을 모두 고르면?

> A: 재즈를 악보에 따라서만 연주한다면 재즈만의 느낌을 살리기 어려울 거야.
> B: 재즈는 흑인들의 정서를 담아 시작된 음악이군.
> C: 스윙 재즈는 피아노 한 대만으로도 조촐하게 연주할 수 있는 멋이 있어.
> D: 20세기 초 뉴올리언스는 새로운 재즈의 중심지가 되었어.
> E: 19세기 뉴올리언스는 흑인 문화가 중심이 되어 주류를 이루는 곳이었어.

① A, B   ② A, C   ③ B, E

④ A, B, C   ⑤ A, B, E

08

주어진 글을 읽고, 이해한 내용으로 적절하지 않은 것을 고르면?

① 재즈 음악은 흑인들의 자유와 창의의 정서를 담고 성장한 음악이다.

② 재즈 음악은 미국을 중심으로 발전하여 그들의 독자적인 음악으로 발전하였다.

③ 현재 재즈 음악은 세분화된 장르로 다양하게 발전되어 왔다.

④ 재즈 음악은 상호 작용에 의해 연주되기도 한다.

⑤ 루이 암스트롱은 뉴올리언스에서 재즈가 가장 성행했던 시절 대표 음악가이다.

[09~10] 다음에 주어진 우리나라 물가지수에 관한 자료를 보고, 물음에 답하시오.

[표1] 분기별 신선 품목 소비자 물가지수

(단위: 2020=100)

시도별	품목별	2023.1/4	2023.2/4	2023.3/4	2023.4/4	2024.1/4	2024.2/4
전국	신선식품	115.71	112.08	125.04	125.12	136.53	130.09
	신선어개	111.10	111.43	109.32	110.98	112.77	110.21
	신선채소	116.69	105.41	121.65	118.40	129.22	112.50
	신선과실	118.06	119.64	140.14	142.58	161.63	163.27
	신선식품제외	110.08	110.95	111.62	112.40	112.74	113.35

[표2] 분기별 총지수 및 생활물가지수

(단위: 2020=100)

시도별	품목별	2023. 1/4	2023. 2/4	2023. 3/4	2023. 4/4	2024. 1/4	2024. 2/4
전국	총지수	110.31	111.02	112.14	112.89	113.63	113.98
	생활물가지수	112.09	112.90	114.41	115.39	116.17	116.46
	식품	115.77	116.95	119.62	120.29	121.76	121.55
	식품 이외	109.83	110.42	111.25	112.41	112.79	113.37
	전월세	103.89	103.76	103.64	103.71	103.77	103.89
	생활물가 이외	109.49	110.29	111.21	111.85	112.72	113.22
	전·월세포함 생활물가지수	110.79	111.44	112.69	113.51	114.18	114.44

09

주어진 자료를 보고 해석한 내용으로 바른 것을 모두 고르면?

> ㉠ 2023년 분기별 식품 전체 평균 물가는 계속 상승하였다.
> ㉡ 2024년 1분기 신선과실 소비자 물가지수는 전년 동분기 대비 33% 이상 상승하였다.
> ㉢ 2023년 신선식품 소비자 물가가 내린 분기에는 전월세 물가도 내렸다.
> ㉣ 2024년 2분기 신선 품목 중 2020년을 기준으로 가장 물가가 적게 오른 품목은 신선어개이다.

① ㉠, ㉡

② ㉢, ㉣

③ ㉠, ㉢, ㉣

④ ㉡, ㉢, ㉣

⑤ ㉠, ㉡, ㉢, ㉣

10

주어진 [표2]를 이용하여 총지수와 생활물가지수의 분기별 증감 [그래프]를 작성하였다. 이때 올바르게 작성된 [그래프]를 고르면?

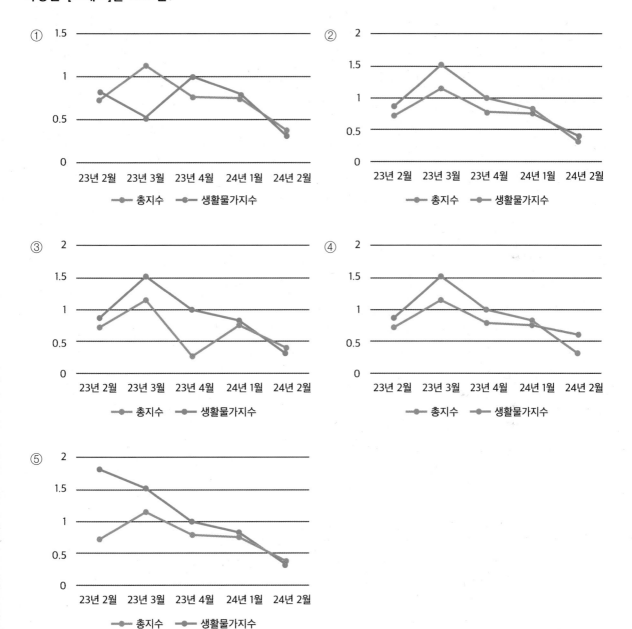

[11~12] 다음에 주어진 우리나라 사교육 비용에 관한 자료를 보고, 물음에 답하시오.

[표1] 2018년 사교육 항목별 평균 비용

(단위: 명, 만 원)

구분		응답자수	평균
전체	소계	2,797	31.66
아동성별	남자	1,449	30.96
	여자	1,348	32.40
아동연령별	6~8세	579	19.63
	9~11세	743	32.67
	12~17세	1,476	35.86
표본별	일반	2,644	32.98
	수급	153	8.77
소득계층별	중위소득 50% 미만	267	19.40
	중위소득 50~100% 미만	942	25.29
	중위소득 100~150% 미만	1,146	34.94
	중위소득 150% 이상	409	45.72
	무응답	33	24.11
지역별	대도시	1,199	34.40
	중소도시	1,426	31.12
	농어촌	172	16.94
가구유형별	양부모	2,599	32.91
	한부모, 조손	198	15.16
맞벌이 여부별	외벌이	1,362	31.31
	맞벌이	1,380	32.97
	기타	55	7.21

[표2] 2018년 사교육 유형별 평균 비용

(단위: 명, 만 원)

구분	응답자수	평균
학원(예체능 제외)	1,734	34.0
예체능 학원	1,029	14.3
개인그룹과외	171	38.3
학습지	621	7.9
방과후 교실(학교 내)	425	6.4
방과후 교실(학교 외)	84	3.0
친인척	17	16.0
이웃이나 아이 돌보미	2	10.0
기타	16	4.2

11

주어진 2018 사교육 자료를 보고 해석한 내용으로 바르지 않은 것을 모두 고르면?

> ㉠ 중위소득이 높을수록 평균 사교육 비용이 높아진다.
> ㉡ 농어촌의 경우 대도시 사교육비의 절반이 되지 않는다.
> ㉢ 학원(예체능 제외) 사교육비는 학습지 사교육비의 5배가 넘는다.
> ㉣ 아동의 연령이 높을수록 사교육비도 높아진다.

① ㉡

② ㉢

③ ㉠, ㉢

④ ㉡, ㉣

⑤ ㉢, ㉣

12

주어진 자료에서 학교 내외 방과후 교실 응답자 전체가 2018년 소비한 방과후 사교육비의 총액을 계산하여 고르면?

① 2,972만 원

② 2,982만 원

③ 2,994만 원

④ 3,012만 원

⑤ 3,052만 원

[13~14] 다음에 주어진 우리나라 세수 및 국세 징세비에 관한 자료를 보고, 물음에 답하시오.

[표1] 우리나라 국세청 소관 세수 현황

(단위: 억 원, %)

시점	국세	국세청세수	일반회계	특별회계	구성비
2019	2,934,543	2,844,127	2,781,488	62,639	96.9
2020	2,855,462	2,772,753	(㉠)	80,567	97.1
2021	3,440,782	3,344,714	3,242,768	101,946	97.2
2022	3,959,393	3,842,495	3,748,346	(㉡)	97.0
2023	3,440,711	3,356,723	3,266,503	90,220	97.6

*국세청세수=일반회계+특별회계
*구성비=(국세청세수/국세)*100

[표2] 우리나라 국세 징세비 현황

시점	국세청세수 (억 원)	징세비 (백만 원)	정원 (명)	1인당 세수 (백만 원)	1인당 징세비 (백만 원)	세수 100원당 징세비(원)
2019	2,844,127	1,712,157	19,947	14,258	86	0.60
2020	2,772,753	1,739,673	20,184	13,737	86	0.63
2021	3,344,714	1,800,663	20,932	15,979	86	0.54
2022	3,842,495	1,900,294	20,825	18,451	91	0.49
2023	(㉢)	1,893,573	20,666	16,243	92	0.56

13

주어진 2019년~2023년 우리나라 세수 및 국세 징세비에 관한 자료를 보고, 바른 것을 고르면?

① 만약 [표]에서 2023년 특별회계 금액이 늘어난다면 그 해 구성비는 줄어들 것이다.

② 우리나라 징세비는 5년간 계속 늘었다.

③ 2020년 우리나라 국세는 30조 원이 넘지 않았다.

④ 5년간 세수 100원당 징세비는 항상 0.5원을 넘었다.

⑤ 5년간 1인당 징세비는 감소한 적이 없었다.

14

[표]에 들어갈 ㉠, ㉡, ㉢으로 알맞은 수를 모두 알맞게 고르면?

	㉠	㉡	㉢		㉠	㉡	㉢
①	2,567,123	94,149	3,231,123	②	2,692,186	94,149	3,356,723
③	2,567,123	93,121	3,356,723	④	2,567,123	93,121	3,356,723
⑤	2,692,186	94,149	3,231,123				

[15~16] 다음에 주어진 2023년 우리나라 귀농가구에 관한 자료를 보고, 물음에 답하시오.

[표1] 2023년 성별 및 연령별 귀농가구원

(단위: 명)

연령별	성별	귀농가구원수	귀농인수	동반가구원수
계	계	13,680	10,540	3,140
	남자	8,231	6,899	1,332
	여자	5,449	3,641	1,808
0~39세	계	2,449	1,142	1,307
	남자	1,438	804	634
	여자	1,011	338	673
40~49세	계	1,448	1,229	219
	남자	878	791	87
	여자	570	438	132
50~59세	계	4,034	3,356	678
	남자	2,196	1,987	209
	여자	1,838	1,369	469
60~69세	계	4,655	3,940	715
	남자	3,049	2,729	320
	여자	1,606	1,211	395
70세 이상	계	1,094	873	221
	남자	670	588	82
	여자	424	285	139

[표2] 2018년 성별 및 연령별 귀농가구원

(단위: 명)

연령별	성별	귀농가구원수	귀농인수	동반가구원수
계	계	17,856	12,055	5,801
	남자	10,463	8,265	2,198
	여자	7,393	3,790	3,603
0~39세	계	4,233	1,365	2,868
	남자	2,485	1,024	1,461
	여자	1,748	341	1,407
40~49세	계	2,613	2,028	585
	남자	1,512	1,352	160
	여자	1,101	676	425
50~59세	계	5,729	4,502	1,227
	남자	3,126	2,871	255
	여자	2,603	1,631	972
60~69세	계	4,199	3,403	796
	남자	2,763	2,509	254
	여자	1,436	894	542
70세 이상	계	1,082	757	325
	남자	577	509	68
	여자	505	248	257

15

주어진 2023년 및 2018년 귀농가구에 관한 자료를 보고 해석한 내용으로 바른 것을 모두 고르면?

㉠ 귀농인수는 5년 전보다 2,000명 이상 줄었다.

㉡ 모든 연령대에서 5년 전보다 귀농가구원수가 줄었다.

㉢ 2023년 및 2018년 귀농인수는 모든 연령대에서 남자가 여자보다 많다.

㉣ 2023년 동반가구원수 중 여성의 수는 5년 전의 절반 이하로 줄었다.

---

① ㉡

② ㉢

③ ㉣

④ ㉠, ㉡

⑤ ㉡, ㉢

16

주어진 [표]의 일부를 이용하여 [그래프]를 만들었다. 이때 잘못된 [그래프]를 고르면?

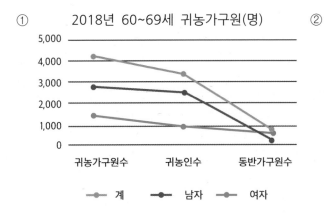

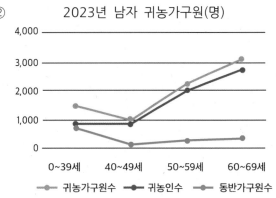

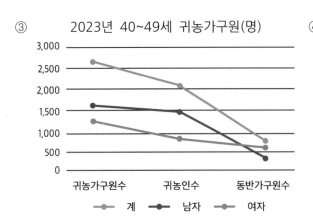

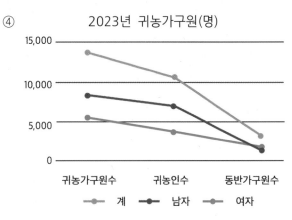

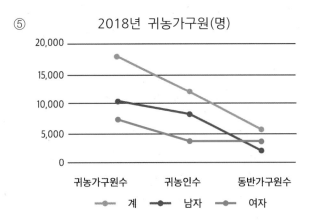

[17~18] 주어진 대회의실 사용 가이드와 다음 주 회의실 예약 현황을 보고 물음에 답하시오.

[대회의실 사용 가이드]

- 대회의실을 사용할 때는 적어도 30분 전에 회사 사이트를 통해서 예약을 하고 이용해 주세요.
- 예약은 최소 1시간 단위로 할 수 있고, 한 번 예약에 최대 2시간까지 사용이 가능합니다.
- 대회의실 사용 후에는 반드시 자리정돈 및 환기를 해주세요.
- 12시부터 13시까지 점심식사를 위해서만 사용이 가능하고 사용 후에는 청소 및 환기를 해주세요.
- 한 사람이 대회의실을 하루에 2번까지 예약할 수 있지만, 앞뒤로 2번 연속 예약할 수 없습니다.
- 연속해서 2시간 초과로 사용이 필요할 때는 다른 회의실을 이용해 주세요.

[다음 주 대회의실 예약 현황]

시간	월요일	화요일	수요일	목요일	금요일
9시~10시			오 대리		
10시~11시	황 과장			황 과장	박 부장
11시~12시	황 과장			황 과장	
12시~13시(점심)					
13시~14시	노 과장	노 과장	노 과장	노 과장	노 과장
14시~15시					
15시~16시	유 주임	유 주임	유 주임	오 대리	박 부장
16시~17시				오 대리	박 부장
17시~18시					

17

주어진 대회의실 이용 및 예약 정보를 보고 틀린 것을 고르면?

① 대회의실은 한 번에 2시간을 초과하여 사용할 수 없다.
② 다음주 금요일 박 부장은 대회의실 예약 규정을 위반하여 예약했다.
③ 대회의실을 사용하기 위해서는 사전 예약이 필수이다.
④ 12시에 대회의실에서 회의를 하는 것은 불가능하다.
⑤ 누군가 다음주 오후에만 회의실을 예약한 사람이 있다.

18

주어진 메시지를 보고 오 대리가 보낼 답변의 내용으로 가능하지 않은 것을 고르면?(단, 이후 다음 주 대회의실 예약이 추가되거나 변경된 내용은 없다.)

[마케팅팀 홍 대리 메시지]

안녕하세요. 오 대리님.

이번 신규 상품 마케팅을 위해서 다음주 중 미팅을 하고 싶습니다. 신규 상품의 특장점 및 기존과 다른 부분이 궁금합니다. 또한 경쟁사 대비 강점 위주로 설명하여 주시면 신상품 마케팅에 큰 도움이 될 것 같습니다. 다음주 제가 오후에 외근이 많아서 가급적이면 오전 시간대에 약 2시간 정도 미팅이 필요할 것 같습니다. 혹시 오후일 경우 조율해야 할 것 같습니다. 장소는 대형모니터를 보면서 회의를 진행해야 해서 대회의실에서 해야 할 것 같습니다. 이점 고려하시어 미팅 시간을 정해주시면 가급적 맞추도록 하겠습니다. 또한 대회의실 사용 예약이 많은 관계로 시간 정하시고 바로 예약하여 주시면 감사하겠습니다.

고맙습니다.

---

① 다음 주 화요일 10시부터 12시까지 대회의실을 예약했습니다. 이때 뵙겠습니다.

② 다음 주 오전은 수요일까지 다른 업무가 있습니다. 혹시 금요일 오전에 1시간 미팅은 어떠세요?

③ 다음 주 저의 스케줄과 대회의실 예약 시간이 맞지 않습니다. 혹시 이번 주는 어떠세요?

④ 제가 다음 주 수요일 10시부터 12시까지 예약했습니다. 이때 가능하신가요?

⑤ 오전에는 우리팀 일정상 미팅이 불가합니다. 오후에 월~수 중 2시간 회의 어떠세요?

[19~20] 서해 A 펜션의 이용료에 관한 자료이다. 이를 보고 물음에 답하시오.

[펜션 1일 이용료]

구분	주중	주말	성수기
침대 2인실	50,000원	60,000원	80,000원
온돌 2인실	60,000원	70,000원	100,000원
침대 4인실	70,000원	100,000원	120,000원
온돌 4인실	80,000원	110,000원	130,000원
침대 8인실	100,000원	120,000원	150,000원
온돌 8인실	120,000원	140,000원	200,000원

*주말은 금요일과 토요일 숙박, 토요일과 일요일 숙박을 말하고, 성수기는 7월~8월을 말한다.
*객실의 정원을 초과하여 숙박할 수 없다.

[부대시설 이용료]

구분	이용료	이용기준
숯	30,000원	무제한
수영장	20,000원	무제한
조식	10,000원	1인 기준
바비큐장	30,000원	5시~10시

[환불 규정]

예약일 기준	예약일~1일 전	2일 전 ~3일 전	4일 전~6일 전	7일 전
환불	20%	50%	80%	100%

19

아래 문의사항을 보고 예상되는 총 펜션 이용 비용을 고르면?

[문의사항]

> 안녕하세요. 가족모임으로 펜션을 이용하려고 합니다. 인원은 총 8명이고, 7월 25일부터 7월 26일까지 1박을 하려고 합니다. 어른들은 온돌방을 이용하신다고 합니다. 총 3명이십니다. 나머지는 침대방을 원해서 어른방 1개, 그 외 1개의 방으로 총 2개 방을 결제했습니다. 제가 메시지를 드린 이유는 펜션 부대시설 이용 가격이 궁금해서입니다. 아침 일찍 주변 식당이 문을 여는 곳이 없어서 모두 조식을 펜션에서 해결하려고 합니다. 또한 바비큐장 사용 및 숯 사용이 필요하고, 수영장은 5명 사용할 예정입니다. 이와 관련하여 상세한 가격을 알고 싶습니다.

① 450,000원　　　② 480,000원　　　③ 500,000원

④ 520,000원　　　⑤ 550,000원

20

위 문제에서 가족 모임이 취소되어 예약 5일 전에 예약을 취소하였다. 이때 받을 수 있는 환불 금액을 고르면?

① 56,000원　　　② 140,000원　　　③ 224,000원

④ 250,000원　　　⑤ 280,000원

[21~22] 전차 부품 도금 생산관리팀에서 근무하는 홍 대리는 비용을 절감하기 위해 최근 개선된 생산 공정의 기능성 평가를 진행하려고 한다. 이를 보고 물음에 답하시오.

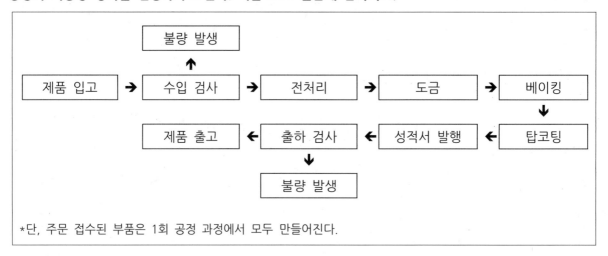

*단, 주문 접수된 부품은 1회 공정 과정에서 모두 만들어진다.

[표1] 단계별 불량률

(단위: %)

단계	1회 공정당 불량률
수입 검사	10
출하 검사	20

[표2] 단계별 투입 비용

(단위: 분)

단계	부품 1개 공정 작업 시 걸리는 시간	
	개선 전	개선 후
제품 입고	90	55
수입 검사	135	60
전처리	90	80
도금	300	255
베이킹	285	230
탑코팅	270	220
성적서 발행	160	150
출하 검사	140	100
제품 출고	75	70

21

이 업체에서 공정 개선을 하고 첫 번째 달에 총 30개의 부품을 출고하였다. 이때 공정 개선으로 단축한 시간이 총 얼마인지 계산하여 고르면?(단, 불량 발생 수량은 고려하지 않는다.)

① 160시간
② 162.5시간
③ 165시간
④ 180시간
⑤ 180.5시간

22

수입 검사에서 발생한 불량품은 모두 고객사에 반품 처리하고, 출하 검사에서 발생한 불량품은 모두 폐기 처분한다. 지난해 300개의 부품을 입고했다고 할 때 이때 폐기 처분되는 부품의 개수를 고르면?

① 45개
② 48개
③ 50개
④ 52개
⑤ 54개

[23~24] 다음은 인터넷쇼핑몰인 A업체에 대해 자주하는 고객의 질문을 정리한 목록이다. 주어진 자료를 보고 물음에 답하시오.

자주하는 고객 질문 목록

1. 출고가 지연된다는 알림을 받았어요.
2. 휴일에도 상품을 받을 수 있나요?
3. 화면에서 판매가격이 낮은 순서대로 상품을 보고 싶어요.
4. 평균 배송 기간이 궁금합니다.
5. 따로 결제했는데 묶음 배송이 가능한가요?
6. 배송 완료된 상품을 받지 못했어요.
7. 택배사 연락처를 알고 싶어요.
8. 교환일 경우 배송비는 누가 부담하나요?
9. 상품 근접 이미지 등 화면에서 상세 정보를 볼 수 있나요?
10. 판매자가 직접 취소할 수 있나요?
11. 비밀번호를 변경하고 싶어요
12. 입금을 했는데 결제 금액보다 많은 금액을 입금했습니다.
13. 상품 일부가 오지 않았습니다.
14. 회원 탈퇴 시, 개인 정보는 모두 삭제되나요?
15. 택배 송장 정보를 볼 수 없어요.
16. 상품 수령 후, 구매 확인까지 한 상태인데 교환이 가능한가요?
17. 빠른 배송을 선택하면 며칠 내에 오나요?
18. 여러 개의 물품을 구매했는데 함께 결제할 수 있나요?

23

홈페이지 개편에 따라 자주하는 질문들을 카테고리로 나누어 정리해서 AI를 이용한 답변 서비스를 하려고 한다. 이때 카테고리와 연결이 잘못된 것을 고르면?

카테고리	항목
배송	1, 2, 4, 6, 7, 13, 15, 17
교환/반품/취소	8, 10, 16
주문/결제	5, 12, 18
회원 정보/홈페이지	3, 9, 11, 14

① 1.　　　　　② 3.　　　　　③ 5.
④ 12.　　　　　⑤ 14.

24

배송 관련 질문이 많아서 세부 항목으로 나누었을 때, ㉠에 들어갈 수로 적당한 것을 고르면?

카테고리	배송	질문 수
배송 기간	( )	( )
택배사	7, 15	2개
지연	( )	( )
미배송	( )	(㉠)
휴일 배송	( )	( )
묶음 배송	( )	1개

① 1개   ② 2개   ③ 3개

④ 4개   ⑤ 5개

[25~26] 총무팀 박 대리는 신규 직원용 PC를 구입하려고 한다. 주어진 자료는 최근 가장 많이 팔리는 PC제품의 대한 평가표이다. 이를 바탕으로 물음에 답하시오.

[표] 최신 인기 PC 평가표

제품	정가	성능	브랜드	디자인	무상 보증	윈도우
가	80만 원	C	D	A	없음	포함
나	100만 원	B	A	A	없음	포함
다	110만 원	A	A	C	3년	미포함
라	90만 원	A	B	B	2년	미포함
마	70만 원	D	C	A	1년	미포함

*정가는 70만 원 이하 5점 만점으로 15만 원 증가 시마다 1점씩 감점이 된다.
*무상 보증은 1년에 2점씩 가산한다. 윈도우 포함 시 5점을 가산한다.
*A는 5점, B는 4점, C는 3점, D는 2점, E는 1점으로 계산한다.

25

주어진 평가표를 보고 평가점수를 계산했을 때 가장 점수가 높은 제품을 고르면?

① 가   ② 나   ③ 다

④ 라   ⑤ 마

26

박 대리는 신규 직원용 PC 구입과 관련하여 팀장님에게 다음과 같은 피드백을 받았다. 이에 따라 박 대리가 올릴 품의서의 총 비용을 계산하여 고르면?

[피드백]

> 박 대리, 이번 신규 직원용 PC는 동영상 작업 등 고사양이 필요한 업무가 많으니, 성능 등급 B 이상, 무상 보증 1년 이상인 제품 중에서 점수가 가장 높은 PC를 구매해 주세요. 또한 다음 달에도 같은 업무를 담당할 추가 인원이 채용될 계획이니 한 대 더 구매해 주시고, 지금 A인터넷몰에서 10% 할인 행사를 하고 있으니 할인받아 구매할 수 있도록 해주세요. 총 구매비용을 계산하여 품의서를 이번 주까지 올려주세요.

① 144만 원   ② 162만 원   ③ 192만 원

④ 198만 원   ⑤ 210만 원

[27~28] 서울교통공사 신입 사원 공채 평가 점수에 대한 자료이다. 이를 보고 물음에 답하시오.

[표1] 신입사원 평가 기본 점수

(단위: 점)

지원자	창의성	대응성	책임감	진취성
A	80	80	85	75
B	75	90	90	65
C	85	80	80	90
D	75	85	70	90
E	60	85	95	75

[표2] 부서별 선호 역량 기준(환산 비율)

발령 우선순위	창의성	대응성	책임감	진취성
1순위 총무팀	1배	3배(★)	2배	2배
2순위 인사팀	1배	3배	3배(★)	1배
3순위 시설팀	1배	2배	4배(★)	1배
4순위 운영팀	1배	2배	2배	3배(★)
5순위 홍보팀	3배(★)	1배	1배	3배

*각자의 항목별 점수에서 부서별 환산 비율을 곱해서 합산한 점수로 평가한다.
*우선 순위가 높은 부서부터 점수를 환산하여 가장 높은 지원자를 1명씩 순차적으로 뽑는다.
*환산 점수가 아무리 높아도 (★)항목의 기본 점수가 80점 이하면 채용하지 않는다. 이 경우 다음 높은 점수를 얻은 지원자를 채용한다. 동점 시 (★)항목의 점수가 높은 지원자를 채용한다.

27

B가 배치되는 부서를 고르면?

① 총무　　　　　　② 인사　　　　　　③ 설비

④ 설계　　　　　　⑤ 마케팅

28

인사팀에 배치되는 지원자를 고르면?

① A　　　　　　② B　　　　　　③ C

④ D　　　　　　⑤ E

[29~30] 다음은 어떤 전자 부품의 시리얼 넘버 규정에 대한 자료이다. 이를 보고 물음에 답하시오.

3자리		4자리			4자리	2자리	3자리
공장 번호		모델 번호			생산 월일	생산 연도	일련 번호
국가코드	공장 고유번호	시리즈 번호	제품 고유 번호				
23 미국	C 1공장	1 100	00e	110e			
	A 2공장		4ce	114ce			
27 베트남	G 1공장	2 200	000	210			
	T 2공장						
	X 3공장		00e	210e			
12 멕시코	P 1공장	3 200S	0ce	201ce			
	O 2공장		0ce	210ce'			
44 한국	W 1공장		4ce	214ce'			
	R 2공장	4 600	000	610			
43 홍콩	S 1공장		200	612			
	N 2공장						
46 중국	D 1공장		20e	612e			
	H 2공장		4ce	614ce			
	K 3공장	5 700	000	714			
57 인도	E 1공장		60e	716e			
	Y 2공장		6ce	716ce			
61 이집트	F 1공장	6 800	4ce	814ce			
	U 2공장		80e	818e			

예시)
2024년 8월 12일 한 개의 공장에서 100번째로 생산된 부품
0812-24-100

29

다음 중 시리얼 넘버가 46H420e060622123인 부품에 대한 설명으로 옳지 않은 것을 고르면?

① 600시리즈이고 모델 번호는 612e이다.
② 2006년에 생산된 부품이다.
③ 중국 2공장에서 생산한 부품이다.
④ 6월에 생산된 부품이다.
⑤ 생산된 날 123번째로 생산된 부품이다.

30

인도 1공장에서 2024년 3월 12일 기계 결함으로 이날 생산한 제품 중 불량품 입고가 늘고 있다. 이에 따라 이날 이 공장에서 생산한 부품 중 처음 100개까지 결함이 있을 것으로 예상하고 그 부품을 구입한 고객에게 이에 대한 안내를 하려고 할 때 주어진 고객 정보에서 연락을 해야 하는 사람은 총 몇 명인지 고르면?

구매자	시리얼 넘버	구매자	시리얼 넘버
서준철	57E560e031224101	고현미	57E56ce031324011
김보민	12P200e051223006	장지수	46H34ce021324088
김주리	57Y560e031224101	하진우	57E56ce031224011
박희준	57E5000031224140	강주리	44W14ce041324091
조아란	57E560e031223044	최현석	57E560e031224040
송희지	57E560e031224099	박준후	43S560e031224099
정진주	57E56ce031223088	김하린	57Y56ce031223088
성보라	57E30ce031224199	이의진	57E56ce031224088
김하성	57Y56ce031223188	이주만	57Y56ce041223188
정준호	57E56ce031224140	김하윤	57E560e031424099
박현주	57Y560e041223188	장경민	57Y560e031224099

① 1명   ② 2명   ③ 3명

④ 4명   ⑤ 5명

31

다음 중 수치화된 문서를 작성하고 편집하기에 적합한 업무 소프트웨어를 고르면?

① 워드프로세서　　　　② 스프레트시트　　　　③ 프리젠테이션

④ 파일 압축 유틸리티　　⑤ PDF 편집기

32

다음 중 개인 정보를 유출하지 않게 하기 위한 방법으로 옳지 않은 것을 고르면?

① 불필요한 계정의 가입 해지 후 정보 파기 여부를 확인해야 한다.
② 회원 가입 시 이용 약관을 꼼꼼히 살펴본다.
③ 개인 정보 유출을 예방하기 위해 가급적 한 사이트보다는 여러 사이트를 이용해 사용을 분산한다.
④ 불편하더라도 비밀번호를 정기적으로 교체한다.
⑤ 단순하고 알기 쉬운 비밀번호는 쓰지 않는다.

33

주어진 자료는 자기 관리의 5단계를 나타낸 것이다. 이 중 각 단계에 들어갈 만한 것으로 적절하지 않은 것은?

1단계	비전 및 목적 정립
2단계	과제 발견
3단계	일정 수립
4단계	수행
5단계	반성 및 피드백

① 1단계에서 자신에게 가장 중요한 것이 무엇인지 파악한다.
② 2단계에서 자신의 역할에 따른 활동 목표를 정한다.
③ 3단계에서 하루, 주간, 월간으로 나누어 단기, 중기, 장기적 관점의 계획을 수립한다.
④ 4단계에시 수행힌 결괴를 분석한다.
⑤ 5단계에서 수행 결과를 피드백해보고 개선점을 수정해 간다.

34

이번 교육에서 사원들의 '경력 개발을 위한 계획 수립'이라는 주제로 교육을 실시하였다. 다음은 교육에서 제시된 경력 개발의 5단계를 시각화한 것이다. 교육 후 각 사원들은 단계별 내용을 리뷰해 보는 시간을 가졌다. 이때 적절하지 않은 답변을 한 사람을 고르면?

1단계: 직무 정보 탐색
2단계: 자신과 환경 이해
3단계: 경력 목표 설정
4단계: 경력 개발 전략 수립
5단계: 실행 및 평가

---

① A: '직무 정보 탐색'에서 관심 직무에서 요구하는 능력과 자질을 파악하는 것이 중요합니다.

② B: '자신과 환경 이해'는 직무 관련 환경의 기회와 장애 요인을 파악해야 합니다.

③ C: '경력 목표 설정'에서는 10년 이상의 장기적 관점의 목표를 세워야 합니다.

④ D: '경력 개발 전략 수립'에서는 현재 직무의 성공적 수행을 위한 계획이 수립되어야 합니다.

⑤ E: '실행 및 평가'는 실행 후 경력 목표 및 전략을 수정하는 시간을 가져야 합니다.

35

리더십의 핵심 개념 중 하나인 '임파워먼트'는 '권한 위임'이라고도 한다. 임파워먼트란 '조직성원들을 신뢰하고, 그들의 잠재력을 믿으며, 그 잠재력의 개발을 통해 고성과 조직이 되도록 하는 일련의 행위'로 정의할 수 있다. 이 임파워먼트가 잘 발휘되는 조직원들이 느끼는 생각으로 다른 것을 고르면?

① 나는 정말로 도전하고 있고 나는 계속해서 성장하고 있다.

② 우리 조직에서는 아이디어가 존중되고 있다.

③ 우리 모두 대단한 사람들이며, 다 같이 협력해서 승리하고 있다.

④ 내가 하는 일은 재미가 있다.

⑤ 나의 일은 작은 부분이지만, 팀 전체에 좋은 영향을 주고 있다.

36

고객센터에서 업무 중인 오 대리는 예약이 취소된 고객으로부터의 강한 컴플레인을 처리하기 위해 고객과 통화를 하고 있다. 이때 그가 취해야 할 올바른 태도가 아닌 것을 고르면?

① 항의가 길어지지 않도록 말을 돌려서 신속한 처리를 약속하고 기다리는 다음 고객을 응대한다.

② 중간중간 고객의 항의에 공감을 표시하는 표현을 한다.

③ 문제에 대한 신속한 해결을 약속하고 재발 방지에 대한 후속 조취를 설명한다.

④ 고객의 이야기를 듣고 문제점에 대한 인정과 잘못된 부분에 대해 사과한다.

⑤ 불만 처리 후 고객에게 처리 결과에 만족하는지를 물어본다.

37

직장 생활을 하다 보면 동료들과 생활하면서 또는 외부 거래처와 협력하면서 예의에 맞춰 행동하면서 사회생활을 하기 마련이다. 다음 중 올바른 예절의 의미가 아닌 것을 고르면?

① 예절이란 오랜 생활 습관을 통해 관습적으로 행해지는 사회계약적인 생활 규범이다.

② 예절의 기본은 남에게 폐를 끼치지 않는 것이다.

③ 예절은 남에게 호감을 주는 행위이다.

④ 예절은 남을 존중하고 존경하는 마음에서 비롯된다.

⑤ 예절은 문화권이 달라도 본질과 방식이 같은 것이다.

38

업무 중 전화를 받을 때의 예절로 적절하지 않은 것을 고르면?

① 전화벨이 3~4번 울리기 전에 받는다.

② 당신이 누구인지를 즉시 말한다.

③ 말을 할 때 가급적 상대방의 이름을 사용하지 않는다.

④ 언제나 펜과 메모지를 곁에 두어 메시지를 받아 적을 수 있도록 한다.

⑤ 주위의 소음을 최소화한다.

39

다음 중 기술 시스템의 발전 4단계의 순서로 알맞은 것을 고르면?

㉠ 기술 이전의 단계
㉡ 기술 공고화 단계
㉢ 기술 경쟁의 단계
㉣ 발명, 개발, 혁신의 단계

	1단계	2단계	3단계	4단계
①	㉠	㉡	㉢	㉣
②	㉡	㉢	㉣	㉠
③	㉢	㉣	㉡	㉠
④	㉣	㉠	㉢	㉡
⑤	㉣	㉢	㉡	㉠

40

다음 중 기술 선택을 위한 우선순위 사항으로 옳지 않은 것을 고르면?

① 제품의 성능이나 원가에 미치는 영향력이 큰 기술

② 기술을 활용한 제품의 매출과 이익 창출 잠재력이 큰 기술

③ 최신 기술로, 진부화될 가능성이 적은 기술

④ 기업이 생산하는 제품 및 서비스에 활용할 수 있는 범위가 넓은 기술

⑤ 쉽게 구할 수 있는 기술

정답과 해설

합격

정답과 해설 1회 NCS 실전모의고사

정답표									
01	**02**	**03**	**04**	**05**	**06**	**07**	**08**	**09**	**10**
②	④	⑤	②	②	②	⑤	③	③	①
11	**12**	**13**	**14**	**15**	**16**	**17**	**18**	**19**	**20**
⑤	③	①	②	①	②	②	②	②	④
21	**22**	**23**	**24**	**25**	**26**	**27**	**28**	**29**	**30**
①	②	⑤	⑤	①	⑤	⑤	⑤	③	③
31	**32**	**33**	**34**	**35**	**36**	**37**	**38**	**39**	**40**
③	①	③	①	③	③	③	⑤	②	④

| 해설 |

01 ②

㉠ 12번째 줄과 16번째 줄에서 확인할 수 있다.

㉡ 13번째 줄에서 4호선 혼잡도는 186%에서 167%로 감소할 것이라고 하였다.

㉢ 20번째 줄에서 확인할 수 있다.

㉣ 끝에서 6번째 줄을 보면 9호선 증차의 효과로 평일 출·퇴근시간대 평균 배차 간격은 3.6분에서 3.1분으로 단축된다고 했다. 따라서 배차 간격은 30초 단축된다.

㉤ 마지막 문단을 보면 확인할 수 있다.

02 ④

④ ✕

7호선에서 혼잡도가 가장 높은 구간은 어린이대공원역에서 건대입구역 구간으로 시간은 등교 및 출근 시간대인 08:00~08:30이다.

① ○

4호선에서 가장 혼잡도가 높은 구간은 성신여대입구역부터 한성대입구역까지이다. 따라서 4호선 구간 중 혼잡도가 가장 높은 구간에는 대학 주변 역이 속한다.

② ○

최근 김포공항을 중심으로 5개 철도노선 '5호선', '9호선', '공항철도', '김포골드라인', '서해선'이 환승하는 이유로 9호선의 혼잡도가 가중된다고 하였다.

③ ○

오는 7일 서울 지하철 기본요금이 150원 인상된다고 하였다.
⑤ ○
전동차는 예비주행 및 본선 시운전 후에 철도차량 완성검사필증 발급에 통상 4주가 걸리고, 철도안전관리체계 변경승인 기간도 50일 정도 소요된다고 하였다.

---

03 ⑤
A ×
10년 이내 물품은 접수 대상에서 제외된다.
B ○
결과는 심의를 거쳐 7월 중 시민들에게 공개하므로 7월에는 결과를 찾아볼 수 있을 것이다.
C ×
공모 기간은 6월 7일부터 6월 26일까지 20일간으로 6월 5일은 공모에 물품을 접수할 수 없다.
D ×
6월 26일까지의 우체국 소인 날인분은 인정된다. 따라서 이후에 도착하더라도 접수가 유효하다.
E ○
12년 전 서울 지하철의 옛 사진도 공모가 가능하다.

---

04 ②
② ×
참가 희망자는 공사 누리집(홈페이지)에 게시된 서식을 작성하여 이메일 또는 우편으로 접수하면 된다고 하였다. 따라서 별도의 특정 양식에 맞춰 접수를 해야 한다.
① ○
공모접수인원 중 추첨 통해 상품권 증정하므로 입상하지 않아도 상품권을 받을 수 있는 기회가 주어진다.
③ ○
총 30명에게 서울사랑상품권 1만 원을 증정하기 때문에 총 30만 원 상당의 상품권이 지급된다.
④ ○
접수대상에서 문서류 중 지도, 도면, 노선도, 책자, 편지, 리플렛, 간행물, 포스터 등이 접수 가능하다.
⑤ ○
공사는 기증증서 발급, 웹페이지 기증 명단 공개, 소정의 기념품 증정 등 최종 선정된 기증자에게는 다양한 혜택을 제공할 예정이라고 하였다.

---

05 ②
㉠ 세계 최초 런던 지하철의 탄생의 이유
19세기 런던의 급속한 산업화는 심각한 교통 혼잡을 야기하였고, 이를 해결하기 위한 방안으로 지하로 철도를 운행하는 세계 최초 지하철 건설을 계획하게 되었다.
㉡ 세계 최초 지하철, 메트로폴리탄 철도

세계 최초로 건설된 메트로폴리탄에 대한 구간 및 운행 정보를 설명하고 있다. 또한 개통 후 많은 승객들이 이용하면서 획기적인 교통의 혁신을 가지고 왔지만, 증기 기관차가 가지는 한계도 가지고 있었다고 설명하였다.
ⓒ 혁신의 상징, 전기로 움직이는 지하철
증기 기관 지하철이 가지는 한계를 극복하기 위해 개통된 전기로 움직이는 지하철에 대한 설명을 하고 있다. 이후 여러 가지 이점을 설명하고 있다.
ⓔ 도시를 바꾼 지하철, 그 영향력
지하철의 등장은 교통의 혁신을 넘어 도시의 상권을 만들고 도시들을 연결함으로써 경제에 큰 영향을 미쳤다고 설명하고 있다.

06 ②

② ×
'기관차는 객차 앞쪽에 연결되어 객차를 끌고 나갔습니다.'를 통해서 기관차가 가장 앞에 있고, 그 뒤로 객차가 연결되었음을 유추할 수 있다.
① ○
ⓒ 문단의 내용에 따라 터널 내 연기와 소음 등으로 발생하는 증기 기관의 한계를 극복하기 위해 전기 지하철이 개발되었다.
③ ○
ⓔ 문단의 내용에 따라 지하철은 새로운 상권을 형성하고 도시 곳곳을 연결함으로써 런던의 경제 활성화에도 기여했다고 할 수 있다.
④ ○
런던-브리스톨 간 철도 건설을 통해 터널 공사 기술이 크게 발전했다고 하였으므로 이 구간은 터널을 지나는 구간이었음을 유추할 수 있다.
⑤ ○
ⓒ 문단의 내용에 따라 세계 최초의 전기 지하철 런던 시티&사우스 런던 철도는 당시 세계에서 가장 긴 지하철 노선이었다는 것을 알 수 있다.

07 ⑤

A ×
'높은 금리를 가진 달러는 투자 매력도가 높아져 가치가 상승하고, 낮은 금리를 가진 엔화는 투자 매력도가 떨어져 가치가 하락하게 됩니다.'를 통해 잘못된 반응임을 알 수 있다.
B ○
'하지만, 일본 관광이 증가한 가장 큰 이유는 원화 대비 엔화의 가치가 저렴해졌기 때문입니다. 엔화 약세로 인해 일본 여행 경비가 상대적으로 저렴해졌습니다. 이는 한국인의 일본 여행 의욕을 높이는 요인이 되었습니다.'를 통해 알 수 있다.
C ×

'또한 우크라이나 사태 등 지정학적 긴장은 국제 시장에 불안감을 조성하고 안전 자산으로 여겨지는 달러에 대한 수요를 증가시켜 엔화 약세에 영향을 미칩니다.'를 통해서 이 글에서는 상대적으로 더 안전 자산인 달러의 선호로 엔화의 약세가 가속화되었다는 견해를 보이고 있다. 따라서 엔화는 안전 자산이기 때문에 국가간 분쟁이 지속되면 언젠가 오를 거라는 견해는 주어진 글을 보고 이해한 반응으로 적절하지 않다.

D ✕

'2024년 현재 엔화(JPY) 대비 달러(USD) 환율은 역대 최저치를 경신하며 '슈퍼 엔저'라고 불리는 심각한 수준의 엔화 약세 현상이 나타나고 있습니다. 이는 전 세계 경제에 큰 영향을 미치고 있으며, 특히 일본 경제에 심각한 타격을 주고 있습니다.'를 통해 엔화 약세가 일본 경제에 악영향을 미치고 있다고 얘기하고 있다.

E ✕

'일본은 에너지 자원 부족 국가입니다. 이는 에너지 수입에 대한 의존도를 높이고, 에너지 가격 상승 시 엔화 약세에 영향을 미칩니다. 최근 원유 가격 상승은 일본의 에너지 수입 비용을 증가시키고 엔화 약세에 영향을 미칩니다.'를 통해 일본이 에너지 자원이 충분한 국가라고 해석한 것은 적절하지 않다.

08 ③

③ ○

'일본은 1990년대 후반부터 장기적인 경제 침체에 시달리고 있습니다. 이는 엔화 약세의 근본적인 원인 중 하나입니다. 1990년대 일본의 거품 경제 붕괴는 금융 시스템 불안정과 경제 침체를 초래했으며, 이는 엔화 약세에 영향을 미쳤습니다. 또한 일본은 심각한 인구 감소 문제에 직면해 있습니다. 이는 생산력 감소와 경제 성장 둔화로 이어져 엔화 약세에 악영향을 미칩니다.'를 통해 알 수 있다.

① ✕

'미국은 인플레이션 억제를 위해 적극적인 금리 인상 정책을 시행하고 있습니다.'를 통해 인플레이션을 억제하기 위해 금리 인상을 한 것을 알 수 있다.

② ✕

'엔저 현상의 원인은 단순하지 않고, 다양한 요인들이 복합적으로 작용하고 있습니다.'를 통해 엔저 현상의 원인이 다양하고 복합적이라는 것을 알 수 있다.

④ ✕

'2024년 상반기 기준, 한국인 일본 관광객 수는 약 70만 명으로 집계되었습니다. 이는 2019년 대비 24.6% 증가한 수치이며, 일본 방문 외국인 관광객 중 14.1%를 차지하는 비중입니다.'를 통해 아니라는 것을 알 수 있다.

⑤ ✕

'미중 무역 분쟁은 세계 경제에 불확실성을 심화시키고 있습니다. 이는 투자 심리를 위축시키고 안전 자산으로 여겨지는 달러에 대한 수요를 증가시켜 엔화 약세에 영향을 미칩니다.'를 통해 미중 무역 갈등이 달러 선호 현상을 만들었다고 볼 수 있다.

09 ③

③ ✕

[표]에서 확인할 수 있다. 매년 30~34세의 출산율이 가장 높았다. 하지만 25~29세의 출산율은 2018년 이후로 35~39세의 출산율보다 낮아졌다.

① ○

[표]에서 확인할 수 있다. 20~24세, 25~29세, 30~34세의 경우 매해 출산율이 꾸준히 하락하였다.

② ○

[그래프]에서 확인할 수 있다. 2017년 합계출산율 1.05명에서 2018년 0.98명으로 떨어졌다.

④ ○

2017년 합계출산율은 1.05명으로 2016년 1.17명에 비해 0.12명으로 가장 많이 하락한 해이다.

⑤ ○

[표]에서 확인할 수 있다. 40~44세 출산율은 매해 증가하였다.

10 ①

2015년 20~24세 여성은 1,000명당 12.5명을 출산하였다. 5만 명 기준으로 계산하면 아래와 같다.

$12.5 \times 50 = 625$(명)

2015년 25~29세 여성은 1,000명당 63.1명을 출산하였다. 5만 명 기준으로 계산하면 아래와 같다.

$63.1 \times 50 = 3,155$(명)

합계는 $625 + 3,155 = 3,780$(명)이다.

2020년 20~24세 여성은 1,000명당 6.1명을 출산하였다. 5만 명 기준으로 계산하면 아래와 같다.

$6.1 \times 50 = 305$(명)

2020년 25~29세 여성은 1,000명당 30.6명을 출산하였다. 5만 명 기준으로 계산하면 아래와 같다.

$30.6 \times 50 = 1,530$(명)

합계는 $305 + 1,530 = 1,835$(명)이다.

따라서 차이는 $3,780 - 1,835 = 1,945$(명)이다.

비율로 보면 $\frac{1,835}{3,780} \times 100 \doteqdot 48.5 \cdots$, 즉 대략 50% 감소하였다.

11 ⑤

⑤ ✕

대구교통공사는 2022년 인건비 지출이 2,159억 원으로 2021년 2,257억 원보다 적다.

① ○

2021년 운수사업 수입은 인천교통공사가 1,125억 원이고, 대구교통공사는 1,457억 원으로 더 적다.

② ○

2022년 전국 6개 교통공사는 모두 영업수입이 영업비용보다 적었다. 따라서 영업손익이 흑자인 교통공사는 없다.

③ ○
[표] 2022 전국 교통공사 운영기관별 영업손익

(단위: 억 원)

공사	서울	부산	대구	인천	광주	대전
영업수입	17,684	2,529	1,697	2,283	255	411
영업비용	27,029	7,512	4,807	5,100	1,151	1,242
영업적자	9,345	4,983	3,110	2,817	896	831

[표]를 보면 영업적자가 영업수입보다 적은 곳은 서울교통공사 밖에는 없다.
④ ○
2021년 전국 교통공사 중 경비 지출이 가장 적은 곳은 광주철도공사로 563억 원이다.

12 ③
[표]를 통해 경상손익 적자가 가장 큰 순서대로 바르게 나열하면 아래와 같다.

구분	영업손익(억 원)	영업외수익(억 원)	영업외비용(억 원)	경상손익(억 원)
서울교통공사	-9,345	3,927	1,002	-6,420
부산교통공사	-4,983	2,608	336	-2,711
대구교통공사	-3,110	1,265	23	-1,868
인천교통공사	-2,817	1,185	105	-1,737
광주철도공사	-896	566	50	-380
대전교통공사	-831	499	-	-332

서울교통공사 > 부산교통공사 > 대구교통공사 > 인천교통공사 > 광주철도공사 > 대전교통공사
따라서 경상손익 적자가 세 번째로 큰 곳은 대구교통공사이다.

13 ①
① ×
2020년에는 36,853(천kW)로 2019년 36,992(천kW)보다 감소하였다.
② ○
2022년 원자력 발전기는 25대였고, 총 전력 생산량은 24,650(천kW)이다. 따라서 1대당 평균 1,000(천kW), 즉 1,000,000kW를 넘게 생산하지는 못했다.
③ ○
[표1]을 통해 신재생 전력 생산량이 매해 꾸준히 증가한 것을 확인할 수 있다. 또 [표2]를 통해 신재생 발전기 수도 매해 꾸준히 증가한 것을 확인할 수 있다.
④ ○
양수 발전기는 5년간 16대를 유지했고, 전력 생산량도 4,700(천kW)로 변하지 않았다.

⑤ ○

화력 발전 총생산량은 2018년 79,052(천kW), 2019년 80,418(천kW), 2020년 80,270(천kW), 2021년 80,699(천kW), 2022년 80,249(천kW)로 증가와 감소를 매년 반복하였다.

14 ②

주어진 [표]와 계산 과정을 따라 A를 먼저 구해 본다.

2022년 총발전기 수인 117,745대를 백의 자리에서 반올림하면 118,000대이다. 총전력 생산량 138,193(천kW)를 십만kW에서 반올림하면 138,000(천kW)이다.

$\frac{138,000}{118,000} = \frac{138}{118} = 1.169 \cdots$ ➜ 소수점 셋째 자리에서 반올림하면 A=1.17(천kW/대)이다.

같은 방법으로 B를 구해 본다.

2018년 총발전기 수인 39,828대를 백의 자리에서 반올림하면 40,000대이다. 총전력 생산량 119,092(천kW)를 십만kW에서 반올림하면 119,000(천kW)이다.

$\frac{119,000}{40,000} = \frac{119}{40} = 2.975$ ➜ 소수점 셋째 자리에서 반올림하면 B=2.98(천kW/대)이다.

A와 B의 차이는 $2.98 - 1.17 = 1.81$(천kW/대)이다. 따라서 C는 1.81이다.

15 ①

① ×

[표] 아래 식을 보면 사망만인율은 사망자수에 근로자수를 나누어 10,000을 곱했다. [표]에서 제조업 전체 사망만인율은 1.27이다. 따라서 만 명 중 1.27명의 사망 사고가 발생하였다.

② ○

식료품업의 사업장수는 32,060개소이고, 근로자수는 338,515명이다. 따라서 평균 10명 이상 근로자가 근무한다. 출판•인쇄•제본업 사업장수는 18,882개소이고, 근로자수는 103,020명이다. 따라서 평균 10명 이하로 근로자가 근무한다. 결국 사업장당 평균 근로자수는 식료품업이 출판•인쇄•제본업보다 많다.

③ ○

2022년 우리나라 제조업 사업장수는 410,117개소로 40만 개소가 넘는다.

④ ○

선박건조 및 수리업의 요양재해율은 2.61이고 평균은 0.79이다.

$2.61 > 2.4 = 0.8 \times 3 > 0.79 \times 3$ ➜ $2.61 > 0.79 \times 3$

따라서 선박건조 및 수리업은 평균보다 3배 이상 요양재해율이 높다.

⑤ ○

기계기구•금속•비금속업의 요양재해자수는 14,616명, 사망자수는 253명으로 모두 가장 많다.

16 ②

표를 작성해 보면 아래와 같다.

[표] 2022년 우리나라 제조업 재해 현황

(단위: 개소, 명)

구분	사업장수	근로자수	요양재해자수	사망자수	요양재해율	사망만인율
식료품(A)	32,060	338,515	3,344	24	0.99	0.71
섬유 및 섬유제품(B)	27,922	165,924	1,167	28	0.70	1.69
화학 및 고무(C)	40,953	437,322	3,363	57	0.77	1.30
기계기구•금속•비금속(D)	180,509	1,495,569	14,616	253	0.98	1.69
전기기계기구•정밀기구•전자제품(E)	55,337	920,677	1,941	29	0.21	0.31

섬유 및 섬유제품(B)의 사망만인율은 1.69로 [그래프] 상에서 1.5 위에 있어야 [그래프]가 맞다.
[그래프] 상에서의 막대의 수치는 대략적이므로 큰 수를 단순화하여 어림계산해서 풀어야 한다.

17 ②

김 팀장의 피드백에서 진행 인력을 포함하여 교육자의 도시락 9+96=105(개)를 주문하라고 지시한 것을 알 수 있다. 또한 배달 시간은 30분 이내이어야 한다. A업체는 최대 주문이 100개라서 주문할 수 없다. 또한 B업체의 경우도 배달 시간이 40분으로 대상에서 제외된다.

업체	도시락 및 음료 1개 비용
C	12,000+1,500=13,500(원)
D	11,000+2,000=13,000(원)
E	14,000(원)

따라서 단가가 가장 낮은 D업체에서 105개를 주문하면 $13,000 \times 105 = 1,365,000$(원)이다.

18 ②

할인 정보를 반영하여 계산하면 아래와 같다.

업체	도시락 및 음료 1개 비용	105개 비용	최종 비용
A	13,000원	13,000×(105-5)=1,300,000(원)	1,300,000원
B	12,000-500=11,500(원)	11,500×105=1,207,500(원)	1,207,500원
C	13,500원	13,500×105=1,417,500(원)	1,275,750원 (10% 할인)
D	13,000원	13,000×105=1,365,000(원)	1,365,000원
E	14,000-2,000=12,000(원)	12,000×105=1,260,000(원)	1,260,000원

따라서 B업체를 선택해야 한다.

19 ②
최단거리로 가려면 다음과 같이 이동해야 한다.

집		가		라		마		나		다		가		집
	25		20		20		40		40		15		25	

따라서 총 $25+20+20+40+40+15+25=185$(km)를 이동한다. 역순으로 가도 거리는 같다.

20 ④
비포장 도로를 이용하지 않고, 최단거리로 가려면 다음과 같이 이동해야 한다.

집		가		라		마		나		다		집
	25		20		20		40		40		50	

따라서 총 $25+20+20+40+40+50=195$(km)를 이동한다. 역순으로 가도 거리는 같다.

21 ①
① ×
제품 하자로 구입 후 7일 이후 택배를 이용하여 수리 서비스를 받는 경우, 배송료는 회사와 고객이 나누어 발송자가 각각 부담한다.
② ○
제품 용도가 아닌 다른 용도로 사용했을 경우 유상 서비스를 받아야 한다.
③ ○
A 시리즈 5년, B 시리즈 3년, C 시리즈 2년 무상 보증 기간을 제공한다.
④ ○
"택배 입고일로부터 3일 이내에 고객님께 발송이 되며 테스트가 길어질 경우나 제품 재고상의 문제로 인하여 더 늦어질 경우 별도로 연락을 드립니다."를 통해 알 수 있다.

⑤ ○

제품의 시리얼넘버를 훼손한 경우나 스티커를 제거한 경우는 유상 서비스를 받아야 한다.

---

22 ②

A 시리즈는 구입일로부터 5년, B 시리즈는 구입일로부터 3년, C 시리즈는 구입일로부터 2년 간 무상 수리가 되므로 ①, ③은 무상 수리 기간이 지났다. ④는 '사용자의 취급 부주의로 발생한 손상 및 파손', ⑤는 '임의 분해, 개조, 수리한 경우'로 유상 서비스를 받아야 한다. ②는 B시리즈로 구입한 지 3년이 지나지 않았고, 유상 서비스 사유에도 해당하지 않는다.

---

23 ⑤

비용을 사전에 승인받으려면 품의서를 올려야 한다. 경조사비는 접대비로 '접대비 지출품의서'를 올려야 한다. 이때 금액이 50만 원이므로 '30만 원 초과' 규정에 따라 대표이사까지 순차적으로 결재가 이루어져야 한다.

---

24 ⑤

이미 비용 30만 원에 대한 사전 승인을 받았으므로 품의를 진행한 건이고, 이것에 대한 사용에 대해 지출결의서를 올려야 한다. 국내출장비 30만 원 이하일 때 지출결의서는 팀장 전결 사항이다. 따라서 팀장란에는 전결을 적고, 최종결재란에 팀장이 사인한다. 빈 본부장란은 상향대각선으로 표시한다.

---

25 ①

주어진 휴가 희망 일자와 외근 계획을 정리하면 아래와 같다.

일	월	화	수	목	금	토
	1	2	3 심 차장	4 심 차장 최 과장(외)	5 심 차장	6
7	8 곽 부장 심 차장	9 곽 부장 심 차장	10 곽 부장	11 곽 부장 이 대리 김 과장(외)	12 곽 부장 이 대리	13
14	15 공휴일	16 이 대리	17 이 대리	18 이 대리	19	20
21	22 최 과장 이 대리(외)	23 최 과장	24 최 과장 곽 부장(외)	25 김 과장 최 과장	26 김 과장 최 과장	27
28	29 김 과장	30 김 과장	31 김 과장			

사무실에 3명 이상이 근무를 해야 하므로 5명 중 휴가 및 외근자의 합이 3명 이상이 되면 안된다. 8월 11일은 곽 부장과 이 대리의 휴가 희망 일자이고, 또한 김 과장의 외근 스케줄이 있다. 따라서 곽 부장 또는 이 대리의 휴가 일정을 조율해야 한다. 하급자 우선 배려 원칙에 따라 곽 부장의 휴가 일정을 다시 조율해야 한다. 그 외 나머지 인원은 희망 일자 휴가가 가능하다.

26 ⑤

시설팀 총 5명의 휴가 희망 일자를 모두 그대로 반영하면 팀 스케줄은 아래와 같다.

일	월	화	수	목	금	토
	1	2	3 심 차장	4 심 차장 최 과장(외)	5 심 차장	6
7	8 곽 부장 심 차장	9 곽 부장 심 차장	10 곽 부장	11 곽 부장 이 대리 김 과장(외)	12 곽 부장 이 대리	13
14	15 공휴일	16 이 대리	17 이 대리	18 이 대리	19	20
21	22 최 과장 이 대리(외)	23 최 과장	24 최 과장 곽 부장(외)	25 김 과장 최 과장	26 김 과장 최 과장	27
28	29 김 과장	30 김 과장	31 김 과장			

이때 심 차장이 본사 교육을 위한 외근을 가도 사무실에 3명 이상 근무가 가능한 날은 선택지에서 8월 30일이 유일하다.

27 ⑤

인사팀의 환산 비율을 산정하면 아래와 같다.

지원자	창의성(1배)	대응성(3배)	책임감(3배)	진취성(1배)	합계
A	90	210	255	70	625
B	80	255	270	80	685
C	95	270	210	90	665
D	50	270	240	90	650
E	70	270	285	80	705

따라서 점수가 가장 높은 E가 인사팀 발령을 받을 것이다.

28 ⑤

지원자 C의 부서별 환산 비율을 적용하면 아래와 같다.

구분	창의성(95)	대응성(90)	책임감(70)	진취성(90)	합계
총무	95(1배)	270(3배)	140(2배)	180(2배)	685
인사	95(1배)	270(3배)	210(3배)	90(1배)	665
시설	95(1배)	180(2배)	280(4배)	90(1배)	645
운영	95(1배)	180(2배)	140(2배)	270(3배)	685
홍보	285(3배)	90(1배)	70(1배)	270(3배)	715

따라서 지원자 C는 점수가 가장 높은 홍보팀 발령을 받을 것이다.

29 ③

어학사전 ISBN이라면 괄호 안 부가 기호 중 두 번째 자리가 사전이라서 '1', 세 번째 자리가 어학 분야라서 '7'이 되어야 한다. 이를 모두 찾으면 총 3권이다.

978-89-578129-9-0(41740) → 청소년용 영어 사전

978-11-123213-0-1(91700) → 전문 독자용 어학일반 사전

978-89-343466-1-2(21770) → 여성용 스페인 어학 사전

30 ③

978-11 또는 978-89로 시작해야 우리나라 도서이다. 따라서 ②는 제외한다. 또한 여성 독자를 위한 도서는 괄호 안 부가 기호 첫 번째 숫자는 2가 되어야만 한다. 따라서 4로 시작하는 ①도 제외한다. 남은 ③, ④, ⑤ 중에서 한국문학 ISBN을 고르려면 내용 분류 기호가 810인 것을 찾으면 된다. 따라서 우리나라에서 만든 여성을 대상으로 한 한국문학 도서는 ③이다.

31 ③

다음과 같이 내용을 정리할 수 있다.

• 자료

'자료'는 정보 작성을 위해 필요한 것으로, 이는 '아직 특정의 목적에 대하여 평가되지 않는 상태의 숫자나 문자의 나열'을 뜻한다.

• 정보

'정보'는 데이터를 일정한 프로그램에 따라 컴퓨터가 처리 및 가공함으로써 '특정한 목적을 달성하는 데 필요하거나 특정한 의미를 가진 것으로 다시 생산된 것'을 뜻한다.

• 지식

'지식'은 '어떤 특정의 목적을 달성하기 위해 과학적 또는 이론적으로 추상화되거나 정립되어있는 일반화된 정보'를 뜻하는 것으로, 어떤 대상에 대하여 객관적 타당성을 요구할 수 있는 판단의 체계를 제시한다.

32 ①

정보의 가치는 우리의 요구, 사용 목적, 그것이 활용되는 시기와 장소에 따라 다르게 평가된다.
내용을 정리하면 아래와 같다.

[관련 이론] 정보의 가치
• 정보의 가치
 - 정보의 가치는 우리의 요구, 사용 목적, 그것이 활용되는 시기와 장소에 따라 다르게 평가된다.
 - 정보는 우리가 원하는 시간에 제공되어야 하며, 원하는 시간에 제공되지 못하는 정보는 정보로서의 가치가 없어진다.
 - 정보는 아무리 중요한 내용이라도 공개가 되고 나면 그 가치가 급격하게 떨어지게 된다.
 - 비공개 정보는 정보의 활용이라는 면에서 경제성이 떨어지고, 공개 정보는 경쟁성이 떨어지게 된다.
 - 정보는 공개 정보와 비공개 정보를 적절히 구성하여 경제성과 경쟁성을 동시에 추구해야 한다.

33 ③

③ '경력 개발'은 '개인의 경력 목표와 전략을 수립하고 실행하며 피드백하는 과정'으로 '자신을 이해하고, 목표를 성취하기 위하여 자신의 행동 및 업무수행을 관리하고 조정하는 것'은 '자기 관리'이다.

[관련 이론] 자기개발 방법
(1) 자아 인식
㉠ 자아 인식이란 직업 생활과 관련하여 자신의 가치, 신념, 흥미, 적성, 성격 등 자신이 누구인지 아는 것이다.
㉡ 자아 인식은 자기개발의 첫 단계가 되며 자신이 어떠한 특성을 가지고 있는지를 바르게 인식할 수 있어야 적절한 자기개발이 이루어질 수 있다.
㉢ 자신을 알아가는 방법으로는 내가 아는 나를 확인하는 방법, 다른 사람과의 대화를 통해 알아가는 방법, 표준화된 검사 척도를 이용하는 방법 등이 있다.
(2) 자기 관리
㉠ 자기 관리란 자신을 이해하고, 목표를 성취하기 위하여 자신의 행동 및 업무수행을 관리하고 조정하는 것이다.
㉡ 자기 관리는 자신에 대한 이해를 바탕으로 비전과 목표를 수립하며, 이에 대한 과제를 발견한다.
㉢ 자신의 일정을 수립하고 조정하여 자기 관리를 수행하고, 이를 반성하여 피드백하는 과정으로 이루어진다.

(3) 경력 개발

㉠ 경력 개발은 개인의 경력 목표와 전략을 수립하고 실행하며 피드백하는 과정이다.

㉡ 직업인은 한 조직의 구성원으로서 자신의 조직과 함께 상호작용하며 자신의 경력을 개발해 나가는 특징을 가진다.

㉢ 경력 개발은 자신과 상황을 인식하고 경력 관련 목표를 설정하여 그 목표를 달성하기 위한 과정인 경력 계획과 이에 따라서 경력 계획을 준비하고 실행하며 피드백하는 경력 관리로 이루어진다.

34 ①

경력 개발이 필요한 이유는 환경 변화, 조직 요구, 개인 요구에 따라서이다.

[관련 이론] 경력 개발 및 경력 개발 능력의 필요성

(1) 경력 개발

• 경력: 일과 관련된 경험이다.
• 경력 개발: 개인이 경력 목표와 전략을 수립하고 실행하며 피드백하는 과정이다.
• 경력 계획: 경력 목표를 설정하여 그 목표를 달성하기 위한 과정이다.
• 경력 관리: 경력 계획을 준비하고 실행하며 피드백하는 과정이다.

(2) 경력 개발 능력의 필요성

경력 개발	환경 변화	• 지식 정보의 빠른 변화 • 삶의 질 추구	• 인력난 심화 • 중견사원 이직 증가
	조직 요구	• 경영 전략 변화 • 직무 환경 변화	• 승진 적체 • 능력주의 문화
	개인 요구	• 발달 단계에 따른 가치관, 신념 변화 • 전문성 축적 및 심장 요구 증가 • 개인의 고용 시장 가치 증대	

35 ③

의견의 불일치가 일어나지 않는 팀은 없다. 다만, 의견의 불일치를 건설적으로 해결할 수 있어야 '효과적인 팀'이다.

[관련 이론] 효과적인 팀의 특성

• 팀의 사명과 목표가 명확하다.
• 창조적으로 운영된다.
• 결과에 초점을 맞춘다.
• 역할과 책임을 명료화시킨다.
• 조직화가 잘되어 있다.
• 개인의 강점을 활용한다.
• 리더십 역량을 공유하며 구성원 상호 간에 지원을 아끼지 않는다.
• 팀 풍토를 발전시킨나.

- 의견의 불일치를 건설적으로 해결한다.
- 개방적으로 의사소통한다.
- 객관적인 결정을 내린다.
- 팀 자체의 효과성을 평가한다.

36 ③

협력 전략은 Win-Win 전략으로 협상 당사자들은 자신들의 목적이나 우선순위에 대한 정보를 서로 교환하여 이를 통합하여 문제를 해결하고자 노력한다. 자신이 가지고 있는 것 가운데 우선순위가 낮은 것에 대해서는 상대방에게 양보하는 협력적 과정을 통해서 문제해결을 위한 합의에 이르게 된다.

[관련 이론] 협상 전략의 종류

협력 전략	1. Win-Win 전략이다. 2. 협상 당사자들은 자신들의 목적이나 우선순위에 대한 정보를 서로 교환하여 이를 통합하여 문제를 해결하고자 노력한다. 3. 자신이 가지고 있는 것 가운데 우선순위가 낮은 것에 대해서는 상대방에게 양보하는 협력적 과정을 통해서 문제해결을 위한 합의에 이르게 된다.
유화 전략	1. 화해 전략, 수용 전략, 굴복 전략이다. 2. 상대방이 제시하는 것을 일방적으로 수용하여 협상의 가능성을 높이려는 전략이다. 상대방의 욕구와 주장에 자신의 욕구와 주장을 조정하고 순응시켜 굴복한다. 3. 단기적으로는 상대방의 얻는 결과에 순응하고 수용하더라도 자신은 잃을 것이 없고, 오히려 장기적 관점에서 볼 때 상대방과의 상호 의존성과 인간관계의 우호적인 면을 강화하여 상대방의 지원을 지속시킬 수 있다면 유화 전략을 사용할 수 있다.
회피 전략	1. 무행동 전략, 철수 전략, Lose-Lose 전략이다. 2. 협상의 가치가 낮거나, 협상을 중단하여 상대방을 심리적 압박감을 주어 필요한 양보를 얻어내고자 할 때, 또는 협상 이외의 방법으로 쟁점 해결을 위한 대안이 존재할 경우에 회피 전략을 사용할 수 있다. 3. 협상을 더 이상 진행하는 것이 자신에게 불리하게 될 가능성이 있을 때 또는 협상 상황이 자신에게 불리하게 전개되고 있을 때, 협상 국면을 전환하기 위해서 사용할 수 있다.
강압 전략	1. 공격적 전략, 경쟁 전략, Win-Lose 전략이다. 2. 상대방의 주장을 무시하고 자신의 힘으로 일방적으로 밀어붙여 상대방에게 자신의 입장을 강요하는 전략이다. 3. 명시적 또는 묵시적으로 강압적 위협이나 강압적 설득, 처벌 등의 무력시위 또는 카드 등을 사용하여 상대방을 굴복시키거나 순응시킨다.

37 ③

직업윤리는 각각의 직무에서 오는 특수한 상황에서는 개인적 덕목 차원의 일반적인 상식과 기준으로는 규제할 수 없는 경우가 많다.

[관련 이론] 직업윤리

(1) 의미

개인윤리를 바탕으로 각자가 직업에 종사하는 과정에서 요구되는 특수한 윤리 규범이다.

(2) 개인윤리와 직업윤리의 조화

- 업무상 개인의 판단과 행동이 사회적 영향력이 큰 기업시스템을 통하여 다수의 이해관계자와 관련되게 된다.
- 수많은 사람이 관련되어 고도화된 공동의 협력을 요구하므로 맡은 역할에 대한 책임 완수가 필요하고, 정확하고 투명한 일처리가 필요하다.
- 규모가 큰 공동의 재산, 정보 등을 개인의 권한 하에 위임, 관리하므로 높은 윤리 의식이 요구된다.
- 직장이라는 특수 상황에서 갖는 집단적 인간관계는 가족 관계, 개인적 선호에 의한 친분관계와는 다른 측면의 배려가 요구된다.
- 기업은 경쟁을 통하여 사회적 책임을 다하고, 보다 강한 경쟁력을 키우기 위하여 조직원 개개인의 역할과 능력이 경쟁 상황에서 적절하게 꾸준히 향상되어야 한다.
- 각각의 직무에서 오는 특수한 상황에서는 개인적 덕목 차원의 일반적인 상식과 기준으로는 규제할 수 없는 경우가 많다.
- 직업윤리가 기본적으로는 개인윤리를 바탕으로 성립되는 규범이기는 하지만, 상황에 따라 서로 충돌하거나 배치되는 경우도 발생한다. 이러한 상황에서 직업인이라면 직업윤리를 우선하여야 할 것이다.

38 ⑤

내가 속해 있는 회사의 관계자를 타 회사의 관계자에게 소개한다.

[관련 이론] 소개 예절

- 나이 어린 사람을 연장자에게 소개한다.
- 내가 속해 있는 회사의 관계자를 타 회사의 관계자에게 소개한다.
- 신참자를 고참자에게 소개한다.
- 동료를 고객, 손님에게 소개한다.
- 비임원을 임원에게 소개한다.
- 소개받는 사람의 별칭은 그 이름이 비즈니스에서 사용되는 것이 아니라면 사용하지 않는다.
- 반드시 성과 이름을 함께 말한다.
- 상대방이 항상 사용하는 경우라면, Dr. 또는 Ph.D. 등의 칭호를 함께 언급한다.
- 정부 고관의 직급명은 퇴직한 경우라도 항상 사용한다.
- 천천히 그리고 명확하게 말한다.
- 각각의 관심사와 최근의 성과에 대하여 간단한 언급을 한다.

39 ②

기술 능력이 뛰어난 사람은 주어진 한계 속에서, 그리고 제한된 자원을 가지고 일한다.

[관련 이론] 기술 능력이 뛰어난 사람
- 실질적 해결을 필요로 하는 문제를 인식한다.
- 인식된 문제를 위한 다양한 해결책을 개발하고 평가한다.
- 실제적 문제를 해결하기 위해 지식이나 기타 자원을 선택, 최적화시키며, 적용한다.
- 주어진 한계 속에서, 그리고 제한된 자원을 가지고 일한다.
- 기술적 해결에 대한 효용성을 평가한다.
- 여러 상황 속에서 기술의 체계와 도구를 사용하고 배울 수 있다.

40 ④

산업 재해의 예방 대책 5단계는 1단계 ② 안전 관리 조직, 2단계 ⑩ 사실의 발견, 3단계 ① 원인 분석, 4단계 ⓛ 시정책의 선정, 5단계 ⓒ 시정책의 적용 및 뒤 처리 순이다.

[관련 이론] 산업 재해의 예방 대책 5단계

1단계	안전 관리 조직	경영자는 사업장의 안전 목표를 설정하고, 안전 관리 책임자를 선정해야 하며, 안전 관리 책임자는 안전 계획을 수립하고, 이를 시행, 후원, 감독해야 한다.
2단계	사실의 발견	사고 조사, 안전 점검, 현장 분석, 작업자의 제안 및 여론 조사, 관찰 및 보고서 연구, 면담 등을 통하여 사실을 발견한다.
3단계	원인 분석	재해의 발생 장소, 재해 형태, 재해 정도, 관련 인원, 직원 감독의 적절성, 공구 및 장비의 상태 등을 정확히 분석한다.
4단계	시정책의 선정	원인 분석을 토대로 적절한 시정책, 즉 기술적 개선, 인사 조정 및 교체, 교육, 설득, 호소, 공학적 조치 등을 선정한다.
5단계	시정책 적용 및 뒤 처리	안전에 대한 교육 및 훈련 실시, 안전시설과 장비의 결함 개선, 안전 감독 실시 등의 선정된 시정책을 적용한다.

정답과 해설 2회 NCS 실전모의고사

정답표									
01	**02**	**03**	**04**	**05**	**06**	**07**	**08**	**09**	**10**
③	④	①	②	④	⑤	⑤	④	③	②
11	**12**	**13**	**14**	**15**	**16**	**17**	**18**	**19**	**20**
⑤	④	②	④	③	③	①	⑤	①	②
21	**22**	**23**	**24**	**25**	**26**	**27**	**28**	**29**	**30**
③	②	⑤	②	②	②	④	①	③	④
31	**32**	**33**	**34**	**35**	**36**	**37**	**38**	**39**	**40**
②	③	③	⑤	②	③	③	②	②	②

| 해설 |

01 ③

㉠ '공사는 올해 한전에 납부할 전기요금이 2023년에는 2022년 대비 502억 원(26.7%), 2021년 대비 650억 원(37.5%)이 증가한 2,385억 원에 달할 것으로 전망하고 있다.'에서 알 수 있다.

㉡ 납부한 전기요금은 1~8월 기준 1,238억 원에서 1,552억 원으로 314억 원, 즉 25.36% 증가했다.

㉢ 마지막 문단의 내용을 요약하면 유추할 수 있는 표현이다.

㉣ 코로나19 종식에 따라 2023년 1~8월 수송 인원이 전년 대비 12.8%(182백만 명) 증가했다. 따라서 2023년 상반기(1~6월)라는 표현은 적절하지 않다.

---

02 ④

④ ×

'철도운영기관의 어려움을 고려해 2017년까지 전기요금 할인 혜택을 제공해주었지만, 현재는 만료된 상태로 철도운영기관인 공사는 비싸진 요금을 그대로 부담하고 있다.'로부터 2017년 이후로는 전기요금 할인을 받지 못했다는 것을 알 수 있다.

① ○

'2022년 서울교통공사가 운영하는 1~8호선 운수수입금 금액은 약 1조 3,000여억 원으로, 이중 전기요금(약 1,900여억 원)이 차지하는 비율은 14.6%이다.'를 통해서 확인할 수 있다.

② ○

'실제로 한전에서는 초중고 및 유치원(6%), 도축장(20%), 천일염·미곡종합처리장(20%)과 같은 공공서비스 업종에 전기요금 할인을 제공하고 있다.'를 통해 확인할 수 있다.

③ ○

'2022년 4월 이후 한전에서는 kWh당 요금단가와 전기요금에 포함되는 기후환경요금, 연료비조정요금을 상향 조정하여 kWh당 총 44.9원의 전기요금을 인상하였다.'를 통해 확인할 수 있다.

⑤ ○

'공사는 일평균 700만 명 이상의 승객을 수송하며 서울시 전체 전기사용량의 2.92%를 차지할 정도로 많은 에너지를 소비하는 공공기관으로 전기요금 인상의 부담이 크다.'를 통해 확인할 수 있다.

03 ①

① 출근 시간대 지하철 혼잡도 완화를 위해 '객실 의자가 없는 열차'를 시범 운행하였고, 객실 내 의자가 없어진 공간이 다소 썰렁한 느낌을 준다는 4호선 이용 승객들의 의견을 반영해 이를 해소하기 위해 열차 내부에 디자인을 적용했다.

04 ②

② ×

시범 운행하는 7호선 열차에는 네 번째 또는 다섯 번째 칸의 7인석 일반석 의자는 제거하지만, 노약자 등 교통약자가 이용하는 교통약자용 12석은 현행대로 유지한다.

① ○

서울지하철 4호선을 첫 시범운행하였고, 두 번째로 7호선을 시범운행할 예정이다. 따라서 현재 1호선은 '객실 의자가 없는 열차'를 운행하지 않는다.

③ ○

공사는 운행 초기 안전사고 예방을 위해 지하철 7호선에 직원이 직접 탑승해 안전을 꼼꼼히 살피고, 시범 열차 운행 모니터링과 혼잡도 개선에 대한 효과성 검증을 마친 후 다른 노선으로의 확대 여부를 검토할 예정이라고 하였다.

④ ○

'시민들의 안전과 편의를 위해 지지대, 손잡이, 등받이 등 안전설비를 보강했으며, 안내방송, 전동차 출입문 안내 스티커 부착 등을 통해 시민들의 열차 이용 불편을 최소화할 계획이다.

승객 안전 확보를 위해 지지대 30개, 등받이 12개, 손잡이 36개를 추가로 설치했다.'를 통해 알 수 있다.

⑤ ○

시범운행될 7호선 열차에는 1편성 1칸이 적용되고, 네 번째 또는 다섯 번째 칸이 해당된다. 따라서 여섯 번째 칸은 적용되지 않는다.

05 ④

주어진 글은 강성했던 로마의 기원 및 영향력에 대한 설명으로 시작하여 그러한 로마 제국의 번영과 발전에는 도로의 발달이 매우 중요한 역할이라고 하였다. 로마 도로는 단순한 이동 수단을 넘어 제국의 통치와 군사력에 영향을 주었고, 제국의 확장과 유지에도 도움을 주었다고 하였다.

결국 로마 도로는 단순히 교통 시설을 넘어 로마 제국의 정치, 경제, 문화, 군사 등 다양한 측면에 영향을 미친 중요한 요소였고, 로마 도로의 발달은 로마 제국의 성장과 번영을 상징하며, 오늘날에도 여전히 로마 제국의 업적을 보여주는 중요한 유산이라는 내용을 담을 수 있는 제목으로 ④가 가장 적당하다.

06 ⑤

⑤ ×
넓고 평평한 로마 도로는 말이 끄는 마차나 수레가 빠르게 달릴 수 있도록 설계되었으며, 도로 양쪽에는 보행자를 위한 보도가 마련되어 있었다.
따라서 마차가 달리더라도 행인들은 길 양쪽의 보도를 이용했을 것이다.
① ○
로마의 도로는 배수 시스템이 잘 갖춰져 있어 비가 와도 침수되지 않았다고 하였다.
② ○
로마는 왕정 시대를 거쳐 기원전 509년 공화정을 수립했다고 하였기 때문에 맞는 말이다.
③ ○
로마는 전략적인 동맹을 통해 영향력을 확대했고, 이탈리아 반도의 다른 도시 국가들과 동맹을 맺고, 이들을 로마의 지배 아래 두었다고 하였다.
④ ○
로마 군단은 엄격한 훈련과 뛰어난 전술로 유명했으며, 이는 로마가 다른 도시 국가들을 정복하는 데 큰 도움이 되었다고 하였다.

07 ⑤

A ○
보고서에 따르면 날씨 변화의 원인은 지구 온난화, 엘니뇨 현상, 인간 활동인데 인간 활동으로 화석 연료 사용, 삼림 벌채 등으로 지구 온난화를 가속하고 있다고 하였다. 따라서 글의 내용을 이해하면 2024년 기후 변화로 인한 재해들의 원인은 인간 활동에 따른 결과로 볼 수 있다.
B ×
2024년 이상 기후로 홍수 지역이 발생했지만, 반대로 가뭄 지역도 동시에 발생하였다.
C ×
엘니뇨 현상은 태평양 적도 부근 해수면 온도가 상승하는 현상을 말한다. 따라서 지구 전체적으로 영향을 주긴 했지만, 지구 곳곳에서 일어나는 현상은 아니다.
D ○
'2024년에는 극심한 날씨 변화로 인해 전 세계적으로 환경 파괴가 심화되었습니다. 특히, 삼림 파괴, 생물 다양성 감소, 해수면 상승 등이 문제가 되고 있습니다.'를 통해 생물 다양성 감소로 종수나 개체 수가 줄었다는 것을 해석할 수 있다.
E ×
'전문가들은 앞으로 지구 온난화가 더욱 심화될 것으로 전망하고 있습니다. 이에 따라 2024년 이후에도 극심한 날씨 변화는 더욱 빈번하게 발생할 것으로 예상됩니다.'를 통해 지구 온난화가 일시적인 것이 아니라 지속적으로 심화될 것으로 보고서에서는 예상하고 있다.

08 ④

④ ○
보고서에 따르면 유럽은 폭염, 홍수, 산불 피해를 입었다. 따라서 이해할 수 있는 내용이다.
① ×
2024년 지구 평균 기온은 산업혁명 이전 대비 약 1.3℃ 상승한 것으로 나타났다고 하였다. 산업 혁명 이전에는 현재보다 평균 기온이 낮았기 때문에 산업혁명 이전에 지구 온난화가 시작되었다고 말하기 어렵다.
② ×
보고서에 따르면 특히 폭염으로 많은 피해를 입은 지역은 유럽과 북미 지역이다.
③ ×
'2024년에는 극심한 날씨 변화로 인해 전 세계적으로 막대한 경제적 손실이 발생했습니다. 특히, 농업, 관광, 기반 시설 등 여러 산업 분야에 피해가 발생했습니다.'를 통해 급격한 날씨의 변화는 경제적 손실을 줄 수 있다는 것을 알 수 있다.
⑤ ×
'2024년에는 극심한 날씨 변화로 인해 전 세계적으로 환경 파괴가 심화되었습니다. 특히, 삼림 파괴, 생물 다양성 감소, 해수면 상승 등이 문제가 되고 있습니다.'를 통해 해수면이 상승한 것을 알 수 있다.

09 ③

㉠ ○
[표]에서 2023년 내국인 입국자는 218,640명이고, 외국인 입국자 479,768명이다. 따라서 2023년 내국인 입국자는 외국인 입국자의 절반이 되지 않는다.
㉡ ○
[그래프]에서 남자 입국자는 381,726명이고, 여자 입국자는 316,674명이다.
$381,726 - 316,674 = 65,052$(명)
따라서 2023년 내외국인 남자 입국자는 여자 입국자보다 6.5만 명 이상 많다.
㉢ ×
[그래프]에서 2023년 내외국인 국제순이동 중 남자의 수는 85,035명이고, 여자의 수는 36,268명이다. 따라서 2배가 넘는다.
㉣ ×
2023년 외국인 총이동 수는 798,868명이고, 내국인은 476,639명이다.
$798,868 - 476,639 = 322,229$(명)
따라서 차이가 35만 명 이상 나지는 않는다.

10 ②

2023년 내국인 여자의 입국자 수는 106,356명이고, 출국자는 130,025명이다.

㉠$=130,025-106,356=23,669$(명)

2023년 외국인 여자의 입국자 수는 210,318명이고, 출국자는 150,381명이다.

㉡$=210,318-150,381=59,937$(명)

㉠+㉡$=23,669+59,937=83,606$(명)

11 ⑤

⑤ ×

군도의 경우에는 2013년 22,374km에서 2023년 22,241km로 줄었다.

① ○

2023년 우리나라 도로의 총 연장 길이는 115,878km이고, 그중 고속국도는 4,973km이다.

100,000km의 5%가 5,000km인 것을 고려하면 아래와 같이 생각할 수 있다.

$115,878 \times 0.05 > 100,000 \times 0.05 = 5,000 > 4,973$ ➔ $115,878 \times 0.05 > 4,973$

따라서 4,973km는 115,878km의 5%가 넘지 않는다.

② ○

2023년 개통 도로의 총 길이는 107,149km이고 10년 전인 2013년에는 96,419km이다. 따라서 10년전보다 $107,149-96,419=10,730$(km) 늘었다.

③ ○

2023년 군도 개통도로 중 포장도로는 17,131km, 미포장도로는 3,420km이다. 2013년 군도 개통도로 중 포장도로는 14,741km, 미포장도로는 5,757km이다. 따라서 2023년 군도 계통 도로는 10년 전보다 포장도로는 늘었고, 미포장도로는 줄었다.

④ ○

2013년에 특별·광역시도의 미개통도로가 38km 있었지만, 2023년에는 없다.

12 ④

[표]로 구해보면 아래와 같다.

(단위: km)

연도	연장	개통			미개통, 미개설	
		소계	포장	미포장	미개통	미개설
2023	115,878	107,149	102,205	4,944	498	8,231
2013	106,414	96,419	87,799	8,620	9,995	-
증감	+9,464	+10,730	+14,406	-3,676	-9,497	+8,231

'개통 도로'의 증감은 +10,730km인데 [그래프] 상에서는 +15,000km 위에 있다.
'포장 도로'의 증감은 +14,406km인데 [그래프] 상에서는 +10,000km 밑에 있다.
'미포장 도로'의 증감은 -3,676km인데 [그래프] 상에서는 -5,000km 밑에 있다.

13 ②

㉠ ○
[표2]를 보면 수도권 523,958개의 1인 업체 중 14.8%가 이전 창업경험을 가지고 있다고 답변하였다. 따라서 수도권에서 이전 창업경험을 가지고 있는 1인 기업은 적어도 50,000개 이상 있다.

㉡ ○
[표1]에서 1인 제조업 회사는 260,231개이고 법인 비율은 10.3%이기 때문에 적어도 1인 제조업 법인회사는 26,000개 이상 있다.

㉢ ×
강원/제주 지역에는 29,915개의 1인 기업이 있고, 그중 35%가 여자가 운영한다. 30,000의 35% 즉, $30,000 \times 0.35 = 10,500$(개)이므로 29,915의 35%는 10,500개가 되지 않을 것이다.

㉣ ○
[표2]에서 업종별 항목을 보면 전자상거래업의 사업체 수는 150,363개이고, 창업경험을 가진 비율은 18%이다. 대략 이전 창업경험을 가진 사업자 수는 $150,000 \times 0.18 = 27,000$(명)쯤 될 것이다.
대략 어림계산을 하면 아래와 같다.
제조업 260,231개, 8.1% ➔ $260,000 \times 0.1 = 26,000$(개)
출판, 영상, 방송통신 및 정보 서비스업 64,712개, 23.8% ➔ $65,000 \times 0.25 = 16,250$(개)
교육 서비스업 157,527개, 16% ➔ $160,000 \times 0.16 = 25,600$(개)
따라서 1인 기업 중 이전 창업경험을 가진 사업자 수가 가장 많은 업종은 전자상거래업이다.

14 ④

영남권에는 211,618개의 1인 기업이 있고 이 중 9.5%가 이전 창업경험이 있다. 이 업체들의 창업경험 평균횟수는 1.2회이다. 영남권 1인 기업의 이전 창업경험의 총횟수는 아래와 같다.
$211,618 \times 0.095 \times 1.2 = 24,124.452$(회)
이것을 총 1인 기업의 수 211,618로 나누면 영남권 1인 기업 전체의 평균 이전 창업경험 횟수를 구할 수 있다.
$$\frac{24,124.452}{211,618} = 0.114(회)$$
따라서 영남권 1인 기업 전체의 평균 이전 창업경험 횟수는 0.114회이다.
좀 더 계산을 쉽게 하려면 분자와 분모의 공통 수를 소거하고 계산하면 된다.
$$\frac{211,618 \times 0.095 \times 1.2}{211,618} = 0.095 \times 1.2 = 0.114(회)$$

15 ③

㉠ ○

4년간 상장채권 전체 종목수는 14,706개에서 16,554개로 증가하였다. 이 기간 회사채 종목수는 꾸준히 9,000개 이상 있었으므로 전체 종목수의 항상 절반 이상이 차지했다.

㉡ ○

2022년 거래량을 보면 전년 대비 합계 거래량은 1,499,573,624(백만 원)에서 996,957,577(백만 원)으로 감소, 공채 거래량은 1,496,024,835(백만 원)에서 993,443,815(백만 원)으로 감소, 회사채 거래량은 3,548,789(백만 원)에서 3,513,761(백만 원)으로 감소하였다.

㉢ ○

2020년 회사채 상장잔액은 510,508,189(백만 원)으로 조 단위로 환산하면 약 511조 원이다. 이후 매년 증가했으므로 4년간 회사채 상장잔액은 항상 500조 원을 넘었다.

㉣ ×

- 2023년 전년 대비 공채의 종목수 증가량: $6,680 - 6,227 = 453$(개)
- 2023년 전년 대비 회사채의 종목수 증가량: $9,870 - 9,511 = 359$(개)

따라서 증가량이 100개 이상 많지는 않다.

16 ③

㉣에서 2023년 공채 거래대금은 1,097,520,045(백만 원), 즉 약 1,098조 원으로 막대가 1,000 눈금 위에 있어야 알맞다.

17 ①

거래처 담당자는 다른 전문가 5명과 회사로 오기로 했다. 따라서 6명이 방문하면 강 과장, 손 대리 총 8명이 미팅을 하게 된다. 정원 8명이 가능한 회의실은 C, D, E인데 E는 10명 이상부터 회의실을 사용할 수 있다. 따라서 정원상 회의실 C, D가 사용이 가능하다. 거래처 본사에서 오전 11시에 출발하면 약 2시간 정도 걸려서 온다면 13시 정도에 도착할 것이다. 2시간 정도 회의 시간을 예상한다면 내일 13시에서 15시까지 사용이 가능한 회의실은 D가 유일하다.

18 ⑤

⑤ ○

10명 이상일 경우 E 회의실은 규정에 맞춰 긴급 사용이 가능하다.

① ×

내일 오전 2시간 예약이 가능한 회의실은 E로 유일하지만 최소 10명부터 사용이 가능하다.

② ×

임 과장은 내일 17시부터 18시까지 C회의실도 사용한다.

③ ×

12시부터 13시까지는 점심식사 용도 외 회의실 예약이 불가하다

④ ×
회의실 예약 가능 시간은 점심시간을 제외한 9시~18시 사이이다.

---

19 ①

이 가족의 호텔 이용료를 계산하면 아래와 같다.
• 숙박비
 - 9/11(목) 비수기/주중 오션뷰 2인실, 1인 추가: 60,000+10,000=70,000(원)
 - 9/12(금) 비수기/주말 오션뷰 2인실, 1인 추가: 80,000+10,000=90,000(원)
총 160,000원
• 시설 이용료
 - 바비큐장 2시간(목요일): 40,000원
 - 인피니티풀 3인(금요일): 150,000원
 - 마사지 2인 1시간(토요일): 240,000×1.2=288,000(원)
총 478,000원
• 음료 및 스낵
 - 와인 2잔: 20,000원
 - 쥬스 1잔: 4,000원
 - 쿠키 2개: 10,000원
 - 컵라면 1개: 4,000원
총 38,000원
• 픽업서비스
 - 3인 이용: 90,000원
• 전체 합계: 160,000+478,000+38,000+90,000=766,000(원)

---

20 ②

7월은 성수기 기간으로 수요일 가장 저렴하게 숙박하는 방법은 8인실(추가 2인) 1개, 2인실 1개를 예약하는 방법이다. 이때 숙박비는 마운틴뷰 객실로 32만 원이다. 또한 목요일은 14명으로 2명이 추가된다. 이때는 8인실(추가 2인) 1개, 4인실 1개를 예약하면 37만 원이다.
• 숙박비
 - 수요일(마운틴뷰 8인실_추가 2명, 마운틴뷰 2인실): 220,000+100,000=320,000(원)
 - 목요일(마운틴뷰 8인실_추가 2명, 마운틴뷰 4인실): 220,000+150,000=370,000(원)
총 690,000원
• 픽업 서비스
 픽업 2명, 총 60,000원
• 시설 이용료
 회의실 2시간+노래연습장 1시간+인피니티풀 5명+바비큐장 4시간
 =200,000+150,000+250,000+80,000=680,000(원)

총 합계는 690,000+60,000+680,000=1,430,000(원)이다.

21 ③

③ ×

"서울교통공사는 여객운송을 원활하게 하기 위하여 필요한 때에는 다음 각 호의 사항을 제한하거나 조정할 수 있으며, 이 경우 그 요지를 관계역 또는 인터넷 홈페이지에 게시합니다. 다만, 긴급하거나 일시적인 경우에는 안내 방송으로 대신할 수 있습니다."고 하였으므로 긴급 시에는 안내 방송으로 대신할 수 있다. 반드시 홈페이지에 게시해야 하는 것은 아니다.

① ○

'제6조 ① 2.'에서 확인할 수 있다.

② ○

'제6조 ③'에서 확인할 수 있다.

④ ○

'제6조 ③'에서 확인할 수 있다.

⑤ ○

'제6조 ② 2.'에서 확인할 수 있다.

22 ②

② ×

4. 유효한 승차권을 소지하지 아니하였거나 승차권의 확인을 거부하는 경우

승차권을 분실했지만 직원에게 가서 안내를 받았기 때문에 부정승차 또는 승차권 확인 거부 등의 금지행위는 아니다.

① ○

8. 흡연이 금지된 역 구내 또는 열차 내에서 흡연하는 행위

열차 내에서의 흡연은 금지행위이다.

③ ○

11. 정당한 사유 없이 여객출입 금지장소에 출입하는 행위

정당한 사유 없이 여객출입 금지장소에 들어갔기 때문에 금지행위에 속한다.

④ ○

9. 직원의 허락 없이 역 구내 또는 열차 내에서 광고물을 부착하거나 배포하는 행위

직원의 허락 없이 광고물을 부착하는 행위는 금지행위이다.

⑤ ○

13. 역 구내 또는 열차 내에 산업폐기물, 생활폐기물, 오물을 버리는 행위

열차 내에 오물 등의 쓰레기를 버리는 행위는 금지행위이다.

23 ⑤

⑤ ×

원래는 매주 목요일마다 주간회의를 진행하지만, 다음 주 사내 교육으로 인해 8월 9일 금요일로 변경되었다.
① ○
'3. GTX 승객 불편 사항 체크 및 현장 답사'의 내용 중 환승역 내 안내 시설 증설에 대한 내용이 있으므로 일부 승객들은 환승 시 안내 부족에 대한 불편을 느끼고 있었다는 것을 알 수 있다.
② ○
8월 1일 주간회의 참석자는 이 과장, 박 주임, 최 사원, 오 사원, 심 사원 총 5명이다.
③ ○
주간회의에서 유도점자타일 및 터널 구간 공기질 개선, 장애인 및 환승 편의시설 보강 등이 필요할 것으로 판단하였다.
④ ○
8월 1주차(8/5~8/9) 진행을 보면 박 주임은 유도점자타일 보수 관련 업무를 진행할 것을 알 수 있다.

24 ②

② ×
이번 주 화요일 즉, 7월 30일에 이 과장은 종일 연차로 회사에 출근하지 않았다.
① ○
8월 2일 오늘은 오 사원의 하계 휴가 일정으로 적절한 반응이다.
③ ○
회의 내용을 보면 유도점자타일 훼손으로 보완 작업이 시급하다고 하였다.
④ ○
다음 주 최 사원은 터널 구간 내 공기질 개선 시설 보완에 관한 기획을 시작할 것이다. 따라서 이후에 그 내용을 받아볼 수 있을 것이다.
⑤ ○
주간회의록을 보면 이번 주 계단 사고 지역을 답사하고 보완 사항을 체크한 것으로 되어 있다.

25 ②

운영팀 소속의 C는 같은 팀 F의 출장비를 합하여 지출결의서를 올렸다.
• C의 출장비(5/3~5/4 평일, 사원)
 - 숙박/식사비: 8×2=16(만 원)
 - 교통비: 4만 원
총비용: 20만 원
• F의 출장비(5/1 휴일, 5/2~5/4 평일, 대리)
 - 숙박/식사비: (8×1.2×1.5×1)+(8×1.2×3)=14.4+28.8=43.2(만 원)
 - 교통비: 6만 원
총비용: 49.2(만 원)

C와 F의 출장비 합계는 20+49.2=69.2(만 원)이다.

26 ②

교통비만 계산해 보면 아래와 같다.

이름	출장 지역	교통비	총 합계
A	창원(경상도)	6만 원	
B	익산(전라도)	5만 원	
C	대전(충청도)	4만 원	30만 원
D	남원(전라도)	5만 원	
E	천안(충청도)	4만 원	
F	경주(경상도)	6만 원	

27 ④

④ ×
제4조 ©에 따라서 2024년 9월 10일 퇴사 시 평균 월급액은 바로 퇴사 전날까지의 3개월 간 즉, 2024년 9월 9일까지의 3개월간 평균 월급액이다.
① ○
제4조 ©에서 확인할 수 있다.
② ○
제4조 ㉠에 의해 파면은 퇴직에서 제외되므로 퇴직금을 받을 수 없다.
③ ○
제8조 ©에 의해 퇴직급여 청구는 퇴직발령일로부터 3년이 경과토록 행사하지 않을 때는 그 권리는 상실된다.
⑤ ○
5년 이하의 근속자는 '300만 원 × 근속기간'을 산정하여 퇴직금을 받을 수 있다.

28 ①

서 차장은 정년 퇴직이 아니므로 가산퇴직금여로 퇴직금을 계산해야 한다. 우선, 근속 기간을 산정하면 아래과 같다.
2009년 10월 15일부터 2024년 12월 1일까지 15년 1개월 17일을 근속하였다. 그런데 휴직 기간은 2022년 11월 2일부터 2022년 12월 12일까지 1개월 10일쯤이다. 한 달을 대략 30일로 잡고 계산하면 근속 기간은 15년이 조금 넘는다. 그런데 해당 기간 중 월의 15일 이상은 1월로 계산하고 15일 미만인 기간은 산입하지 않으므로 총 근무 기간은 15년이다.
• 10년 초과 15년 이하

$4,000 + 600 \times (15 - 10) = 4,000 + 600 \times 5 = 7,000$(만 원)

서 차장이 수령할 퇴직금은 총 7,000만 원이다.

29 ③

③ ✕

분류상 단행본으로 그림책이나 만화책은 아니다. 따라서 그림이 들어갔는지 여부는 알 수 없다.

① ○

가운데 여섯 자리의 숫자는 발행자에게 부여한 번호로 이 도서를 출간한 회사의 고유 번호이다.

② ○

괄호 안 부가 기호의 첫 자리가 '2'이므로 여성을 대상 독자로 하는 도서이다.

④ ○

덴마크의 고유 번호가 '978-87'이기 때문에 덴마크, 즉 유럽에서 출간한 도서이다.

⑤ ○

부가 기호의 두 번째 자리 숫자가 '3'이므로 단행본이고, 단행본 정보를 보면 세로 18cm 이상인 도서로 분류된다.

30 ④

아시아에서 출간한 도서는 총 4권이다.

978-9932-238999-0-8(16490) → 라오스 도서

978-600-343466-1-2(22770) → 이란 도서

978-962-678311-3-1(97950) → 홍콩 도서

978-604-934465-7-2(62660) → 베트남 도서

31 ②

제목은 메시지 내용을 함축해 간략하게 써야 한다.

• 전자우편(E-mail)을 사용할 때의 네티켓
 - 메시지는 가능한 짧게 요점만 작성한다.
 - 메일을 보내기 전에 주소가 올바른지 다시 한 번 확인한다.
 - 제목은 메시지 내용을 함축해 간략하게 써야 한다.
 - 가능한 메시지 끝에 성명, 직위, 단체명, 메일 주소, 전화번호 등을 포함하고, 너무 길지 않도록 한다.
 - 메일 상에서 타인에 대해 말할 때는 정중함을 지켜야 한다. 메일은 쉽게 전파될 수 있기 때문이다.

32 ③

①은 순기능, ②, ④, ⑤는 역기능에 해당한다. 손쉬운 정보 공유는 정보를 쉽고 빠르게 이용할 수 있게 하여 우리에게 긍정적인 영향을 칠 수 있지만 나쁜 방향으로 이용되면 개인 정보 유출이나 불건전 정보의 유통과 같은 역기능이 발생할 수도 있다.

33 ③

A ○

자기개발의 주체는 타인이 아니라 자기자신이다.

B ×

개별적인 과정으로서 자기개발을 통해 지향하는 바와 선호하는 방법 등이 사람마다 다르다.

C ×

자기개발은 평생에 걸쳐서 이루어지는 과정이다.

D ○

자기개발은 일과 관련하여 이루어지는 활동이다.

[관련 이론] 자기개발의 특징
- 개발의 주체는 타인이 아니라 자기자신이다.
- 개별적인 과정으로서 자기개발을 통해 지향하는 바와 선호하는 방법 등이 사람마다 다르다.
- 평생에 걸쳐서 이루어지는 과정이다.
- 일과 관련하여 이루어지는 활동이다.
- 생활 가운데 이루어져야 한다.
- 모든 사람이 해야 하는 것이다.

34 ⑤

자기개발이 꼭 인간관계를 제한하는 것은 아니다. 자기개발은 주변 사람들과 긍정적인 인간관계를 형성하기 위해서도 필요하다.

[관련 이론] 자기개발의 이유
- 직장 생활에서의 자기개발은 업무의 성과를 향상시키기 위하여 이루어진다.
- 변화하는 환경에 적응하기 위해서 자기개발은 이루어진다.
- 자기개발은 주변 사람들과 긍정적인 인간관계를 형성하기 위해서도 필요하다.
- 자신이 달성하고자 하는 목표를 성취하기 위해서 자기개발을 한다.
- 자기개발을 하게 되면 자신감을 얻게 되고, 삶의 질이 향상되게 되어 보다 보람된 삶을 살 수 있다.

35 ②

코칭 활동은 다른 사람들을 지도하는 측면보다는 이끌어 주고 영향을 미치는 데 중점을 둔다.

[관련 이론] 코칭

(1) 코칭 기술은 언제 필요한가?

코칭은 커뮤니케이션 과정의 모든 단계에서 활용할 수 있다.

(2) 코칭은 관리가 아니다.

코칭 활동은 다른 사람들을 지도하는 측면보다 이끌어 주고 영향을 미치는 데 중점을 두기 때문이다. 코칭은 지침보다는 질문과 논의를 통해, 통제보다는 경청과 지원을 통해 상황의 발전과 좋은 결과를 이끌어 낸다.

(3) 코칭이 개인에게 주는 혜택

코칭을 하는 과정에서 리더는 직원들을 기업에 값진 기여를 하는 파트너로 인식하게 된다. 한편 성공적인 코칭을 받은 직원들은 문제를 스스로 해결하려고 노력하는 적극성을 보인다.

(4) 코칭이 조직에게 주는 혜택

• 동기를 부여받은 자신감 넘치는 노동력
• 높은 품질의 제품
• 철저한 책임감을 갖춘 직원들
• 전반적으로 상승된 효율성 및 생산성

(5) 코칭의 기본 원칙

1. 서로가 자유롭게 논의할 수 있고 제안할 수 있어야 한다.
2. 권한을 위임한다.
3. 훌륭한 코치는 뛰어난 경청자이다.
4. 목표를 정하는 것이 가장 중요하다.

36 ③

사람들과 눈을 자주 마주치는 것은 갈등 해결에 도움이 된다. 오히려 눈이 마주치지 않는 것은 분위기를 더 어색하게 만들 수 있어 오해를 일으킬 수 있다.

[관련 이론] 갈등 해결 방법

• 다른 사람들의 입장을 이해하면서 사람들의 모습을 자세하게 살핀다.
• 어려운 문제는 피하지 말고 맞선다.
• 자신의 의견을 명확하게 밝히고 지속적으로 강화한다.
• 사람들과 눈을 자주 마주친다.
• 마음을 열어 놓고 적극적으로 경청한다.
• 타협하려 애쓴다.
• 어느 한쪽으로 치우치지 않는다.
• 논쟁하고 싶은 유혹을 떨쳐 낸다.
• 존중하는 자세로 사람들을 대한다.

37 ③

완벽한 사람은 없기 때문에 일을 하다 보면 언제든 잘못을 할 수 있다. 다만, 자신의 잘못을 빠르게 인정하고 밝히는 것이 중요하다. 또 같은 잘못을 반복하지 않도록 노력하면서 성장한다면 신뢰를 구축할 수 있다.

[관련 이론] 정직과 신용을 구축하기 위한 4가지 지침
• 정직과 신뢰는 매일매일 조금씩 오랜 기간 쌓아가야 한다.
• 잘못된 것도 정직하게 밝힌다.
• 부정직에 타협하거나 눈감아 주지 않는다.
• 부정직한 관행은 인정하지 않는다.

38 ②
상대방에게서 명함을 받으면 받은 즉시 넣지 않는다.

[관련 이론] 명함 예절
• 명함은 반드시 명함 지갑에서 꺼내고 상대방에게 받은 명함도 명함 지갑에 넣는다.
• 상대방에게서 명함을 받으면 받은 즉시 넣지 않는다.
• 명함은 하위에 있는 사람이 먼저 꺼내는데 상위자에 대해서는 왼손으로 가볍게 받쳐 내는 것이 예의이며, 동위자, 하위자에게는 오른손으로만 쥐고 건네 준다.
• 명함을 받으면 명함에 관해서 한 두 마디 대화를 하는 것이 좋다.
• 쌍방이 동시에 명함을 꺼낼 때는 왼손으로 서로 교환하고 오른손으로 받는다.

39 ②
기술은 정의 가능한 문제를 해결하기 위해 순서화되고 이해 가능한 노력이다.

[관련 이론] 기술
(1) 기술의 정의
• 물리적인 것뿐만 아니라 사회적인 것으로서 지적인 도구를 특정한 목적에 사용하는 지식 체계
• 인간이 주위 환경에 대한 통제를 확대시키는 데 필요한 지식의 적용
• 제품이나 용역을 생산하는 원료, 생산 공정, 생산 방법, 자본재 등에 관한 지식의 집합체
(2) 노하우(know-how)와 노와이(know-why)
• know-how란 흔히 특허권을 수반하지 않는 과학자, 엔지니어 등이 가지고 있는 체화된 기술이다. know-why는 어떻게 기술이 성립하고 작용하는가에 관한 원리적 측면에 중심을 둔 개념이다.
• know-how는 경험적이고 반복적인 행위에 의해 얻어지는 것이며, 이러한 성격의 지식을 흔히 technique, 혹은 art라고 부른다.
• know-why는 이론적인 지식으로서 과학적인 탐구에 의해 얻어진다.
• 기술은 원래 know-how의 개념이 강하였으나 시대가 지남에 따라 know-how와 know-why가 결합하게 되었으며, 현대적 기술은 주로 과학을 기반으로 하는 기술이 되었다.
(3) 기술의 특징
• 하드웨어나 인간에 의해 만들어진 비자연적인 대상, 혹은 그 이상을 의미한다.
• 기술은 '노하우(know-how)'를 포함한다. 즉, 기술을 설계하고, 생산하고, 사용하기 위해 필요한 정보, 기술, 절차를 갖는데 노하우(know-how)가 필요한 것이다.

- 기술은 하드웨어를 생산하는 과정이다.
- 기술은 인간의 능력을 확장시키기 위한 하드웨어와 그것의 활용을 뜻한다.
- 기술은 정의 가능한 문제를 해결하기 위해 순서화되고 이해 가능한 노력이다.

40 ②
매뉴얼의 서술은 가능한 한 단순하고 간결해야 하며 비전문가도 쉽게 이해할 수 있어야 한다. 따라서 전문 용어의 사용을 줄이고 쉬운 단어로 간결하고 명확하게 써야 한다.

[관련 이론] 매뉴얼 작성을 위한 Tip
(1) 내용이 정확해야 한다.
 ① 매뉴얼의 서술은 가능한 한 단순하고 간결해야 하며 비전문가도 쉽게 이해할 수 있어야 한다.
 ② 매뉴얼 내용 서술에 애매모호한 단어 사용을 금지해야 한다. 매뉴얼 개발자는 제품에 대해 충분한 지식을 습득해야 하며 추측성 기능의 내용 서술은 절대 금물이다. 추측성 기능 설명은 문장을 애매모호하게 만들 뿐만 아니라 사용자에게 사고를 유발시켜 신체적, 재산적 손실을 줄 수도 있다.
(2) 사용자가 알기 쉬운 문장으로 써야 한다.
 ① 한 문장은 통상 단 하나의 명령, 또는 밀접하게 관련된 몇 가지 명령만을 포함하여야 한다.
 ② 의미 전달을 명확하게 하기 위해서는 수동태보다는 능동태의 동사를 사용한다. 명령을 사용함에 있어서 모호한 형태보다는 확실한 표현을 쓰고, 추상 명사보다는 행위 동사를 사용한다.
(3) 사용자의 심리적 배려가 있어야 한다.
'어디서? 누가? 무엇을? 언제? 어떻게? 왜?'라는 사용자의 질문들을 예상하고 사용자에게 답을 제공하여야 한다. 그리고 사용자가 한 번 본 후 더 이상 매뉴얼이 필요하지 않도록 빨리 외울 수 있도록 배려하는 것도 필요하다.
(4) 사용자가 찾고자 하는 정보를 쉽게 찾을 수 있어야 한다.
사용자가 필요한 정보를 빨리 찾기 쉽도록 구성해야 한다. 사용자가 원하는 정보를 빠른 시간 내에 찾지 못한다면 어려운 매뉴얼이 된다. 짧고 의미 있는 제목과 비고(note)는 사용자가 원하는 정보의 위치를 파악하는 데 도움이 될 수 있다.
(5) 사용하기 쉬워야 한다.
매뉴얼의 내용이 아무리 훌륭하게 만들어졌다 해도 사용자가 보기 불편하게 크다거나 혹은 작거나, 복잡한 구조의 일부 전자 매뉴얼처럼 접근하기 힘들다면 아무 소용이 없다. 사용이 용이하도록 매뉴얼을 제작해야 한다.

정답과 해설 3회 NCS 실전모의고사

01	**02**	**03**	**04**	**05**	**06**	**07**	**08**	**09**	**10**
②	②	⑤	⑤	④	④	②	②	④	①
11	**12**	**13**	**14**	**15**	**16**	**17**	**18**	**19**	**20**
③	②	③	④	④	④	③	③	①	③
21	**22**	**23**	**24**	**25**	**26**	**27**	**28**	**29**	**30**
⑤	④	④	⑤	④	③	③	③	③	②
31	**32**	**33**	**34**	**35**	**36**	**37**	**38**	**39**	**40**
④	②	③	⑤	①	②	④	②	②	①

정답표

| 해설 |

01 ②
주어진 보도자료의 내용은 새로운 드론관제 기술을 이용하여 사람의 눈으로 확인이 어려운 곳이나, 안전사고 발생이 우려되는 곳을 드론이 대신 점검할 수 있게 되어 더 효율적인 관리가 기대된다는 내용을 담고 있다. 따라서 이와 연관이 가장 부족한 제목을 고르면 ②가 적당하다.

---

02 ②
② ×
'서울교통공사는 도시철도기관 최초로 드론관제시스템을 '24년 내로 구축하여 지하철 시설물 점검 방법을 획기적으로 개선할 예정이라고 밝혔다. '26년 말 준공을 목표로 구축 중인 스마트 통합관제시스템과 연계하여 터널 안, 철교 및 교각 하부 등 GPS 신호가 잡히지 않아 드론의 자율주행이 불가능한 지역에서도 드론을 띄워 지하철 시설물을 점검할 수 있도록 시스템을 구축할 예정이다.'를 통해서 드론관제시스템은 24년 내 구축, 스마트 통합관제시스템은 26년 말 준공 예정인 것을 알 수 있다. 따라서 드론관제시스템은 24년 내에 구축될 예정이다.
① ○
자율 비행·인공지능 기반 드론관제 시스템 내용에서 (3) 부분을 통해 알 수 있다.
③ ○
'서울지하철 시설물은 구축한 지 수십 년이 지나 노후화되어 주기적인 안전관리가 필요하다.'를 통해 알 수 있다.
④ ○

'시스템이 구축되면 터널, 철교, 교각, 지붕 등 육안 점검이 어려운 시설물을 3차원(3D) 지도상의 정해진 경로를 자율 비행하며 드론이 촬영한 초고선명(UHD) 영상을 스마트 통합관제센터(시설관제 센터)에 설치한 영상분석시스템에 전송하여 인공지능기법으로 정밀하게 분석하여 유지관리의 신뢰성을 높이게 된다.'를 통해 알 수 있다.

⑤ ○

'기존에 드론은 전파신호를 송출하여 물리적 위치를 측정했으나, 새롭게 변경되는 방식은 3D 모델링된 공간에서 측위 장치 없이 영상정보를 이용하여 자율 비행하고 정보수집을 제공한다.'를 통해 알 수 있다.

---

03 ⑤

장애인단체가 약수역 외부 엘리베이터 경사로가 비좁아 휠체어를 탄 채로 호출 버튼을 누르기 어려우니, 호출 버튼을 경사로 하단으로 옮겨달라고 요청했고 그 방안으로 호출 버튼을 경사로 하단에 설치하는 방안을 검토하였으나, 호출 버튼만 옮겨 설치하면 유지관리가 어려울 뿐만 아니라 장애 상태나 정도에 따라 자칫 안전사고가 발생할 수도 있겠다는 우려에 곧바로 개선에 나서지 못했다. 이후 고민 끝에 엘리베이터 앞에 설치된 CCTV 카메라에 'AI 영상분석 자동 호출 시스템'을 새롭게 도입하여, 휠체어를 탄 교통약자가 버튼을 누르지 않더라도 카메라가 이를 자동으로 인식해 호출하도록 만든 것이다.

---

04 ⑤

⑤ ×

'4호선 이촌역 엘리베이터에서 외부 업체와의 협업을 통해 동일 기술을 '22년 8월부터 1년간 시범운영을 했다.'를 통해서 내부 조직이 아닌 외부 업체와의 협업을 통해 시행되었다는 것을 알 수 있다.

① ○

'4호선 이촌역 엘리베이터에서 외부 업체와의 협업을 통해 동일 기술을 '22년 8월부터 1년간 시범운영을 했다.'를 통해 알 수 있다.

② ○

'공사는 올해 초 자동 호출 시스템을 적용하고, 6월 말 민원을 제기한 장애인단체를 역으로 초청하여 시설물 개선에 대한 의견을 청취했다. 단체는 기술 도입에 만족하며, 추가로 엘리베이터 앞 경사로 자체를 확장한다면 더욱 이용이 편리하겠다는 의견을 제시하였다. 경사로 확대는 의견이 제시된 후 그 필요성이 인정되어 신속하게 추진한 결과, 올해 9월 완료되었다.'를 통해 알 수 있다.

③ ○

'서울교통공사는 지하철을 이용하는 교통약자의 편의 향상을 위해 2024년 8월부터 8개 역 11개소 엘리베이터에 AI 영상분석을 통한 자동 호출 기술을 도입한다고 밝혔다.'를 통해 알 수 있다.

④ ○

현재 3호선 약수역과 4호선 이촌역에서 서비스를 제공 중이다.

---

05 ④

A ×

'안면인식 기술은 100% 정확하지 않으며, 오인으로 인해 불편을 겪을 수 있습니다. 특히, 조명이 어두운 환경이나 얼굴을 가린 경우 오인 가능성이 높아집니다.'를 통해 어둡거나 얼굴이 가려진 경우 오인될 수 있다는 것을 알 수 있다.

B ○

'특히, 베이징, 상하이, 광저우 등 대도시 지하철은 매일 수백만 명의 승객을 운송합니다. 이러한 엄청난 규모의 승객을 효율적으로 처리하기 위해 중국 정부는 지하철 시스템에 다양한 기술을 도입하고 있습니다.'를 통해 알 수 있다.

C ○

'보안 검색 과정을 자동화하여 보안 인력을 절감할 수 있습니다.'를 통해 알 수 있다.

D ○

'이 기술로 지하철역에서 티켓 판매, 개찰, 보안 검색 등의 과정을 자동화하여 승객들의 대기 시간을 줄이고 편리성을 높일 수 있다는 장점이 있습니다.'를 통해 알 수 있다.

E ×

'승객들은 자신의 얼굴 정보를 등록할 때, 이름, 신분증 번호, 연락처 등의 개인정보를 함께 제공해야 합니다.'를 통해 사전에 얼굴 등록과 함께 개인정보도 등록해야 된다는 것을 알 수 있다.

---

06 ④

④ ×

'또한, 범죄 예방에도 효과적일 수 있다는 기대가 있습니다.'를 통해 안면인식 기술로 범죄 예방 효과가 있을 것으로 보고 있다.

① ○

'안면인식 기술 도입은 다음과 같은 장점을 가지고 있습니다. 편리함 측면에서 승객들은 티켓 구매, 개찰, 보안 검색 과정에서 번거로운 절차 없이 간편하게 이동할 수 있습니다. 특히, 노약자나 장애인에게 더욱 편리한 서비스를 제공할 수 있습니다.'를 통해 알 수 있다.

② ○

'승객들의 얼굴 정보는 민감한 개인정보이며, 이러한 정보가 악용될 경우 심각한 문제가 발생할 수 있습니다. 특히, 중국 정부는 개인정보 보호에 대한 신뢰가 낮은 편이며, 이는 더욱 큰 우려를 불러일으키고 있습니다.'를 통해 알 수 있다.

③ ○

'이러한 시스템은 카메라, 얼굴 인식 소프트웨어, 데이터베이스 등으로 구성됩니다.'를 통해 알 수 있다.

⑤ ○

'특히, 베이징, 상하이, 광저우 등 대도시 지하철은 매일 수백만 명의 승객을 운송합니다.'를 통해 알 수 있다.

07 ②

글의 제목은 글의 내용을 전체적으로 포괄하는 제목이 가장 적절하다. 글의 내용으로 볼 때, 최근 한국 라면이 글로벌 시장에서 성장하게 된 배경, 주요 수출국 상황, 지속 성장을 위한 전략 필요 등의 내용으로 글이 이어지고 있다. 이러한 내용을 가장 적절하게 포괄하는 제목은 ②이다.

---

08 ②

② ×

'일본은 한국 라면의 전통적인 해외 시장이지만, 최근에는 매출 성장세가 다소 둔화되고 있습니다. 하지만, 여전히 일본 시장은 한국 라면에게 중요한 시장이며, 앞으로도 지속적인 성장을 위해 노력해야 할 것입니다.'를 통해 일본 시장의 성장세는 둔화되었지만, 여전히 주요 시장이라는 것을 알 수 있다.

① ○

'여섯째, 코로나19 팬데믹으로 인해 가정에서 식사하는 경우가 늘어났습니다. 이는 라면 소비를 증가시키는 요인이 되었습니다. 특히, 한국 라면은 빠르고 간편하게 먹을 수 있어 팬데믹 상황에서 더욱 인기를 얻었습니다.'를 통해 알 수 있다.

③ ○

'넷째, 한국 라면 기업들은 해외 시장 진출을 위해 적극적으로 투자하고 있습니다. 현지 생산 공장을 설립하고, 마케팅 활동을 강화하며, 현지 소비자들의 취향에 맞춘 제품들을 개발하고 있습니다.'를 통해 알 수 있다.

④ ○

'또한 프리미엄 전략으로 고급 라면 출시, 건강 기능성 라면 개발 등을 통해 프리미엄 시장 진출을 확대해야 합니다.'와 '지속가능한 경영을 목표로 환경 친화적인 제품 생산, 사회 공헌 활동 등을 통해 지속가능한 경영 이미지를 구축해야 합니다.'를 통해 이해할 수 있다.

⑤ ○

'첫째, 한국 라면은 매콤하고 깊은 국물 맛으로 전 세계적으로 사랑받고 있습니다. 또한, 다양한 맛과 형태의 라면 제품들이 출시되어 소비자들의 선택의 폭을 넓히고 있습니다. 둘째, 한국 라면은 비교적 저렴한 가격에 판매되고 있습니다. 이는 경제적으로 어려운 상황에 있는 소비자들에게도 부담 없이 구매할 수 있도록 하여 매출 증가에 기여하고 있습니다.'를 통해 알 수 있다.

---

09 ④

㉠ ×

전국에는 598,404개의 운수업 기업체가 있고 서울에는 108,793개의 운수업 기업체가 있다. 108,793가 598,404의 20%가 넘으려면 108,793의 5배가 598,404보다 커야 한다.

$108,793 \times 5 = 543,965$

따라서 20% 이상이 되지 않는다.

㉡ ×

서울시 항공 운송업 종사자 수는 31,910명이고, 전국은 37,598명이다.

$37,598 - 31,910 = 5,688(명)$

따라서 서울시를 제외한 전국 항공 운송업 종사자 수는 5,688명으로 6,000명을 넘지 않는다.

ⓒ ×

전국 수상 운송업 기업체 수는 935개이다. 만약 평균 근로자 수가 28명이라면 총 근로자 수는 아래와 같다.

$935 \times 28 = 26,180$(명)

하지만 실제 근로자 수는 26,180명보다 적은 26,142명이기 때문에 평균 28명이 조금 안 될 것이다.

ⓔ ○

서울시 창고 및 운송관련 서비스업에 종사하는 사람은 73,097명이다. 만약 평균 연봉이 5,400만 원이라면 총급여액은 아래와 같다.

$73,097 \times 5,400 = 394,723,800$(만 원)

실제 총급여액은 394,723,800(만 원)을 넘는 3,966,232(백만 원), 즉 396,623,200(만 원)이니까 실제로는 평균 연봉이 5,400만 원 이상일 것이다.

---

10 ①

비중을 계산해 보면 아래와 같다.

(단위: 개, 명, 백만 원)

구분	기업수	종사자수	총급여액	총매출액
전국	598,404	1,337,919	34,499,081	232,486,026
서울시	108,793	439,849	13,822,632	140,142,725
비중	**18%**	**33%**	**40%**	**60%**

위에 [표]처럼 정확히 계산하면 시간이 오래 걸리니, 대략적으로 수를 반올림하여 계산한다. 이후 비슷한 [그래프]를 찾도록 한다.

② 종사자수 비중이 30% 선 위에 있어야 한다.

③ 총급여액 비중이 40% 선 근처에 있어야 한다.

④ 총매출액 비중이 60% 선 근처에 있어야 한다.

⑤ 기업수 비중이 20% 선 아래 있어야 한다.

---

11 ③

㉠ ○

[표2]를 보면 서울 오존 오염도는 3분기인 7~9월 전국 평균보다 높았고, 4분기인 10~12월 전국 평균보다 낮았다.

㉡ ×

2023년 8월 대구의 이산화질소 오염도는 0.0076ppm으로 전국 평균은 0.0081ppm보다 낮았다.

㉢ ○

2023년 하반기 부산의 오존 오염도가 전국 평균보다 높은 달은 10월, 11월 12월이다. 이때 이산화질소 오염도가 전국 평균보다 높은 달은 10월과 11월이고 12월은 같다. 따라서 2023년 하반기 부산의 이산화질소 및 오존 오염도가 모두 전국 평균보다 높은 달은 10월과 11월 총 2개달이다.

ㄹ ×

2023년 하반기 서울의 오존 오염도가 가장 높은 달은 8월 뿐이다. 이때 이산화질소 오염도도 가장 높다. 따라서 2023년 하반기 서울의 이산화질소 및 오존 오염도가 모두 가장 높은 달은 8월로 1개달이다.

12 ②

전국 평균과 도시간 오염도 차이를 구해보면 아래와 같다.

[표] 2023년 하반기 이산화질소 오염도 도시별 증감

(단위: ppm)

구분	2023.07	2023.08	2023.09	2023.10	2023.11	2023.12
전국	0.0086	0.0081	0.0093	0.0132	0.0147	0.0179
대구광역시	0.0089	0.0076	0.0097	0.0160	0.0195	0.0218
증감	+0.0003	-0.0005	+0.0004	+0.0028	+0.0048	+0.0039
광주광역시	0.0072	0.0078	0.0097	0.0136	0.0161	0.0195
증감	-0.0014	-0.0003	+0.0004	+0.0004	+0.0014	+0.0016
세종특별자치시	0.0081	0.0084	0.0101	0.0137	0.0155	0.0191
증감	-0.0005	+0.0003	+0.0008	+0.0005	+0.0008	+0.0012

[표] 2023년 하반기 오존 오염도 도시별 증감

(단위: ppm)

구분	2023.07	2023.08	2023.09	2023.10	2023.11	2023.12
전국	0.0322	0.0316	0.0308	0.0295	0.0265	0.0233
인천광역시	0.0378	0.0339	0.0338	0.0309	0.0258	0.0208
증감	+0.0056	+0.0023	+0.0030	+0.0014	-0.0007	-0.0025
울산광역시	0.0278	0.0282	0.0307	0.0341	0.0292	0.0274
증감	-0.0044	-0.0034	-0.0001	+0.0046	+0.0027	+0.0041

②의 경우 9월 전국 및 울산의 이산화질소 오염도 차이는 -0.0001ppm이다. 그런데 그래프 상에서는 0 위에 있으므로 이 부분이 잘못되었다.

13 ③

③ ×

베트남 선원의 경우는 매해 고용이 줄다가 2023년 증가하였다.

① ○

[표1]을 통해 확인할 수 있다.

② ○

2019년 원양어선 한국 선원 취업자 수는 1,369명이고, 국내 회사 중국인 선원 고용 수는 1,304명으로 더 많았다.

④ ○

[표2]를 통해 확인할 수 있다.

⑤ ○

2023년 해외취업가득액은 545,681(천$)이고, 545,681,000$이다. 억불로 환산하면 5.45681억불이므로 5.5억불이 넘지 않는다.

14 ④

각각 계산해 보면 아래와 같다.

㉠ 취업인원수=국적선사+해외취업선사 ➜ $31,214 + 2,909 = 34,123$(명)

㉡ $30,337 - 8,238 - 7,414 - 13,534 = 1,151$(명)

㉢ 취업률=(취업인원수/선원수첩소지자)×100 ➜ $\frac{31,867}{100,352} \times 100 = 31.7 \cdots$ ➜ 32%

㉠+㉡+㉢=$34,123 + 1,151 + 32 = 35,306$

15 ④

④ ×

50대 1,063명 중 '보통'으로 답한 사람의 수는 42.1%이다. 대략 어림잡아 400명 이상이다. 전체 응답자는 5,000명이므로 5,000명의 8%는 $5,000 \times 0.08 = 400$(명)이다. 따라서 50대 중 '보통'으로 답한 사람의 수는 전체 설문 참여 응답자의 8% 이상이다.

① ○

남성보다는 여성의 '매우 만족' 및 '약간 만족' 비율이 모두 다 높으므로 남성보다는 여성의 만족 비율이 더 높다고 할 수 있다.

② ○

미혼인 경우 매우 만족이 6.0%, 약간 만족이 49.8%로 총 55.8%가 만족한다고 답변하였다.

③ ○

읍/면부, 중소도시, 대도시 순으로 '매우 불만' 비율은 0.7%, 0.6%, 0.4%로 낮아졌고, '약간 불만' 비율은 4.8%, 7.3%. 8.6%로 높아졌다.

⑤ ○
[표]의 교육수준별 항목에서 교육 수준이 높아질수록 '매우 만족' 비율이 높아지는 것을 확인할 수 있다.

16 ④
아래와 같이 [표]로 나타낼 수 있다.
[표] 2021년 다문화 가정 생활만족도

(단위: %)

구분		매우 만족	약간 만족	보통	약간 불만	매우 불만
성별	여성	4.7	50.4	37.3	7.3	0.3
연령대별	20대	7.5	55.2	33.7	3.5	0.2
혼인상태별	기타	3.8	36.1	48.6	10.7	0.7
교육수준별	대학원 이상	25.2	45.2	25.0	3.2	1.3

㉠ 교육수준별(대학원 이상) 만족도
[그래프]의 '매우 만족' 비율이 약 25%로 [표]와 비교하면 교육수준별(대학원 이상) 만족도만 가능하다.
㉡ 연령대별(20대) 만족도
[그래프]의 '약간 만족' 비율이 약 55%로 [표]와 비교하면 연령대별(20대) 만족도만 가능하다.
㉢ 교육수준별(대학원 이상) 만족도
[그래프]에서 수치가 표현되었다. [표]와 비교하면 교육수준별(대학원 이상) 만족도라는 것을 알 수 있다.
㉣ 성별(여성) 만족도
[그래프]의 '약간 만족' 비율이 약 50%로 [표]와 비교하면 성별(여성) 만족도만 가능하다.

17 ③
4분기에는 선호 품목이 없으므로 B회사가 y제품을 홍보할 때 A회사 제품 홍보 시 각각의 이익 증감을 구하면 아래와 같이 [표]를 나타낼 수 있다.

제품 홍보	x	y	z
매출 증가액	-1억 원	1억 원	2억 원
광고비	-1.5억 원	-1.5억 원	-1.5억 원
총 이익	-2.5억 원	-0.5억 원	+0.5억 원

따라서 4분기에 B회사에서 y제품을 홍보할 때 A회사가 최대 매출 증가 효과를 보는 경우는 z제품만을 홍보하는 경우이다.

18 ③

3분기에 z제품은 선호 품목으로 홍보 효과로 인한 매출 증가는 1.5배, 감소는 0.5배가 적용된다. 이를 고려하여 [표]를 반영하면 아래와 같다.

회사		B회사		
	제품	x	y	z
A회사	x	(2, -1)	(-1, 3)	(-1, -0.5)
	y	(1, 1)	(1, -1)	(-2, 4.5)
	z	(6, 2)	(3, -2)	(-0.5, 3)

이때 A회사가 각 제품을 홍보할 때 증감을 나타내면 아래와 같다.

회사		B회사			증감	
	제품	x	y	z	A회사	B회사
A회사	x	(2, -1)	(-1, 3)	(-1, -0.5)	0	1.5
	y	(1, 1)	(1, -1)	(-2, 4.5)	0	4.5
	z	(6, 2)	(3, -2)	(-0.5, 3)	8.5	3

A회사의 매출 증가가 B회사의 매출 증가보다 큰 경우는 z제품을 홍보했을 때 밖에는 없다. 따라서 3분기에 A회사가 B회사와 매출 격차를 줄이기 위해 해야 할 홍보 전략은 z제품만 홍보하는 것이다.

19 ①

40만 원이 예상되는 접대비에 대한 품의는 20만 원 이하~50만 원 이하의 '접대비 품의서'를 올려야 하고, 본부장 전결 사항이다. 따라서 본부장 이전 결재자인 팀장 사인 후에 본부장란에 전결을 적고 최종결재란에 본부장을 적으면 된다.

20 ③

③ ×

법인카드 사용에 대한 지출결의서는 모두 올려야 하고, '사용 품의서'는 100만 원 초과 시에만 올린다.

① ○

사무용품은 품의를 올리지 않아도 되고, 비용에 따라 전결 기준을 지켜서 지출결의서를 올려야 한다.

② ○

사무용품 및 전산 소모품 이외는 '소모품 품의서'를 올려야 한다.

④ ○

국내 교통비의 경우 품의서를 올리지 않아도 되지만, 지출결의서는 국내 및 해외 모두 교통비 지출결의서를 올려야 한다.

⑤ ○

50만 원 이하의 법인카드 사용은 품의가 필요하지 않고 지출결의는 팀장 전결 사항이다.

21 ⑤

평가 점수를 계산하면 아래와 같다.

제품	가격	에너지 등급	브랜드	디자인	편의기능	총점
가	5	5	1	5	2	18
나	3	3	2	4	3	15
다	4	2	4	3	4	17
라	1	4	5	5	5	20
마	4	1	3	3	2	13

따라서 평가점수가 가장 높은 제품은 '라'이고, 가장 낮은 제품은 '마'이다.

22 ④

20대 선호 항목을 고려한 평가점수는 아래와 같다.

제품	가격	에너지 등급	브랜드	디자인	편의기능	총점
가	10	5	1	10	2	28
나	6	3	2	8	3	22
다	8	2	4	6	4	24
라	2	4	5	10	5	26
마	8	1	3	6	2	20

다만, 가 제품은 창문형이라 스탠형 또는 벽걸이형은 아니다. 따라서 제외하고 가장 평가점수가 높은 제품은 '라'이다.

50대 선호 항목을 고려한 평가점수는 아래와 같다.

제품	가격	에너지 등급	브랜드	디자인	편의기능	총점
가	5	5	2	5	4	21
나	3	3	4	4	6	20
다	4	2	8	3	8	25
라	1	4	10	5	10	30
마	4	1	6	3	4	18

다만, 가격이 200만 원이 넘는 '라'를 제외하면 평가점수가 가장 높은 제품은 '다'이다.

---

23 ④

A ×

'무조건 돌려주기' 기능을 사용하면 돌려주는 상대방의 응답을 기다리지 않고 사용할 수 있다.

B ○

회사 외부로 전화를 거는 경우는 수화기를 들고 9번을 누른 후 전화번호를 눌러야 한다.

C ×

다른 자리 전화기에 벨이 울리고 있을 때 내 자리의 전화기에서 대신 받고자 하는 경우, 수화기를 들고 당겨 받기 버튼을 누른다.

D ○

첫 번째 사람과 통화 도중에 두 번째 사람과 같이 통화하고자 할 때 통화 도중에 보류 버튼을 누르고 두 번째 연결할 전화번호를 누른 후 '#버튼'을 누른다. 그 후 두 번째 사람과 통화가 되면 3자 통화 버튼을 누른다.

---

24 ⑤

인사팀은 1, 사원은 7 또는 8이므로 17○○, 또는 18○○으로 시작해야 한다.

---

25 ④

전기 분야 및 주중에 강의가 가능한 사람은 박○○ 강사 밖에는 없다. 교육비를 계산하면 아래와 같다.

• 강의료: 점심시간 제외 4시간

　1,500,000×4=6,000,000(만 원)

• 실습장비 대여료: 100개 중 20개는 강사가 무료제공

　30,000×80=2,400,000(원)

• 실습자재 비용: 100개

　50,000×100=5,000,000(원)

• 합계(점심 도시락 비용 제외)

　6,000,000+2,400,000+5,000,000=13,400,000(원)

예산 15,000,000원 중 13,400,000원을 사용하면 1,600,000원이 남는다. 1,600,000원 내에서 100명의 점심 도시락 중 가장 좋은 도시락 세트는 C세트이다. 따라서 점심 도시락 비용은 총 1,500,000원이다.

13,400,000+1,500,000=14,900,000(원)

총 14,900,000원의 교육비가 예상된다.

26 ③

기존 예산에서 절약되는 항목을 비교하여 계산하면 아래와 같다.

예산 비용	기존	변경	절감
강의료	6,000,000원	5,200,000원	800,000원
실습장비	2,400,000원	2,100,000원	300,000원
점심 도시락	1,500,000원	1,000,000원	500,000원

따라서 기본 예산보다 총 1,600,000원을 절약할 수 있다.

27 ③

③ ×

E의 경우에서 변경 전에는 생일 축하금으로 상품권 5만 원을 받는 것을 확인할 수 있다.

① ○

F는 입사 3년차로 2024년 입사 3년차 이상 사원 중 무주택자 3,000만 원의 주택 대출을 받을 수 있었다. 하지만 2024년 신설된 제도로 이전에는 입사 3년차의 경우 주택지원 대출을 받을 수 없었다.

② ○

B의 경우에서 2024년 신설되었으므로 이전에는 병가에 대한 지원이 없었다.

④ ○

H의 경우에서 변경 사항이 없다. 따라서 2024년 복지 제도와 동일하다.

⑤ ○

I의 경우에서 확인할 수 있다. 변경 전에는 3,000만 원의 주택 대출을 받을 수 있었다.

28 ③

[표]를 작성하면 아래와 같다. 따라서 ③을 골라야 한다.

복지 구분	사원	인원 수
주택 지원금	F, I	2명
경조사	A, C, E, G	4명
학자금	H	1명
기타	B, D	2명

29 ③

제품코드를 나누어 보면 아래와 같다.

4114 0102 230101 0110

광주 2공장에서 생산한 남성용 바지로, 2023년 1월 1일에 110번째로 생산된 제품이다. 이날 이후에 더 제품을 생산했다면 110개 이상 제품이 생산되었을 것이다. 따라서 이날 같은 공장에서 총 110개의 제품이 생산되었다고 단정할 수는 없다.

30 ②

제품코드를 나누어 보면 아래와 같다.

2209-0302-240105-0020

대구 3공장에서 생산한 아동용 바지로 2024년 1월 5일에 20번째로 생산하였다.

31 ④

자료나 정보를 이용하여 객관적 판단 근거를 도출할 수 있는 것을 지식이라 한다.

다음과 같이 내용을 정리할 수 있다.

• 자료

'자료'는 정보 작성을 위해 필요한 것으로, 이는 '아직 특정의 목적에 대하여 평가되지 않는 상태의 숫자나 문자의 나열'을 뜻한다.

• 정보

'정보'는 데이터를 일정한 프로그램에 따라 컴퓨터가 처리 및 가공함으로써 '특정한 목적을 달성하는 데 필요하거나 특정한 의미를 가진 것으로 다시 생산된 것'을 뜻한다.

• 지식

'지식'은 '어떤 특정의 목적을 달성하기 위해 과학적 또는 이론적으로 추상화되거나 정립되어 있는 일반화된 정보'를 뜻하는 것으로, 어떤 대상에 대하여 객관적 타당성을 요구할 수 있는 판단의 체계를 제시한다.

32 ②

정보의 수집 및 관리는 목적이 명확해야 한다.

• 정보의 수집

다양한 정보원으로부터 목적에 적합한 정보를 입수해야 한다. 정보 수집의 목적에는 여러 가지가 있겠지만, 최종적으로는 '예측'을 잘하기 위해서다.

• 정보 관리의 3원칙

 - 목적성: 사용 목적을 명확히 설명해야 한다.
 - 용이성: 쉽게 작업할 수 있어야 한다.
 - 유용성: 즉시 사용할 수 있어야 한다.

33 ③

자기개발을 방해하는 요인은 다음과 같다.

• 인간의 욕구와 감정이 작용하기 때문이다.

• 제한적으로 사고하기 때문이다.

• 문화적인 장애에 부딪히기 때문이다.

• 자기개발 방법을 잘 모르기 때문이다.

[관련 이론] 자기개발을 방해하는 요인

(1) 인간의 욕구와 감정이 작용하기 때문이다.

마슬로우의 욕구 5단계 이론에 따르면 자기실현 욕구는 최상위 욕구로서 생리적 욕구, 안정의 욕구, 사회적 욕구, 존경의 욕구 등과 같이 자기실현 욕구보다 더 우선적으로 여기는 욕구가 있는 경우 자기개발은 이루어지지 않을 수 있다.

(2) 제한적으로 사고하기 때문이다.

스스로 만든 인식의 틀 안에서 사고하여 어떤 선입견이 작용하게 되면 다음의 사고 과정도 편향되게 된다.

(3) 문화적인 장애에 부딪히기 때문이다.

우리는 우리가 속한 문화와 끊임없이 상호작용하며, 문화의 틀 안에서 관성의 법칙에 따라 사고하고 행동하게 된다.

(4) 자기개발 방법을 잘 모르기 때문이다.

사람들은 자기개발을 하려고 하되 어디서 어떻게 자기개발을 할 수 있는지 방법을 모르는 경우가 있다.

34 ⑤

같은 속성의 업무를 한 번에 묶어서 처리하면 더 시간을 절약하여 업무를 할 수 있다. 같은 시간 동안 더 많은 일을 할 수 있기 때문에 업무성과가 향상된다.

[관련 이론] 업무수행 성과를 향상시키는 방법

(1) 자기 자본 이익률(ROE)을 높인다.

자신의 생활을 전략적으로 기획하고 정한 시간 내에 목표를 달성하기 위하여 어떻게 하는 것이 가장 효과적인지를 고려해 본다.

(2) 일을 미루지 않는다.

성공한 사람들의 가장 중요한 자기 경영 습관 중 하나는 일을 미루지 않고 가장 중요한 일을 먼저 처리하는 것이라고 한다.

(3) 업무를 묶어서 처리한다.

같은 속성의 업무를 한 번에 묶어서 처리하면 더 시간을 절약하여 업무를 할 수 있다. 같은 시간 동안 더 많은 일을 할 수 있기 때문에 업무성과가 향상된다. 또한 한 번 움직일 때 여러 가지 일을 한 번에 처리해서, 다시 같은 곳을 반복해서 가지 않도록 경로를 단축시킨다.

(4) 다른 사람과 다른 방식으로 일한다.

관성적인 방법보다는 기존과 다른 창의적인 방법으로 찾는다면 다른 사람들이 발견하지 못한 더 좋은 해결책을 발견하는 경우가 있다.

(5) 회사와 팀의 업무 지침을 따른다.

자신이 아무리 일을 열심히 한다고 하더라도 자신이 속한 회사나 팀의 업무 지침을 지키지 않으면 업무수행 능력을 인정받을 수 없다.

(6) 역할 모델을 설정한다.

역할 모델을 설정하고 그를 주의 깊게 살펴보고 따라 하면 자신도 모르는 사이에 그 사람과 같이 업무수행 성과를 내고 있는 자신을 발견할 수 있을 것이다.

---

35 ①

동료의 시각에서 소외형은 냉소적이고, 부정적이며 고집이 센 사람으로 보일 수 있다. 또 아이디어가 없는 사람처럼 보일 수 있는 유형은 순응형이다.

[관련 이론] 팔로워십의 유형

구분	자아상	동료의 시각	조직에 대한 자신의 느낌
소외형	1. 자립적인 사람 2. 일부러 반대 의견 제시 3. 조직의 양심 중요	1. 냉소적 2. 부정적 3. 고집이 셈	1. 자신을 인정 안 해줌 2. 적절한 보상이 없음 3. 불공정하고 문제가 있음
순응형	1. 기쁘게 과업 수행 2. 팀플레이를 함 3. 조직을 믿고 헌신함	1. 아이디어가 없음 2. 인기 없는 일은 하지 않음 3. 조직을 위해 자신을 양보함	1. 기존 질서를 따르는 것이 중요 2. 리더의 의견을 거스르지 않음 3. 획일적인 태도 행동에 익숙함
실무형	1. 조직 운영 방침에 민감 2. 균형 잡힌 시각으로 봄 3. 규정에 따라 행동함	1. 개인의 이익을 극대화함 2. 적당한 열의와 평범한 수완	1. 규정 준수를 강조 2. 명령과 계획의 빈번한 변경 3. 리더와 부하 간의 비인간적 풍토

수동형	1. 판단을 리더에 의존 2. 지시가 있어야 행동함	1. 하는 일이 없음 2. 제 몫을 하지 못함 3. 업무 감독이 반드시 필요	1. 조직이 내 아이디어를 원치 않음 2. 노력을 해도 아무 소용이 없음 3. 리더는 항상 자기 마음대로 함
주도형 (모범형)	1. 독립적/혁신적 사고 측면에서 스스로 생각하고 건설적 비판을 하며, 자기 나름의 개성이 있고 혁신적이며 창조적인 특성을 가짐 2. 적극적 참여와 실천 측면에서 솔선수범하고 주인 의식을 가지고 있으며, 적극적으로 참여하고 자발적이며, 기대 이상의 성과를 내려고 노력하는 특성을 가짐		

36 ②

4단계에서는 상대방에게 중요한 기준을 명확히 알아보고, 자신에게 어떠한 기준이 중요한지 말해야 한다.

[관련 이론] 윈-윈 갈등 관리법

1단계	**충실한 사전 준비** 1. 비판적인 패러다임 전환 2. 자신의 위치와 관심사 확인 3. 상대방의 입장과 드러내지 않은 관심사 연구
2단계	**긍정적인 접근 방식** 1. 상대방이 필요로 하는 것에 대해 생각해 보았다는 점을 인정 2. 자신의 '윈윈 의도' 명시 3. 윈윈 절차, 즉 협동적인 절차에 임할 자세가 되어 있는지 알아보기
3단계	**두 사람의 입장을 명확히 하기** 1. 동의하는 부분 인정하기 2. 기본적으로 다른 부분 인정하기 3. 자신이 이해한 바를 점검하기
4단계	**윈윈에 기초한 기준에 동의하기** 1. 상대방에게 중요한 기준을 명확히 하기 2. 자신에게 어떠한 기준이 중요한지 말하기
5단계	**여러 가지 해결책 생각해 내기**
6단계	**해결책 평가하기**
7단계	**최종 해결책을 선택하고, 실행하는 것에 동의하기**

37 ④

회사의 내규를 지키는 것은 중요하다. 또한 부정한 방법으로 회사의 이익을 취하는 것은 결과적으로 회사에 큰 불이익을 초래할 수 있다. 어떠한 의미로든 고객과 골프를 치는 것은 피해야 한다.

38 ②

전화는 정상적인 업무가 이루어지고 있는 근무 시간 내에 하는 것이 예의이다.

[관련 이론] 업무 중 전화 걸기 예절
• 전화를 걸기 전에 먼저 준비를 한다. 정보를 얻기 위해 전화를 하는 경우라면 얻고자 하는 내용을 미리 메모하여 모든 정보를 빠뜨리지 않도록 한다.
• 전화를 건 이유를 숙지하고 이와 관련하여 대화를 나눌 수 있도록 준비한다.
• 전화는 정상적인 업무가 이루어지고 있는 근무 시간에 걸도록 한다.
• 당신이 원하는 상대와 통화할 수 없을 경우에 대비하여 비서나 다른 사람에게 메시지를 남길 수 있도록 준비한다.
• 전화는 직접 걸도록 한다. 다른 사람을 통해 대신 전화한다면 당신의 시간이 그의 시간보다 더 소중하다는 느낌을 갖게 만든다.
• 전화를 해달라는 메시지를 받았다면 가능한 한 48시간 안에 답해 주도록 한다.

39 ②

인원 배치 및 작업 지시 부적당은 산업 재해의 작업 관리상 원인이고 나머지는 모두 기술적 원인이다.

[관련 이론] 산업 재해의 기본적 원인
(1) 교육적 원인
• 안전 지식의 불충분
• 안전 수칙의 오해
• 경험이나 훈련의 불충분
• 작업 관리자의 작업 방법의 교육 불충분
• 유해 위험 작업 교육 불충분
(2) 기술적 원인
• 건물/기계 장치의 설계 불량
• 구조물의 불안정
• 재료의 부적합
• 생산 공정의 부적당
• 점검/정비/보존의 불량
(3) 작업 관리상 원인
• 안전 관리 조직의 결함
• 안전 수칙 미제정

- 작업 준비 불충분
- 인원 배치 및 작업 지시 부적당

---

40 ①
①은 경쟁적 벤치마킹의 특징이고, ②, ③, ⑤는 내부 벤치마킹, ④는 비경쟁적 벤치마킹의 특징이다.

[관련 이론] 벤치마킹
(1) 벤치마킹의 의미
벤치마킹이란 특정 분야에서 뛰어난 업체나 상품, 기술, 경영 방식 등을 배워 합법적으로 응용하는 것을 의미한다.

(2) 벤치마킹의 종류
1) 비교 대상에 따른 분류
① 내부 벤치마킹
같은 기업 내의 다른 지역, 타 부서, 국가 간의 유사한 활용을 비교 대상으로 한다. 이 방법은 자료 수집이 용이하며 다각화된 우량 기업의 경우 효과가 큰 반면 관점이 제한적일 수 있고 편중된 내부 시각에 대한 우려가 있다는 단점을 가지고 있다.
② 경쟁적 벤치마킹
동일 업종에서 고객을 직접적으로 공유하는 경쟁 기업을 대상으로 한다. 이 방법은 경영성과와 관련된 정보 입수가 가능하며, 업무/기술에 대한 비교가 가능한 반면 윤리적인 문제가 발생할 소지가 있으며, 대상의 적대적 태도로 인해 자료 수집이 어렵다는 단점이 있다.
③ 비경쟁적 벤치마킹
제품, 서비스 및 프로세스의 단위 분야에 있어 가장 우수한 실무를 보이는 비경쟁적 기업 내의 유사 분야를 대상으로 하는 방법이다. 이 방법은 혁신적인 아이디어의 창출 가능성은 높은 반면 다른 환경의 사례를 가공하지 않고 적용할 경우 효과를 보지 못할 가능성이 높다.
④ 글로벌 벤치마킹
프로세스에 있어 최고로 우수한 성과를 보유한 동일 업종의 비경쟁적 기업을 대상으로 한다. 접근 및 자료 수집이 용이하고 비교 가능한 업무•기술 습득이 상대적으로 용이한 반면, 문화 및 제도적인 차이로 발생되는 효과에 대한 검토가 없을 경우, 잘못된 분석 결과의 발생 가능성이 높다.

2) 수행 방식에 따른 분류
① 직접적 벤치마킹(벤치마킹 대상을 직접 방문하여 수행하는 방법)
이 방법은 필요로 하는 정확한 자료의 입수 및 조사가 가능하며 Contact Point의 확보로 벤치마킹의 이후에도 계속적으로 자료의 입수 및 조사가 가능한 장점이 있는 반면 벤치마킹 수행과 관련된 비용 및 시간이 많이 소요되며 적절한 벤치마킹 대상 선정에 한계가 있다는 단점이 있다.

② 간접적 벤치마킹(인터넷 및 문서 형태의 자료를 통해서 수행하는 방법)
이 방법은 벤치마킹 대상의 수에 제한이 없고 다양하며, 비용 또는 시간적 측면에서 상대적으로 많이 절감할 수 있다는 장점이 있는 반면 벤치마킹 결과가 피상적이며 정확한 자료의 확보가 어렵고, 특히 핵심 자료의 수집이 상대적으로 어렵다는 단점이 있다.

정답과 해설 4회 NCS 실전모의고사

정답표									
01	02	03	04	05	06	07	08	09	10
②	⑤	③	⑤	②	⑤	③	①	②	③
11	12	13	14	15	16	17	18	19	20
②	①	③	①	③	①	①	④	③	③
21	22	23	24	25	26	27	28	29	30
⑤	③	⑤	⑤	③	②	⑤	③	②	②
31	32	33	34	35	36	37	38	39	40
③	④	④	④	④	④	②	②	④	④

| 해설 |

01 ②
A: 훈련은 10월 23일 월요일 오후 중에 일어난다. 따라서 아침에는 훈련을 볼 수 없다.
B: 3호선 학여울역에서 흉기난동에 대한 훈련이 포함되어 진행된다.
C: 훈련은 오후 중에 불시에 일어난다. 따라서 정해진 시각에 진행되는 것은 아니다.
D: 19개 기관 및 단체에서 587명이 참여한다.
E: 훈련은 인파가 많은 학여울역을 배경으로 대형화재에 대응에 대한 상황을 포함하여 진행된다. 따라서 유사시 효율적으로 사고에 대응할 수 있도록 훈련된다.

02 ⑤
⑤ ○
'학여울역은 이용객이 많고 인근에 대형 전시장이 있는 등 인파 밀집도가 높아 훈련장소로 선정되었다.'를 통해 알 수 있다.
① ×
'민·관·군·경·소방 등 19개 기관 참여한 합동훈련으로 유기적 협력체계 구축'을 통해 군인도 참여한다는 것을 알 수 있다. 따라서 군인도 이 훈련에 참여한다.
② ×
이 훈련의 배경은 인파가 많은 학여울역이다. 따라서 인파가 몰린 장소의 테러 상황을 대비한다.
③ ×
현장 훈련으로 61대의 차량이 동원되는 것으로 보아 참여인원은 차량으로 이동할 것이다.

④ ×
서울교통공사와 강남구청, 서울경제진흥원 총 3개 기관에서 공동으로 주관하여 진행한다.

03 ③

보도자료의 취지는 외부업체의 공사에 대한 안전관리 강화 방안을 마련해 중대재해를 예방하는 데에 있다. 안전사고 발생 및 부실시공 등의 피해를 준 경우 벌점을 부과해 재입찰 자격을 제한하고, 선제적으로는 안전교육 프로그램을 개발하여 외부업체에 이수하도록 하여 중대재해를 예방하고 관리하고자 한다. 따라서 이러한 맥락에서의 내용을 포함하는 제목이 어울린다. 이러한 관점에서 ③이 가장 이 보도자료의 제목으로 어울리지 않는다.

04 ⑤

⑤ ×
'안전사고 발생 및 부실시공 등으로 피해를 준 외부업체에 벌점을 부과해 재입찰 시 불이익을 줄 수 있다.'고 하였기 때문에 입찰 평가에서 불리할 수는 있지만 재입찰에 참여할 수 없는 것은 아니다.
① ○
'ⓒ 벌점심의[벌점심의위원회]'를 통해 알 수 있다.
② ○
'아울러 안전교육 이수를 필수 조건으로 명시해 계약을 추진한다.'를 통해 알 수 있다.
③ ○
'서울교통공사는 지난해 12월 발생한 8호선 복정역 승강편의시설 공사장 이산화탄소 방출 사고 등 외부업체의 공사 과정에서 발생할 수 있는 사고를 예방하기 위해 '사고 발생 업체 벌점 부과 및 감점 심사제'('24년 6월 중)와 '안전교육 이수제'('24년 7월 중)를 시행한다. 이번 대책은 모든 외부업체의 공사에 적용될 예정이다.'를 통해 알 수 있다.
④ ○
"ChatGPT 활용 온라인 안전교육' 및 '실습장 체험' 등 실효성 있는 교육 프로그램을 개발해 이론교육과 현장 실습 교육을 병행 시행할 예정이다.'를 통해 알 수 있다.

05 ②

㉠ 22개의 언어와 수천 개의 방언이 존재하는 인도를 설명하고 있다.
㉡ 인도에서 많은 언어를 쓰게 된 이유를 역사, 지리, 문화적 관점 세 가지로 설명하고 있다.
㉢ 많은 언어의 사용으로 자국민들끼리 소통이 어려운 인도의 잠재적인 약점에 대해 설명하고 있다.
㉣ 인도 영화를 예로, 많은 언어 사용은 소통의 장애가 되지만 반대로 문화적 풍요로움의 원천이 되기도 하며, 언어 다양성을 존중하면서도 효과적인 소통을 위한 노력은 인도 사회 발전에 필수적이라고 하였다.

06 ⑤

⑤ ×

'특히 우르두어는 페르시아어와 힌디어의 혼합 언어로, 인도 무슬림들이 주로 사용합니다.'를 통해서 우르두어는 페르시아와 힌디어의 혼합 언어로 관계가 깊다는 것을 알 수 있다.

① ○

ⓔ에서 '인도 영화에서 화려한 춤과 노래는 필수 요소입니다.'라고 하며, 인도 영화는 춤과 노래로 언어가 통하지 않아도 감정을 효과적으로 표현하여 전달할 수 있다고 하였다.

② ○

'서로 다른 언어를 사용하는 사람들은 서로 다른 문화적 가치관과 관습을 가지고 있을 수 있으며, 이는 오해와 갈등을 야기할 수 있습니다.'를 통해 알 수 있다.

③ ○

인도에는 22개의 공식 언어가 존재하며, 수천 개의 방언이 사용되고 있다고 하였다.

④ ○

'특히 히말라야 산맥과 여러 강들이 인도를 가로지르면서 서로 다른 언어 사용 집단을 분리시키는 원인이 되었습니다.'를 통해 유추할 수 있다.

---

07 ③

주어진 글은 중국 창어 6호의 세계 최초 달 뒷면 착륙에 대한 내용이다. 창어 6호의 달 뒷면 착륙 성공 과정과 이후 활동을 말하면서 달 뒷면 탐사가 중요한 이유를 과학적, 경제적 의미에서 설명하고 있다. 따라서 ①, ②, ④, ⑤ 모두 제목으로 어울린다.

하지만 달 뒷면 탐사의 의미와 가치를 설명했을 뿐, 각국의 경쟁에 대한 내용은 없으므로 ③은 제목으로 부적절하다.

---

08 ①

① ×

'달 뒷면은 지구의 자기장과 대기로부터 영향을 받지 않기 때문에, 우주 환경 연구에 매우 적합한 장소입니다.'를 통해 '달 뒷면에서 지구 자기장의 결과를 측정할 수 있을 것이다.'라는 말은 어울리지 않는다.

② ○

'또한, 탐사선은 로봇팔을 사용하여 달 표면에서 약 2kg의 암석과 토양 샘플을 채취했습니다.'를 통해 알 수 있다.

③ ○

'달은 인류에게 가장 가까운 천체이지만, 그 뒷면은 아직 많은 미스터리로 싸여 있습니다. 달 뒷면은 지구로부터 영구히 차폐되어 있어 지구 쪽에서는 관측하기 어려웠고, 이 때문에 과학자들은 오랫동안 달 뒷면에 대한 호기심을 가지고 왔습니다.'를 통해 알 수 있다.

④ ○

'달 뒷면은 지구 쪽에서는 볼 수 없는 독특한 풍경을 가지고 있으며, 이는 미래의 우주 관광 산업 발전에 기여할 수 있습니다.'를 통해 알 수 있다.

⑤ ○

'과학자들은 달 뒷면에서 희귀 광물, 헬륨-3 등을 채굴하여 미래의 에너지원으로 활용할 수 있을 것으로 기대하고 있습니다.'를 통해 알 수 있다.

---

09 ②

② ×

1톤 이하 차량은 하루에 공차로 평균 1.25번 통행하고, 평균 42.72km 통행한다. 따라서 1번 통행 시 평균 통행거리를 구하면 아래와 같다.

$$42.72 \div 1.25 = 42.72 \div \frac{5}{4} = 42.72 \times \frac{4}{5} = \frac{170.88}{5} = 34.176 (km)$$

따라서 공차로 1번 통행 시 평균 35km 이상 통행하지는 않는다.

① ○

[표2]에서 전체 차량은 적재 시 일평균 78.39km를 통행한다.

$$78.39 \times 30 = 2,351.7 (km)$$

따라서 월평균 2,300km 이상 통행한다.

③ ○

8톤 이상 차량은 일평균 적재 통행시간이 246분으로 가장 많다.

④ ○

1톤 초과~3톤 이하 차량의 공차 통행 비율은 41.58%이다. 따라서 10번 중 4번 이상은 공차로 통행한다.

⑤ ○

3톤 초과~8톤 미만 차량의 일평균 적재 시 통행거리는 145.22km이고, 공차 시의 통행거리는 75.59km이다.

$$145.22 - 75.59 = 69.63 (km)$$

따라서 3톤 초과~8톤 미만 차량의 일평균 적재 시와 공차 시의 통행거리의 차이는 70km 이하이다.

---

10 ③

[표]를 완성해 보면 아래와 같다.

구분	전체	1톤 이하	1톤 초과~ 3톤 이하	3톤 초과~ 8톤 미만	8톤 이상
일평균 적재 통행수	1.56회	1.53회	1.71회	1.64회	1.70회
일평균 적재 통행시간	109.61분	94.93분	119.68분	167.48분	246.00분
1회 적재 통행 시 평균 통행시간	약 70분	약 62분	약 70분	약 102분	약 145분

1톤 초과~3톤 이하의 경우 수치가 확연히 잘못되었다는 것을 알 수 있다. 반올림하여 어림계산 후 비슷한 수치를 찾아보고 확연히 다른 것을 고르는 방식으로 문제를 풀어야 한다.

11 ②

② ×

주거설비용품 제조업 회사는 138곳이다. 이중 회사법인 형태의 회사는 60.8%로 약 84곳이 있다. 따라서 600곳이 넘지 않는다.

① ○

[표2]에서 매출액 규모가 10억 원 이상 50억 원 미만인 업체의 경우 80.3%는 단독사업체이다. 따라서 5곳 중 4곳 이상은 단독사업체라고 할 수 있다.

③ ○

[표1]에서 개인사업체는 46.5%, 회사법인은 52.7%로 비율이 더 많다는 것을 알 수 있다.

④ ○

1,089개의 회사 중 종사자 50명 이상의 회사는 37개 회사이다. 1,000개의 회사 중 4%는 40개 회사임을 이용하여 비교 계산하면 쉽게 풀 수 있다.

$1,089 \times 0.04 > 1,000 \times 0.04 = 40 > 37$ ➜ $1,089 \times 0.04 > 37$

따라서 50명 이상의 37개 회사는 전체 1,089개의 회사의 4%가 되지 않는다.

⑤ ○

1,098개의 사업체 중 개인사업체의 비중은 46.5%, 회사법인의 비중은 52.7%, 회사외법인의 비중은 0.7%이다.

12 ①

아래와 같이 계산할 수 있다.

A: $669 \times 0.8 = 535.2$ ➜ 535

B: $138 \times 0.839 = 115.782$ ➜ 116

A - B = C, 535 - 116 = 419

---

13 ③

㉠ ✕

창업 경험이 있는 경우 모든 메뉴를 배달하는 비율이 2.9%이고, 창업 경험이 없는 경우는 6.4%이다. 따라서 창업 경험이 있는 음식점의 경우가 그렇지 않은 경우보다 모든 메뉴를 배달하는 비율이 더 낮다.

㉡ ○

전체 317,225개 음식점 중 227,686개가 5년 이상 운영되었다. 수를 대략 단순화하여 어림 계산해도 3분의 2가 넘는다는 것을 알 수 있다.

$$\frac{227,686}{317,225} > \frac{220,000}{320,000} = \frac{22}{32} > \frac{22}{33} = \frac{2}{3} \quad ➜ \quad \frac{227,686}{317,225} > \frac{2}{3}$$

㉢ ○

한식 면요리 음식점의 경우 '대부분 함' 비율이 배달 서비스 및 테이크아웃 서비스에서 각각 가장 높다.

㉣ ✕

테이크아웃 서비스의 '모두 함' 비율이 '3~5년 미만'에서 7.9%로 가장 높다.

---

14 ①

테이크아웃 서비스를 모든 메뉴에 하는 해산물요리 음식점의 수는 $29,544 \times 0.057 = 1,684.008$개이고, 반올림하여 소수점을 소거하면 1,684개가 된다.

전체 한식 음식점의 수는 317,225개이므로 계산하면 아래와 같다.

$$\frac{1,684}{317,225} \times 100 = 0.5308 \cdots \quad ➜ \quad 0.5\%$$

---

15 ③

㉠ ○

2021년 전체 하천 수 3,952개의 10% 즉, 395.2개 이상 하천 수를 가진 지역은 경기도, 충청남도, 전라북도, 전라남도, 경상남도이다. 2011년 전체 하천 수 3,946개의 10% 즉, 394.6개 이상 하천 수를 가진 지역은 경기도, 충청남도, 전라북도, 전라남도, 경상남도로 같다.

㉡ ✕

2021년 10년 전보다 하천정비현황이 줄어든 지역은 서울특별시, 경기도로 총 2개 지역이다.

㉢ ✕

2021년 서울특별시의 하천수는 44개로 2011년에 비해 4개 늘었다.

ㄹ ○

2021년 전체 하천연장 길이는 29,996km이고 이것의 10%는 2,999.6km이다. 하천연장의 길이가 2,999.6km를 넘는 곳은 경기도, 강원도, 전라북도, 전라남도, 경상북도, 경상남도이다. 2011년 전체 하천연장 길이는 30,258km이고 이것의 10%는 3,025.8km이다. 하천연장의 길이가 3,025.8km를 넘는 곳은 경기도, 강원도, 전라북도, 전라남도, 경상북도, 경상남도로 같다.

16 ①

증감을 [표]로 나타내면 아래와 같다.

(단위: km)

지역	하천연장		
	2021	2011	증감
서울특별시	256	248	+8
부산광역시	272	264	+8
대구광역시	292	291	+1
인천광역시	134	141	-7
광주광역시	206	214	-8
대전광역시	212	214	-2

따라서 (A)는 -7이다.

(단위: km)

지역	하천정비현황		
	2021	2011	증감
강원도	3,033	2,681	+352
충청북도	2,234	1,979	+255
충청남도	4,100	3,431	+669
전라북도	4,198	3,535	+663
전라남도	4,341	3,695	+646
경상북도	5,069	3,892	+1,177

따라서 (B)는 +1,177이다.

17 ①

업체 선정 평가 기준에 따라 점수를 계산하면 아래와 같다.

구분	A업체	B업체	C업체	D업체	E업체
예상 가격	3	5	4	2	6
작업 기간	4	3	2	4	3
규모	5	4	4	5	3
전문성	5	3	3	1	3
입찰 경험	+3	-	-	-	+3
평가자 점수	+5-5=0	-	-5	+5	-5+5=0
합계	20	15	8	17	18

평가 기준에 따라 점수가 가장 높은 A업체를 선정하게 된다.

18 ④

구분	A업체	B업체	C업체	D업체	E업체
작업 기간	8	6	4	8	6
규모	5	4	4	5	3
입찰 경험	+3	-	-	-	+3
평가자 점수	+5-5=0	-	-5	+5	-5+5=0
합계	16	10	3	18	12

새로운 평가 기준에 따라 점수가 가장 높은 D업체를 선정하게 된다.

19 ③

③ ×

'제11조 ①'의 '다만, 수도권 내 구간과 수도권 외 구간을 연속하여 이용하는 경우에는 수도권 내 구간의 운임을 먼저 계산한 후 수도권 외 구간의 이용거리 4km까지 마다 서울교통공사에서 정한 추가운임을 합산한 후 끝수처리 한 금액으로 합니다.'를 통해서 요금산출 기준이 달라져서 수도권 내에서만 같은 거리를 이동한 경우와 요금이 달라질 수 있다.

① ○

첫차를 탄 후 환승은 총 4회가 가능하기 때문에 5개의 차량에 탑승이 가능하다.

② ○

'제11조 ⑥'에서 확인할 수 있다.

④ ○

'제11조 ③'의 '다만 통합운임의 적용은 각각의 교통수단을 승하차할 때마다 단말기에 교통카드를 접촉하여 이용거리가 산출되는 경우에 한정하여 적용합니다.'를 통해서 확인할 수 있다.

⑤ ○

'제11조 ① 1.'에서 기본운임은 10km까지로 나타나 있다.

20 ③

A ○

수도권 내 구간과 수도권 외 구간을 연속하여 이용하지 않는다면 10km 이내의 거리는 기본운임만 내면 된다.

B ○

'제11조 ④'의 '제3항의 환승인정 횟수는 4회(5회 승차)까지이며, 선 교통수단 하차 후 30분 이내 후 교통수단 승차의 경우로 하되, 21:00~다음 날 07:00까지는 1시간 이내로 합니다. 다만, 환승통행 목적이 아닌 동일노선 환승의 경우는 통합운임을 적용하지 않습니다.'를 통해서 오후 11시에 도시철도에서 내린다면 1시간 후인 12시까지 환승이 가능하다.

C ×

'제11조 ③ 2.'의 '환승 이용한 거리의 합이 다음의 각 목이 정하는 거리 이내인 경우에는 환승이용한 각 교통수단 중 기본운임이 가장 높은 교통수단의 운임으로 합니다.'를 통해서 첫 교통수단의 기본운임이 기준이 되는 것이 아니라 두 개 중 더 운임이 높은 것이 기준이 된다는 것을 알 수 있다.

D ○

'제11조 ④'를 통해 확인할 수 있다.

21 ⑤

• 리플렛 제작 비용

A3 100g로 100부 제작 시 165,000원이 든다.

따라서 500부 제작은 $165,000 \times 5 = 825,000$(원)이 든다. 디자인은 내부 작업으로 비용이 들지 않는다.

• 브로셔 제작 비용

A사 150g로 1,000부 제작 시 1,398,000원이 든다.

따라서 2,000부 제작에는 $1,398,000 \times 2 = 2,796,000$(원)이 든다. 디자인 비용은 이 비용에 포함된다.

• 대형 포스터 제작 비용

세로 2m, 가로 1m 기준 100,000원에서 가로 및 세로 1m 추가 시 각각 10,000원씩 추가된다.

따라서 세로 3m, 가로 2m 포스터의 제작 단가는 $100,000 + 10,000 + 10,000 = 120,000$(원)이다.

총 3개 제작 사 $120,000 \times 3 = 360,000$(원)이 든다.

따라서 총 비용은 $825,000 + 2,796,000 + 360,000 = 3,981,000$(원)이 든다.

22 ③

• 리플렛 추가 제작 비용

A3 100g의 단가는 165,000원인데 120g의 교체하면 100부 기준 $204,000 - 165,000 = 39,000$(원)이 더 든다. 따라서 총 $39,000 \times 5 = 195,000$(원)이 더 들고, 디자인을 업체에 맡기면 100,000원이 추가로 든다. 결국 295,000원이 추가된다.

• 브로셔 추가 제작 비용

1,000부를 추가하면 1,398,000원이 추가된다.

• 대형 포스터 추가 제작 비용

가로 2m, 세로 4m, 총 5개의 비용은 $100,000 + 10,000 + 20,000 = 130,000$(원)으로 5개 제작 시 650,000원이 든다. 기존 360,000원에서 290,000원이 더 든다.

따라서 총 $295,000 + 1,398,000 + 290,000 = 1,983,000$(원)이 든다.

23 ⑤

⑤ ×

승차권에 표기된 도착역을 지나기 전에 승무원에게 추가금액을 지불해야 한다.

① ○

매진된 열차의 취소·반환된 좌석을 예약대기 신청내역(이용구간, 인원수 등)에 따라 배정하는 서비스를 제공하고 있다.

② ○

코레일톡을 통해 열차 출발 전까지 구매가 가능하다.

③ ○

결제금액이 50,000원 이상이면 신용카드 할부 결제가 가능하다.

④ ○

승차 중 도착역 전에 내리는 경우 이용한 구간의 운임요금을 제외하고 이용하지 않은 구간의 운임요금에 대한 출발 후 환불위약금을 뺀 나머지를 환불할 수 있다.

24 ⑤

예약대기 신청 후 좌석이 배정된 경우 배정된 당일 24시 전까지 결제를 해야 한다. 결제하지 않는 경우는 자동취소된다.

25 ③

③ ✕

신규 노선 홍보용 책자 제작 기획 완료일은 10월 4일이고, 오늘은 9월 6일이므로 한 달 이상이 남지 않았다.

① ○

주간회의는 9월 4일 수요일에 했고, 9월 6일 금요일에 윤 대리가 작성하였다.

② ○

외주 이미지 비용에 대한 결재가 필요하다고 적혀 있고, 담당자는 최 사원으로 되어 있기 때문에 최 사원은 조만간 비용에 대한 결재를 올릴 것이다.

④ ○

9월 6일 오늘 월간 보도자료 진행 상황에 대한 재점검이 필요하여 미팅이 계획되어 있다.

⑤ ○

외국인 관광용 안내 책자는 영어, 중국어, 일어 총 3개 언어로 제작될 예정이다.

26 ②

② ✕

외국인 관광용 안내 책자의 한글 원고 작업은 9월 2일 이미 완료되었다. 따라서 주어진 주간회의 보고서를 보고 보일 수 있는 적절한 반응은 아니다.

① ○

다음주 주간회의는 9월 11일 수요일에 진행된다.

③ ○

신규 노선 홍보용 책자 제작 기획은 김 과장, 금 대리, 강 사원 총 3명이 진행하고 있다. 충분히 보일 수 있는 반응이다.

④ ○

최 사원은 다음주 9월 12일 목요일 오후에 외근이 있어서 회사에서 볼 수 없을 것이다.

⑤ ○

다음주에 신규 노선 홍보용 책자의 코너 구성 기획 회의가 예정되어 있으므로 아직은 확정되지 않았다.

27 ⑤

주어진 하계 휴가 희망일 고려하여 스케줄을 나타내면 아래와 같다.

월	화	수	목	금	토	일
	1 차 대리	2 차 대리 홍 주임	3 차 대리 홍 주임	4 차 대리 홍 주임	5	6
7 차 대리 홍 주임	8 홍 주임	9	10 황 부장	11 황 부장	12	13
14 황 부장	15 공휴일	16 황 부장 임 차장	17 황 부장 임 차장	18 임 차장	19	20
21 임 차장 하 사원	22 임 차장 하 사원	23 하 사원	24 정 과장 하 사원	25 정 과장 하 사원	26	27
28 정 과장	29 정 과장	30 정 과장	31			

8월 17일은 황 부장과 임 차장이 하계 휴가를 간다. 따라서 하 사원이 연차를 쓰면 사무실에 3명만 근무하게 되므로 이 날은 연차를 쓸 수 없다.

---

28 ③

8월 9일과 8월 31일에는 아무도 하계 휴가를 신청하지 않았다.

---

29 ②

사업자등록번호를 나누어 보면 507-95-0083-7로 영덕시에 위치한 개인사업자 중 면세 사업자로 오늘 개인사업자 중 83번째로 사업자등록번호를 발급받은 회사이다. 또한 개인/법인 구분 코드가 어린이집은 '80', 지방자치단체는 '83'이 되어야 한다. 따라서 답은 ②이다.

---

30 ②

② ○

402-79-0022-6

전주 과세 사업자 중 발급받은 날 22번째로 발급받았으며 검증번호도 계산해 보면 유효하다.

4+0+2+7+9+0+0+2+2=26 → 일의 자리 숫자 6으로 검증번호는 6

① ×

400-82-6005-5

'82'는 비영리법인으로 일련번호가 0001~5,999 사이에 와야 한다. 6005가 될 수 없다.

③ ×

113-86-3888-6

'86'은 영리법인의 본점으로 일련번호가 6,000~9,999 사이에 와야 한다. 3,888이 될 수 없다.

④ ×

107-90-0022-2

검증번호를 계산하면 유효하지 않다.

1+0+7+9+0+0+0+2+2=21 → 검증번호는 1이다.

⑤ ×

616-83-6001-0

검증번호를 계산하면 유효하지 않다.

6+1+6+8+3+6+0+0+1+0=31 → 검증번호는 1이다.

---

31 ③

뛰어난 통찰력에 의지하여 빠르게 결정하고 일을 진행시키는 방법은 정보를 잘 활용하여 일을 결정해 가는 방식과는 대조적으로 정보 활용을 잘하는 사람들의 특징으로 보기 어렵다.

• 정보의 활용
 - 정보가 필요하다는 문제 상황을 인지할 수 있는 능력
 - 문제해결에 적합한 정보를 찾고 선택할 수 있는 능력
 - 찾은 정보를 문제해결에 적용할 수 있는 능력
 - 윤리 의식을 가지고 합법적으로 정보를 활용할 수 있는 능력

---

32 ④

데이터베이스 구축에는 많이 비용이 든다.

• 데이터베이스의 의미
  여러 개의 서로 연관된 파일을 의미한다.

• 데이터베이스의 필요성
 - 데이터 중복을 줄인다.
 - 데이터의 무결성을 높인다.
 - 검색을 쉽게 해 준다.
 - 데이터의 안정성을 높인다.
 - 개발 기간을 단축한다.

---

33 ④

일을 할 때에 너무 큰 단위로 하지 않고 작은 단위로 나누어 수행한다. 작은 성공의 경험들이 축적되어 자신에 대한 믿음이 강화되면 보다 큰 일을 할 수 있게 된다.

[관련 이론] 흥미와 적성 개발
(1) 마인드컨트롤을 해라.
① 마인드컨트롤을 통해 자신을 의식적으로 관리하는 방법을 깨닫게 되면 문제 상황을 해결할 수 있게 된다.
② 지속적인 자기암시를 하다 보면 자신도 모르게 자신감을 얻게 되고 흥미나 적성을 가지게 된다.
(2) 조금씩 성취감을 느껴라.
① 일을 할 때에 너무 큰 단위로 하지 않고 작은 단위로 나누어 수행한다. 작은 성공의 경험들이 축적되어 자신에 대한 믿음이 강화되면 보다 큰일을 할 수 있게 된다.
② 하루의 일과가 끝나면 자신이 수행한 결과물을 점검해 본다. 누구나 자신이 성취한 일을 보면 만족감을 느끼고 자긍심이 생긴다. 그러다 보면 점점 일의 성취감을 높이게 되며 다음에 할 일에도 흥미를 더 가지게 되어 더 그 일을 잘하게 될 것이다.
(3) 기업의 문화 및 풍토를 고려해라.
① 흥미나 적성검사를 통해 자신에게 알맞은 직업을 도출할 수 있지만, 이러한 결과가 그 직업에서의 성공을 보장해 주는 것은 아니다.
② 실제로 직장에서는 직장 문화, 풍토 등이 있어서 아무리 자신에게 맞는 직업을 선택했다고 하더라도 이러한 외부적인 요인에 의해 적응을 하지 못하는 경우가 발생할 수 있다.
③ 흥미와 적성을 개발하기 위해서는 기업의 문화와 풍토를 고려하여야 한다.

34 ④
자기개발 계획 수립이 어려운 이유는 다른 직업이나 회사 밖의 기회에 대해 충분히 알지 못하기 때문이다.

[관련 이론] 자기개발 계획 수립이 어려운 이유
• 자기 정보의 부족: 자신의 흥미, 장점, 가치, 라이프스타일을 충분히 이해하지 못한다.
• 내부 작업 정보 부족: 회사 내의 경력 기회 및 직무 가능성에 대해 충분히 알지 못한다.
• 외부 작업 정보 부족: 다른 직업이나 회사 밖의 기회에 대해 충분히 알지 못한다.
• 의사 결정에 대한 자신감의 부족: 자기개발과 관련된 결정을 내릴 때 자신감이 부족해진다.
• 일상 생활의 요구 사항: 개인의 자기개발 목표와 일상 생활 간 갈등이 있다.
• 주변 상황의 계약: 재정적 문제, 연령, 시간 등의 장애 요소가 있다.

35 ④

관리자는 오늘에 초점을 두지만, 리더는 내일에 초점을 둔다.

[관련 이론] 리더의 역할

리더	관리자
1. 새로운 상황 창조자이다.	1. 상황에 수동적이다.
2. 혁신 지향적이다.	2. 유지 지향적이다.
3. 내일에 초점을 둔다.	3. 오늘에 초점을 둔다.
4. 팀원에게 동기부여를 한다.	4. 사람을 관리한다.
5. 사람을 중시한다.	5. 체제나 기구를 중시한다.
6. 정신적이다.	6. 기계적이다.
7. 계산된 리스크를 취한다.	7. 리스크를 회피한다.
8. '무엇을 할까'를 생각한다.	8. '어떻게 할까'를 생각한다.

36 ④

고객이 거친 말로 불평하는 것이 꼭 불만의 내용까지 공격적이어서는 아니다.

[관련 이론] 불평을 좋은 방안으로 활용
• 불만족한 고객 대부분은 불평하지 않는다. 불평하는 고객은 사업자를 도와주려는 생각에서 불평을 하는 경우가 많다. 따라서 고객의 불평을 감사하게 생각해야 한다.
• 고객의 불평은 종종 거친 말로 표현된다. 그러나 그것은 꼭 불만의 내용이 공격적이기 때문에 그런 것은 아니다.
• 대부분의 불평 고객은 단지 기업이 자신의 불평을 경청하고, 잘못된 내용을 설명하고 제대로 고치겠다고 약속하면서 사과하기를 원한다.
• 미리 들을 준비를 하고 침착하게 긍정적으로 고객을 대하며, 대부분의 불평은 빠르게 큰 고통 없이 해결된다.

37 ②

악수는 서로의 이름을 말하고 간단한 인사 몇 마디를 주고받는 정도의 시간 안에 끝내야 한다.

[관련 이론] 악수 예절
• 외부 인사가 나의 사무실을 방문하게 되었을 때 자리에서 일어나 악수를 청하며 손님을 맞는 것이 예우의 표현이다.
• 악수는 전문성, 진실성 그리고 신뢰성을 느끼게 하는 신체상의 접촉이다.
• 악수는 말을 시작하는 전 단계에서 강력한 비언어적 메시지를 전달한다.
• 악수를 할 때는 오른손을 사용하고, 너무 강하게 쥐어짜듯이 잡지 않는다.

- 악수는 서로의 이름을 말하고 간단한 인사 몇 마디를 주고받는 정도의 시간 안에 끝내야 한다.
- 악수를 할 때는 상대를 바로 바라보며 미소를 짓는다.
- 악수는 다른 사람에게 소개되었을 때, 자기 자신을 직접 소개할 때, 작별 인사를 할 때 등, 거의 모든 경우에 있어 적절한 행동이다.

38 ②
성희롱이나 성추행, 성폭행 등은 모두 성폭력의 개념에 포함한다.

[관련 이론] 성희롱의 종류
- 성폭력
 - 성을 매개로 해서 상대방의 의사에 반해 이뤄지는 모든 가해 행위이다.
 - 성희롱이나 성추행, 성폭행 등은 모두 성폭력의 개념에 포함한다.
 - 인터넷을 통해 음란물을 보내는 등의 사이버 성폭력과 일방적으로 전화를 하거나 쫓아다니는 스토킹 등은 넓은 의미의 성폭력에 포함한다.
- 성희롱
 - 업무와 관련해 성적 언어나 행동 등으로 굴욕감을 느끼게 하거나 성적 언동 등을 조건으로 고용상 불이익을 주는 행위라고 정의한다.
 - 피해자가 사업주에게 가해자에 대한 부서 전환과 징계 등의 조치를 요구할 수 있다.

39 ④
시설물의 배치 및 장소 불량은 불완전한 상태로 인한 원인이고 나머지는 모두 불완전한 행동에서 비롯되는 원인이다. '불안전한 상태 방치'는 불안전한 상태를 알고도 개선하지 않고 방치한 잘못으로 인한 산업 재해다. 불완전한 행동에 기인한다.

[관련 이론] 산업 재해의 직접적 원인
(1) 불완전한 행동

• 위험 장소 접근	• 위험물 취급 부주의
• 안전장치 기능 제거	• 불안전한 상태 방치
• 보호 장비의 미착용 및 잘못 사용	• 불안전한 자세와 동작
• 운전 중인 기계의 속도 조작	• 감독 및 연락 잘못
• 기계/기구의 잘못된 사용	

(2) 불완전한 상태

• 시설물 자체 결함	• 복장/보호구의 결함
• 전기 시설물의 누전	• 시설물의 배치 및 장소 불량
• 구조물의 불안정	• 작업 환경 결함
• 소방 기구의 미확보	• 생산 공정의 결함
• 안전 보호 장치 결함	• 경계 표시 설비의 결함

40 ④

기술을 적용할 때 고려해야 하는 사항은 과거의 가치가 아니라 현재 또는 미래의 가치를 평가하여 얼마나 지속 가능한지 살펴봐야 한다.

[관련 이론] 기술 적용 시 고려 사항

(1) 기술 적용에 따른 비용이 많이 드는가?
아무리 자신의 직장에 적합한 기술임과 동시에 성과를 높일 수 있는 기술이라고 할지라도 기술 적용에 따른 비용이 성과보다 더 많이 든다면 그것은 좋은 기술이라고 할 수 없다. 좋은 기술이란 자신의 직장 생활에서 반드시 요구됨과 동시에 업무 프로세스의 효율성을 높이고 성과를 향상시키면서 기술을 적용하는 데 요구되는 비용이 합리적이어야 한다.

(2) 기술의 수명 주기는 어떻게 되는가?
현재 자신의 직장 생활에서 요구되는 기술이라 할지라도 단기간에 기술이 진보하거나 변화할 것이라고 예상되는 기술을 적용하는 것은 바람직하지 못하다. 그 기술을 적용하는 데 비용이 드는 것은 물론이고 그것을 익숙하게 활용할 수 있도록 적응하는 데에도 일정한 시간이 요구되는데 만약 그 기간 동안에 또 다른 새로운 기술이 등장하게 된다면 현재 활용하고 있는 기술의 가치는 떨어지게 될 것이다. 따라서 현재 자신이, 또는 회사에서 적용하고자 하는 기술의 수명 주기를 고려하는 것은 매우 중요한 일이다.

(3) 기술의 전략적 중요도는 어떻게 되는가?
새로운 기술을 선택하여 적용하는 데 있어 해당 기술이 얼마나 자신의 직장 생활의 성과 향상을 위해 전략적으로 중요한가를 확인하는 활동은 매우 중요한 일이다. 새로운 기술의 도입은 대개의 경우 환경의 변화를 시도하거나 경영 혁신을 꾀하기 위해 이루어지는 경우가 많기 때문에 회사의 전략과 얼마나 조합을 이루느냐를 판단하는 것은 매우 중요한 일이다.

(4) 잠재적으로 응용 가능성이 있는가?
새롭게 받아들여 활용하고자 하는 기술이 단순한 기술인지, 아니면 가까운 미래에 또 다른 발전된 기술로 응용 가능성이 있는지를 검토하는 것은 매우 중요한 일이다. 기술이라는 것은 보다 발전된 방향으로 변화하고자 하는 특성이 있기 때문에 끊임없이 연구하고 개발해야 한다. 따라서 현재 받아들이고자 하는 기술이 자신의 직장에 대한 특성과 회사의 비전과 전략에 맞추어 응용 가능한가를 고려해 보는 것은 매우 중요한 일이다.

정답과 해설　5회 NCS 실전모의고사

정답표									
01	02	03	04	05	06	07	08	09	10
③	②	②	④	④	⑤	①	②	⑤	②
11	12	13	14	15	16	17	18	19	20
②	①	⑤	②	②	③	②	④	④	③
21	22	23	24	25	26	27	28	29	30
②	⑤	③	②	②	④	①	⑤	②	④
31	32	33	34	35	36	37	38	39	40
②	③	④	③	⑤	①	⑤	③	④	⑤

| 해설 |

01 ③

㉠ ×

'올해 선발된 491명의 안전단 인원들은 왕십리역 등 주요 환승역을 포함한 33개 역에 배치되어 승강기 이용 시민들의 안전을 살필 예정이다.'를 통해 잘못된 개요라는 것을 확인할 수 있다. 282명은 23년의 운영 인원이고 올해는 작년 대비 75% 늘어난 491명이다.

㉡ ○

22년 8개 역 65명, 23년에는 20개 역 282명 규모로 늘어났고, 올해는 작년 대비 75% 늘어난 491명의 인원이 지하철 승강기 안전을 꼼꼼하게 살핀다.'를 통해 확인할 수 있다.

㉢ ○

'공사와 개발원은 본격적인 근무 투입 전 지난 1일부터 7일까지 5일간 안전단을 대상으로 승강기 기본교육(법, 구조 등), 승강기 응급조치 요령, 승강기 사고사례, 고객서비스 교육 등 직무 교육을 시행했다. 특히 올해 교육에서는 성동소방서 응급대원을 강사로 초빙해 응급처치 및 지하철 내 안전사고 예방교육을 실시했다.'를 통해 확인할 수 있다.

㉣ ×

'올해 선발된 491명의 안전단 인원들은 왕십리역 등 주요 환승역을 포함한 33개 역에 배치되어 승강기 이용 시민들의 안전을 살필 예정이다. 운영 기간은 올해 2월 13일부터 11월 30일까지 10개월 간이다.'를 통해 운영 기간은 12개월이 아니라 10개월이라는 것을 확인할 수 있다.

02 ②

② ○

안전단은 22년부터 시민의 안전한 지하철 이용을 원하는 공사와 노인 일자리 확대를 원하는 개발원의 의지를 바탕으로 양 기관 간 협업을 통해 시작됐다.

① ×

노인일자리 창출에 기여한 공로를 인정받아 제27회 노인의 날(2023.9.25.)기념 보건복지부장관 기관 표창을 수상했다는 사실로부터 노인일자리 창출 효과가 있었다고 볼 수 있다.

③ ×

공사와 개발원은 본격적인 근무 투입 전 지난 1일부터 7일까지 5일간 안전단을 대상으로 승강기 기본교육(법, 구조 등), 승강기 응급조치 요령, 승강기 사고사례, 고객서비스 교육 등 직무 교육을 시행했다.

④ ×

운영 기간은 올해 2월 13일부터 11월 30일까지 10개월 간이므로 올해(본문 기준 2024년) 10월에는 운영단 서비스가 진행된다.

⑤ ×

안전단은 노인, 장애인을 비롯한 이동약자의 안전한 승강기 탑승을 돕고 이용자 안전계도, 역 이용 안내 및 응급상황 발생 시 초동 조치가 주요 업무다.

03 ②

주어진 글은 서울교통공사가 지하철역 공실 상가 문제를 해결하기 위해 공익적 목적의 '사회기여형 상가'로 전환하여 시민들에게 공공서비스를 제공하는 공간으로 활성화하는 방안에 대한 내용이다. 따라서 전체적인 내용을 포함할 수 있는 가장 적절한 제목은 '서울지하철 공실 상가, 시민을 위한 서비스 공간으로 재탄생'이다.

04 ④

④ ○

'일부 상가는 장기공실로 남아 역사 환경의 저해 요소가 되거나 고객 동선에 지장물이 되는 등 제역할을 다하지 못하기도 했다.'를 통해 알 수 있다.

① ×

'과거 공사는 지하철 역내 유휴공간 대부분을 상가로 조성하여 적자를 개선하고 수익을 극대화하는 정책을 시행했다.'를 통해 과거에는 상가 조성으로 적자를 개선하고 효율적인 수익이 있었음을 알 수 있다.

② ×

'서울교통공사는 지하철 공실 상가를 서울시 및 25개 구청, 당진시, 영동군, 문화체육관광부 등 총 99개 공공기관을 대상으로 '사회기여형 상가' 조성을 협의 중이라고 23일 밝혔다.'를 통해서 타지역 공공기관에서도 참여할 수 있다는 것을 알 수 있다.

③ ×

'무엇보다 시민 입장에서는 자주 이용하는 역에서 다양한 공공서비스를 이용할 수 있게 되어 지하철 이용만족도가 높아지게 될 것으로 기대된다.'를 통해서 오히려 시민들의 지하철 이용만족도가 높아질 거라고 예상하고 있다.

⑤ ×

'최근에 가파르게 증가하는 배달라이더, 대리기사, 학습지 교사 등 이동노동자의 열악한 노동환경을 개선코자 사당역, 종로3가역에 '이동노동자 쉼터'를 상반기 내 설치 및 완료할 예정이며, 향후 서울시와 협의를 통해 지속 확대 예정이다.'를 통해 현재 제공되고 있는 것은 아니고, 이후 제공될 예정인 것을 알 수 있다.

05 ④

산호세호를 발견한 미국, 산호세호가 위치하고 있는 콜롬비아, 산호세호의 주인인 스페인, 산호세호로 운반되던 보물들을 약탈당한 볼리비아와 페루 총 5개 국가이다.

06 ⑤

⑤ ×

'산호세호는 수세기 동안 바닷속에 잠겨 있었지만, 1980년대에 들어서 미국 민간 탐험가들에 의해 발견되었습니다.'를 통해 국가 프로젝트가 아닌 미국의 민간 탐험가에 의해 발견되었다는 것을 알 수 있다.

① ○

'산호세호의 금과 보석, 보물들은 스페인의 식민지였던 볼리비아, 페루 등지에서 채굴한 금, 은, 보석 등을 약탈한 것으로 그들도 소유권이 있다고 주장하고 있습니다.'를 통해 알 수 있다.

② ○

'일부 전문가들은 침몰된 보물을 그대로 바닷속에 보존해야 한다고 주장하며, 인양 과정에서 유물이 손상될 수 있다는 우려를 표명합니다.'를 통해 알 수 있다.

③ ○

'2023년 5월 콜롬비아 정부는 민간 탐험 회사와 협력하여 산호세호 인양 작업을 본격적으로 시작했습니다.'를 통해 알 수 있다.

④ ○

'콜롬비아는 1982년 유엔 해양법 협약에 따라 해안에서 200해리까지의 배타적 경제 수역(EEZ)을 설정했습니다. 산호세호 침몰 지점은 콜롬비아 해안에서 30해리 이내에 위치하기 때문에 콜롬비아 정부는 국제법에 따라 침몰된 보물에 대한 권리를 주장합니다.'를 통해 알 수 있다.

07 ①

A ○

"즉흥성'은 재즈 음악의 중요한 요소입니다. 연주자들의 자유로운 즉흥 연주가 재즈의 가장 중요한 특징입니다. 악보에 정해진 대로 연주하는 것이 아니라, 그 순간의 영감에 따라 음악을 창조해나가는 과정이 재즈의 매력입니다.'를 통해 악보에 정해진 것을 탈피하여 순간 즉흥적으로 창의성을 발휘하여 연주하는 것이 재즈의 특징이자 매력이라고 하였다.

B ○

'재즈는 단순한 음악적 장르를 넘어 흑인들의 고뇌와 희망을 담은 문화입니다.'를 통해서 알 수 있다.

C ×

'1930년대 대중음악의 중심이었던 스윙 재즈는 빅밴드 형태의 대규모 앙상블과 빠른 템포, 춤추기에 적합한 리듬을 특징으로 합니다.'를 통해 스윙 재즈는 빅밴드 형태의 대규모 연주를 필요로 한다는 것을 알 수 있다.

D ×

19세기 후반 뉴올리언스에서 초기 재즈가 형성되어 20세기 초 시카고와 뉴욕으로 중심지가 옮겨졌다.

E ×

'19세기 후반 미국 루이지애나 주 뉴올리언스는 다양한 인종과 문화가 공존하는 곳이었습니다.'를 통해 흑인 문화뿐만 아니라 다양한 인종과 문화가 함께 공존했던 것을 알 수 있다.

---

08 ②

② ×

'또한 재즈는 미국을 넘어 전 세계적으로 확산되었으며, 각 나라에서 독자적인 재즈 스타일을 발전시키기도 했습니다. 오늘날까지도 재즈는 다양한 형태로 진화하며 많은 사람들에게 사랑받고 있습니다.'를 통해서 재즈는 전 세계적으로 확산되어 다양하게 발전되었으며, 많은 사람들에게 대중화되었음을 알 수 있다.

① ○

'억압과 차별 속에서도 자유와 창의성을 추구했던 흑인들의 정서가 재즈 음악에 담겨 있습니다.'를 통해서 알 수 있다.

③ ○

'20세기 후반 이후에는 모던 재즈, 프리 재즈, 쿨 재즈, 재즈 록 등 다양한 스타일의 재즈가 등장했습니다. 각 시대적, 사회적 배경 속에서 음악가들은 끊임없이 새로운 시도를 하고 발전을 이어갔습니다. 또한 재즈는 미국을 넘어 전 세계적으로 확산되었으며, 각 나라에서 독자적인 재즈 스타일을 발전시키기도 했습니다. 오늘날까지도 재즈는 다양한 형태로 진화하며 많은 사람들에게 사랑받고 있습니다.'를 통해 알 수 있다.

④ ○

"콜 앤 리스폰스'의 두 명 이상의 연주자가 서로 질문하고 답변하는 형식의 연주는 재즈 음악에 상호작용과 생동감을 더합니다.'를 통해 알 수 있다.

⑤ ○

뉴올리언스에서 재즈가 가장 성행했던 시절에 루이 암스트롱, 킹 올리버, 젤리 롤 모튼 등이 대표적인 음악가이다.

---

09 ⑤

㉠ ○

[표2]를 통해 식품 물가지수는 2023년 1분기부터 4분기까지 115.77, 116.95, 119.62, 120.29로 계속 상승하였다.

㉡ ○

2024년 1분기 신선과실 물가지수는 161.63이고, 전년 동분기 지수는 118.06이다. 118.06, 약 120의 33% 상승은 $120 \times 1.33 = 159.6$이다. 120의 33% 상승은 159.6이기 때문에 161.63은 118.06의 33% 이상 상승한 수치일 것이다.

161.63 > 160 > 159.6 = 120 × 1.33 > 118.06 × 1.33 ➡ 161.63 > 118.06 × 1.33

㉢ ○

2023년 신선식품 소비자 물가가 내린 분기는 2분기이고, 이때 전월세 물가도 103.89에서 103.76으로 내렸다.

㉣ ○

소비자 물가지수는 2020년 물가를 기준으로 100으로 놓고 환산한 지수이다. 신선 품목 중 신선어개의 소비자 물가지수는 110.21이다. 2020년 기준 10.21% 오른 수치로 신선 품목 중 가장 적게 오른 수치이다.

10 ②

[표]를 작성하여 구하면 아래와 같다.

품목별	2023.1/4	2023.2/4	2023.3/4	2023.4/4	2024.1/4	2024.2/4
총지수	110.31	111.02	112.14	112.89	113.63	113.98
증감	-	+0.71	+1.12	+0.75	+0.74	+0.35
생활물가지수	112.09	112.90	114.41	115.39	116.17	116.46
증감	-	+0.81	+1.51	+0.98	+0.78	+0.29

① 23년 3분기 생활물가지수가 1.5 근처에 있어야 한다.
③ 23년 4분기 총지수가 0.5 이상에 있어야 한다.
④ 24년 2분기 총지수가 0.5 이하에 있어야 한다.
⑤ 23년 2분기 생활물가지수가 1.0 이하에 있어야 한다.

11 ②

㉠ ○

[표1]에서 중위소득이 높을수록 평균 사교육 비용은 높아지고 있다.

㉡ ○

농어촌의 평균 사교육 비용은 16.94만 원이고, 대도시의 평균 사교육 비용은 34.4만 원이다. 따라서 절반이 되지 않는다.

㉢ ×

학원(예체능 제외) 사교육비는 평균 34만 원이고, 학습지 사교육비는 평균 7.9만 원이다.

$7.9 \times 5 = 39.5$(만 원)

따라서 5배가 넘지 않는다.

㉣ ○

6~8세는 19.63만 원, 9~11세는 32.67만 원, 12~17세는 35.86만 원으로 연령이 높을수록 사교육비도 높아진다.

12 ①

• 방과후 교실(학교 내): 425명, 평균 사교육비 6.4만 원

$425 \times 6.4 = 2,720$(만 원)

• 방과후 교실(학교 외): 84명, 평균 사교육비 3만 원

$84 \times 3 = 252$(만 원)

$2,720 + 252 = 2,972$(만 원)

13 ⑤

⑤ ○

1인당 징세비는 2019년~2021년 86(백만 원), 2022년 91(백만 원), 2023년 92(백만 원)으로 감소한 적은 없었다.

① ×

[표1] 아래 식을 고려하면 특별회계 금액이 늘어난다면 국세청세수가 늘어나고 구성비도 늘어날 것이다.

② ×

2023년에는 징세비가 1,893,573(백만 원)으로 2022년 1,900,294(백만 원)에 비해 줄었다.

③ ×

2020년 국세는 2,855,462억 원으로 조로 환산하면 285.5462조 원이다. 따라서 2020년 우리나라 국세는 30조 원을 넘었다.

④ ×

2022년에는 세수 100원당 징세비가 0.49원으로 0.5원을 넘지 못했다.

14 ②

각각 계산하면 아래와 같다.

㉠ 국세청세수=일반회계+특별회계 ➡ $2,772,753 - 80,567 = 2,692,186$

㉡ 국세청세수=일반회계+특별회계 ➡ $3,842,495 - 3,748,346 = 94,149$

㉢ [표1]에서 2023년 국세청세수는 나타나 있다.

15 ②

㉠ ×

2023년 귀농인수는 10,540명이고, 2018년은 12,055명이다. 따라서 2,000명 이상 차이가 나지는 않는다.

㉡ ×

60~69세 2023년 귀농가구원수는 4,655명이고, 2018년에는 4,199명이다. 따라서 모든 연령대에서 5년 전보다 귀농가구원수가 줄은 것은 아니다.(70대 이상에서도 늘었다.)

㉢ ○

[표]를 통해 확인할 수 있다.

㉣ ×

2023년 동반가구원수 중 여성의 수는 1,808명이다. 그리고 5년 전인 2018년에는 3,603명이다. 3,603명의 절반은 1,801.5명이므로 절반 이하로 줄은 것은 아니다.

16 ③

주어진 [그래프]는 2018년 40~49세 귀농가구원에 대한 [그래프]이다.

17 ②

② ×

다음 주 금요일 박 부장은 오전에 1시간, 오후에 2시간 대회의실 예약을 하였다. 총 2번 예약이 가능하고 앞뒤로 예약한 것이 아니기 때문에 규정을 위반하지 않았다.

① ○

예약은 최소 1시간 단위로 할 수 있고, 한 번 예약에 최대 2시간까지 사용이 가능하다.

③ ○

대회의실을 사용할 때는 적어도 30분 전에 회사 사이트를 통해서 예약을 하고 이용해야 한다.

④ ○

12시부터 1시까지 점심식사를 위해서만 사용이 가능하다.

⑤ ○

유 주임은 다음 주 오후에만 회의실을 예약했다.

18 ④

④ ×

오 대리는 다음 주 수요일 9시부터 10시까지 대회의실 예약을 하였다. 따라서 수요일 10시부터 12시까지 연속해서 대회의실을 예약할 수 없다.

① ○

다음 주 화요일 10시부터 12시까지 대회의실을 예약이 가능하다.

② ○

금요일 오전 9시부터 10시 또는 11시부터 12시까지 1시간 단위로 회의실 예약이 가능하다.

③ ○

스케줄이 맞지 않을 수 있는 상황이 있을 수 있다. 이때 다른 시간을 제안하는 내용으로 충분히 답변 가능한 내용이다.

⑤ ○

다음 주 월요일에서 수요일까지 오후 시간에는 2시간씩 대회의실 예약이 가능하다.

---

19 ④

• 숙박비

7월이므로 성수기이고 온돌 3인, 침대 5인을 수용할 방을 골라야 한다. 따라서 온돌 4인실, 침대 8인실이 필요하다.

130,000+150,000=280,000(원)

• 시설 이용료
 - 조식(8명): 80,000원
 - 바비큐장 및 숯 비용: 60,000원
 - 수영장: 100,000원
 총 240,000원

따라서 예상되는 총 비용은 520,000원이다.

---

20 ③

5일 전에 취소할 경우 80%를 환불 받을 수 있다. 숙박비로 결제한 금액은 280,000원이다.

280,000×0.8=224,000(원)

총 224,000원을 환불 받을 수 있다.

21 ②

단계별 단축된 시간을 보면 아래와 같다.

단계	부품 1개 공정 작업 시 걸리는 시간(분)		
	개선 전	개선 후	단축
제품 입고	90	55	35
수입 검사	135	60	75
전처리	90	80	10
도금	300	255	45
베이킹	285	230	55
탑코팅	270	220	50
성적서 발행	160	150	10
출하 검사	140	100	40
제품 출고	75	70	5

부품 1개당 총 $35 + 75 + 10 + 45 + 55 + 50 + 10 + 40 + 5 = 325$(분)이 단축된다.
따라서 30개 출고 시 $30 \times 325 = 9,750$(분), 즉 162.5(시간) 단축되었다.

22 ⑤

처음 수입 검사에서 발생한 불량품은 $300 \times 0.1 = 30$(개)이고 모두 반품 처리된다. 그 후 나머지 270개로 작업을 한다. 출하 검사에서 발생한 불량품의 개수는 $270 \times 0.2 = 54$(개)이다. 따라서 폐기처분되는 부품은 모두 54개이다.

23 ③

아래와 같이 연결되어야 자연스럽다.

카테고리	항목
배송	1, 2, 4, 5, 6, 7, 13, 15, 17
교환/반품/취소	8, 10, 16
주문/결제	12, 18
회원 정보/홈페이지	3, 9, 11, 14

'5.'는 따로 결제한 상품을 묶음 배송 가능한지 묻는 질문이다. 따라서 배송 카테고리에 있어야 알맞다.

24 ②

아래와 같이 나타낼 수 있다.

카테고리	배송	질문 수
배송기간	4, 17	2개
택배사	7, 15	2개
지연	1	1개
미배송	6, 13	2개
휴일 배송	2	1개
묶음 배송	5	1개

미배송과 관련된 질문은 총 2개이다.

25 ②

주어진 평가 방법대로 계산하면 아래와 같다.

제품	가격	성능	브랜드	디자인	무상 보증	윈도우	합계
가	4	3	2	5	0	5	19
나	3	4	5	5	0	5	22
다	2	5	5	3	6	0	21
라	3	5	4	4	4	0	20
마	5	2	3	5	2	0	17

따라서 평가점수가 가장 높은 제품은 나이다.

26 ④

성능 등급 B 이상, 무상 보증 1년 이상인 제품은 다와 라이다. 이 중 점수가 더 높은 제품은 다이다. 따라서 다 제품 2대를 10% 할인받아서 구매하면 된다.

$110 \times 2 \times 0.9 = 198$(만 원)

총 구매비용은 198만 원이다.

27 ①

우선 순위가 가장 높은 총무팀부터 환산한다.

지원자	창의성(1배)	대응성★(3배)	책임감(2배)	진취성(2배)	합계
A	80	240	170	150	640
B	75	270	180	130	655
C	85	240	160	180	665
D	75	255	140	180	650
E	60	255	190	150	655

C가 665점으로 점수가 가장 높지만, (★)항목인 대응성 점수가 80점 이하라서 총무팀에 채용될 수 없다.
다음으로 점수가 높은 지원자는 B와 E이다. 이 경우 (★)항목인 대응성 점수가 더 높은 지원자를 채용한다. 따라서 B가 총무팀에 채용된다.

28 ⑤

총무팀은 B를 채용한다. 다음으로 B를 제외하고 2순위인 인사팀의 환산 비율을 고려하여 계산하면 아래와 같다.

지원자	창의성(1배)	대응성(3배)	책임감★(3배)	진취성(1배)	합계
A	80	240	255	75	650
C	85	240	240	90	655
D	75	255	210	90	630
E	60	255	285	75	675

E의 점수가 가장 높다. 그리고 (★)항목인 책임감 점수가 95점으로 높아서 탈락 요건에 맞지 않다. 따라서 E는 인사팀에 채용된다.

29 ②

시리얼 번호를 나누어 보면 아래와 같다.
46H-420e-06-06-22-123
중국 2공장에서 생산되었고, 600시리즈 612e 모델이다. 생산 시기는 2022년 6월 6일로 이날 123번째로 생산되었다. 따라서 ②가 잘못되었다.

30 ④

총 4명에게 전화를 걸어야 한다.

송희지 57E-560e-031224-099   하진우 57E-56ce-031224-011

최현석 57E-560e-031224-040   이의진 57E-56ce-031224-088

모두 인도 1공장에서 2024년 3월 12일에 생산된 부품 중 100번째 이내의 부품을 구입한 고객들이다.

---

31 ②

스프레트시트는 전자 계산표 또는 표 계산 프로그램으로 워드프로세서와 같이 문서를 작성하고 편집하는 기능 이외에 수를 입력하여 그 값을 계산해 내고, 계산 결과를 차트로 표시할 수 있는 특별한 기능을 가지고 있다.

---

32 ③

③ ×

불필요한 여러 사이트를 이용하는 것은 개인 정보 유출 방지에 좋지 않다.

① ○

가입 해지 후 정보 파기 여부를 꼭 확인해야 개인 정보 유출을 막을 수 있다.

② ○

약관을 자세히 읽어보고 개인 정보에 관한 사항들을 살펴봐야 한다.

④ ○

단순한 비밀번호는 쓰지 않고 정기적으로 비밀번호를 교체해야 한다.

⑤ ○

단순하고 알기 쉬운 비밀번호는 해킹당할 수 있기 때문에 쓰지 않는다.

---

33 ④

4단계에서는 수행과 관련된 요소를 분석하고, 수행 방법을 찾는다.

[관련 이론] 자기 관리의 단계별 계획 수립

단계	내용	
1단계 비전 및 목적 정립	• 자신에게 가장 중요한 것 파악 • 가치관, 원칙, 삶의 목적 정립 • 삶의 의미 파악	
2단계 과제 발견	• 현재 주어진 역할 및 능력 • 우선순위 설정	• 역할에 따른 활동 목표
3단계 일정 수립	• 하루, 주간, 월간 계획 수립	
4단계 수행	• 수행과 관련된 요소 분석	• 수행 방법 찾기
5단계 반성 및 피드백	• 수행 결과 분석	• 피드백

34 ③

경력 목표 설정은 2~3년 주기의 단기 목표와 5~7년 주기의 장기 목표를 함께 수립하여야 한다.

[관련 이론] 경력 개발의 5단계

1단계 직무 정보 탐색	1. 관심 직무에서 요구하는 능력 및 자질 파악 2. 고용이나 승진 전망, 급여, 업무 환경 파악 3. 그 직무에 종사하는 사람들의 직무 만족도 파악
2단계 자신과 환경 이해	1. 자신의 능력, 흥미, 적성, 가치관 → 자아 인식 기법 활용 2. 직무 관련 환경의 기회와 장애 요인 파악 　(회사의 보고서, 주변 지인과의 대화, 전직 및 경력 상담기관 방문 등)
3단계 경력 목표 설정	1. 장기 목표 수립: 5~7년 2. 단기 목표 수립: 2~3년
4단계 경력 개발 전략 수립	1. 현재 직무의 성공적 수행 계획 수립 2. 역량 강화 계획(교육 프로그램 이수, 워크숍 참가, 대학원 진학 계획) 3. 인적 네트워크 강화(동호회 참가 계획 등)
5단계 실행 및 평가	1. 실행 2. 경력 목표, 전략의 수정

35 ⑤

임파워먼트가 잘 발휘되는 조직은 적절한 권한 위임을 통해서 각각 그들을 신뢰하고 각자 중요한 역할을 자율적으로 수행할 수 있는 조직이다. 조직원들이 느끼는 생각은 '나는 매우 중요한 일을 하고 있으며, 이 일은 다른 사람이 하는 일보다 훨씬 중요한 일이다.'라고 느낀다.

[관련 이론] 임파워먼트(권한 위임)

(1) 임파워먼트의 의미

- 리더십의 핵심 개념 중 하나인 임파워먼트는 '권한 위임'이라고 할 수 있다.
- 임파워먼트란 '조직성원들을 신뢰하고, 그들의 잠재력을 믿으며, 그 잠재력의 개발을 통해 고성과 조직이 되도록 하는 일련의 행위'로 정의할 수 있다.

(2) 임파워먼트가 잘 발휘되는 조직의 조직원들의 느낌

- 나는 매우 중요한 일을 하고 있으며, 이 일은 다른 사람이 하는 일보다 훨씬 중요한 일이다.
- 일의 과정과 결과에 나의 영향력이 크게 작용했다.
- 나는 정말로 도전하고 있고 나는 계속해서 성장하고 있다.
- 우리 조직에서는 아이디어가 존중되고 있다.
- 내가 하는 일은 새미가 있다.

• 우리 조직의 구성원들은 모두 대단한 사람들이며, 다 같이 협력해서 승리하고 있다.

36 ①

고객 불만을 효과적으로 처리하기 위해서는 고객의 항의에 경청하고 끝까지 들어주는 자세가 필요하다. 고객의 항의 중 말을 돌려 끊는 행동은 적절하지 않다.

[관련 이론] 고객 불만 처리 프로세스

1단계	경청	1. 고객의 항의에 경청하고 끝까지 듣는다. 2. 선입관을 버리고 문제를 파악한다.
2단계	감사와 공감 표시	1. 일부러 시간을 내서 해결의 기회를 준 것에 감사를 표시한다. 2. 고객의 항의에 공감을 표시한다.
3단계	사과	고객의 이야기를 듣고 문제점에 대한 인정과 잘못된 부분에 대해 사과한다.
4단계	해결 약속	고객이 불만을 느낀 상황에 대해 관심과 공감을 보이며, 문제의 빠른 해결을 약속한다.
5단계	정보 파악	1. 문제해결을 위해 꼭 필요한 질문만 하여 정보를 얻는다. 2. 최선의 해결 방법을 찾기 어려우면 고객에게 어떻게 하면 만족스러운지를 묻는다.
6단계	신속 처리	잘못된 부분을 신속하게 시정한다.
7단계	처리 확인과 사과	불만 처리 후 고객에게 처리 결과에 만족하는지를 물어 본다.
8단계	피드백	고객 불만 사례를 회사 및 전 직원에게 알려 다시는 동일한 문제가 발생하지 않도록 한다.

37 ⑤

예절은 언어 문화권에 따라 다르고, 같은 언어 문화권이라도 지방에 따라 다를 수 있다.

[관련 이론] 예절
(1) 예절의 의미
예절이란 일정한 생활 문화권에서 오랜 생활 습관을 통해 하나의 공통된 생활 방법으로 정립되어 관습적으로 행해지는 사회계약적인 생활 규범이다.
(2) 현대사회 에티켓의 본질
• 남에게 폐를 끼치지 않는다.   • 남에게 호감을 주어야 한다.
• 남을 존경한다.

(3) 특성
언어 문화권에 따라 다르고, 같은 언어 문화권이라도 지방에 따라 다를 수 있다.

38 ③
전화를 걸어서 말을 할 때 상대방의 이름을 함께 사용한다.

[관련 이론] 직장 내 전화 받기 예절
- 전화벨이 3~4번 울리기 전에 받는다.
- 당신이 누구인지를 즉시 말한다.
- 천천히, 명확하게 예의를 갖추고 말한다.
- 목소리에 미소를 띠고 말한다.
- 말을 할 때 상대방의 이름을 함께 사용한다.
- 언제나 펜과 메모지를 곁에 두어 메시지를 받아 적을 수 있도록 한다.
- 주위의 소음을 최소화한다.
- 긍정적인 말로서 전화 통화를 마치도록 하고 전화를 건 상대방에게 감사의 표시를 한다.

39 ④
기술 시스템의 발전 4단계는 1단계 ② 발명, 개발, 혁신의 단계, 2단계 ③ 기술 이전의 단계, 3단계 ⓒ 기술 경쟁의 단계, 4단계 ⓛ 기술 공고화 단계 순이다.

[관련 이론] 기술 시스템의 발전 4단계

1단계	발명, 개발, 혁신의 단계	기술 시스템이 탄생하고 성장
2단계	기술 이전의 단계	성공적인 기술이 다른 지역으로 이동
3단계	기술 경쟁의 단계	기술 시스템 사이의 경쟁 심화
4단계	기술 공고화 단계	경쟁에서 승리한 기술시스템의 관성화

40 ⑤
기술 선택을 위한 우선순위 사항은 쉽게 구할 수 없는 기술이어야 한다.
[관련 이론] 기술 선택을 위한 우선순위 결정
- 제품의 성능이나 원가에 미치는 영향력이 큰 기술
- 기술을 활용한 제품의 매출과 이익 창출 잠재력이 큰 기술
- 쉽게 구할 수 없는 기술
- 기업 간에 모방이 어려운 기술
- 기업이 생산하는 제품 및 서비스에 보다 광범위하게 활용할 수 있는 기술
- 최신 기술로, 진부화될 가능성이 적은 기술

집중하여 학습하시느라 고생하셨습니다.

감사합니다.

MEMO

MEMO

원큐패스 서울교통공사

저자 e북혁명 취업연구소
펴낸이 정규도
펴낸곳 (주)다락원

초판1쇄 발행 2025년 1월 24일

기획 권혁주, 김태광
편집 이후춘, 배상혁

디자인 하태호, 홍수미

다락원 경기도 파주시 문발로 211
내용문의: (02)736-2031 내선 291~296
구입문의: (02)736-2031 내선 250~252
Fax: (02)732-2037
출판등록 1977년 9월 16일 제406-2008-000007호

ISBN 978-89-277-7461-7 13320

● 다락원 원큐패스 카페(http://cafe.naver.com/1qpass)를 방문하시면 각종 시험에 관
한 최신 정보와 자료를 얻을 수 있습니다.